小米生态链
战地笔记

小米生态链谷仓学院 ◎ 著

中信出版集团 | 北京

图书在版编目（CIP）数据

小米生态链战地笔记 / 小米生态链谷仓学院著. --
北京：中信出版社，2017.4（2025.4重印）
ISBN 978-7-5086-7354-7

Ⅰ.①小… Ⅱ.①小… Ⅲ.①移动通信−电子工业−
工业企业管理−经验−中国 Ⅳ.①F426.63

中国版本图书馆CIP数据核字（2017）第 043079 号

小米生态链战地笔记
著者：　　　　小米生态链谷仓学院
出版发行：中信出版集团股份有限公司
　　　　　（北京市朝阳区东三环北路 27 号嘉铭中心　邮编　100020）
承印者：　　北京盛通印刷股份有限公司

开本：787mm×1092mm　1/16　　　印张：22　　　字数：280 千字
版次：2017 年 4 月第 1 版　　　　印次：2025 年 4 月第 27 次印刷
书号：ISBN 978-7-5086-7354-7
定价：79.00 元

目录

上篇 **生态篇**

引言

▲第一章
抢跑IoT

▲ 第二章

竹林效应

▲ 第三章

奔跑中的思考

▲ 第四章

自动生成的未来

下篇 产品篇

引言

▲ 第五章

做产品，摸准时代的脉搏

◢ 第六章

精准产品定义

◢ 第七章

追求设计的最优解

▲ 第八章

关乎品质，绝不妥协

小米，就是要做中国制造业的鲇鱼

雷军　小米科技创始人、董事长兼首席执行官

　　2007年金山上市以后我就算退出江湖了，每天睡觉睡到自然醒，从来不约第三天的事情，凡事只约今天和明天。这样待了三四年，直到40岁，进入不惑之年，突然有一天我觉得人不能这样过一辈子，还得有点儿追求和梦想，万一实现了呢！

　　2010年，正好我财务自由了，很多想法有机会去实现，于是在这个"大背景"下创业做小米。

　　小米创业的第一步是智能手机。2010年开始组建公司，2011年发布第一款手机，很快就在智能手机市场撕开一个口子，用四年时间做到中国手机市场的第一。

　　2013年年底，我看到了智能硬件和IoT（Internet of Things，物联网）趋势。当然，那个时候只是看到趋势，IoT成为真正的现实至少还需要5年甚至8年。我们决定，用小米做手机成功的经验去复制100个小小米，提前布局IoT。

　　做互联网的人都知道，我们前面有三座大山——BAT［百度公司（Baidu）、阿里巴巴集团（Alibaba）、腾讯公司（Tencent）］，不想被它们挡得无路可走的唯一方法就是绕行，去开辟一个新的战场。所以，在我们布局IoT的同时，也是为绕开BAT这三座大山。

　　无疑，我们的战略是对的。在过去三年多的时间里，我们投资了77家公司，已经有30多家发布了产品，这些产品几乎没有失败的。我觉得是大

家实践了小米模式，所以产品获得了成功。今天，我能给小米生态链打99.99分。

小米模式的本质是效率

对于小米和我，大家耳熟能详的是"风口理论"、"互联网七字诀"，还有"铁人三项"等理论。但大家似乎一直没有搞清楚小米的本质是什么。

现在我告诉大家，小米公司的本质就是两个字：效率。我总是在说互联网思维，互联网思维的本质其实就是提升效率。

这几年中国人都到国外去买买买，为什么我们国内生产的产品没人买，还非常贵呢？因为店面费用高、促销人员费用高、渠道贵、中间环节多……所以物美价廉基本没有可能。我觉得中国制造的核心问题是：整个社会的运作效率出了问题。企业没有在研发上下功夫，而是考虑在这个链条中如何赚到钱，层层加价，层层效率都很低下。

国内很多产品做不好的主要原因就是效率低下，效率低到令人发指的程度。这样的恶性循环的结果是，产品差，价格高，用户不满意，每个环节都赚不到多少钱。

用互联网思维去提升效率，其实这里面没有一个固定的方法，效率隐藏于所有环节中，看你如何把它挖出来。

比如小米用自己的电商平台销售，这就是最大限度地砍掉了中间环节，让产品从厂房到消费者手中的距离是最短的；比如我们选择精品战略，而不是机海战略，也是从效率的角度出发，机海战略会将有限的研发、生产、营销资源分散掉，分摊到每个产品线的成本就会很高，而我们就是集中全部火力开发一款好的产品，把所有资源都用在这个产品上；再比如我们对品质要求极高，这也是为了效率，要知道如果产品品质出问题，在售后环节出现的一系列问题会大大影响公司运营的效率……

其实，小米智能硬件生态链的模式本身也是从效率出发。我们用"实业+金融"双轮驱动的方式，避免小米成为一家大公司。如果我们自己搞77个部门去生产不同的产品，会累死人，效率必然低下。我们把创业者变成老板，小米是一支舰队，生态链上的每家公司都在高效运转。

就是在效率这个核心思想的指导下，我们做到了很多别人做不到的事情：我们把200多元的移动电源产品做到69元，把动辄四五千的空气净化器做到699元，把市场上4 000多元的高档床垫做到699元……当然，受益的是消费者，高质量的产品可以在市场上迅速普及开来。

这就引出了小米模式的另一个视角：从消费者的视角解读小米模式，就是高品质、高性价比。

我们常说品质、口碑、性价比，它们最终凝聚成用户的信任。用户只要看到小米或是米家品牌，就不用思考，不用犹豫，一定是品质最好的，一定是同类产品里性价比最高的。小米要永远坚持走性价比的道路，不透支用户的信任，与用户交朋友。

2016年，小米走过了六年的时候，在我们内部也产生了激烈的争论：我们能不能把产品卖得贵一点儿？在这个问题上，我非常坚定地说"不"。

纵观三十年商业史，卖得贵的品牌都是各领风骚三五年，甚至是几个月，而性价比高的都能健康地运营三五年，甚至十年以上，Costco（好市多）、无印良品、优衣库都是这样。为什么？因为毛利率低，就逼着自己追求效率，改善项目，这样才能保持公司的战斗力。一旦毛利率高，公司就会丧失持续创新的动力，就会一步一步变得平庸。坚持高性价比的模式，是具备长期竞争力必须坚持的路线。

我的梦想有点儿夸张

在大家的认知中，产品定价越高越好，毛利越多越好，公司越大越好。然而以小米今天的模式来看，这些传统的商业认知都将失效——这就是小米的颠覆性。现在大家可能还不能完全理解小米模式背后的理论，那我们就不讲理论，像鲇鱼一样去搅动，进入一个行业，搅动一个行业，进而促使一个行业革命的爆发。

2011年小米开始做手机，我们最大的成就不是用四年时间成为中国市场的第一，而是推动了整个手机行业的进步，也迅速提高了中国智能手机的普及率，让更多的用户更早地接触到智能手机。

2013年我们开始做插线板，以前的插线板又大又丑，30年工艺都没有进步。我们把插线板做小，做成艺术品，连包装盒都像苹果手表的包装一样精致。小米插线板上市一年之后，你看到市场上的插线板外观相似度越来越高，设计感越来越强，工艺也有了很大提升，不得不承认是我们推动了插线板这个行业的集体革命。

进入一个行业、搅动一个行业的同时，我们也倒逼制造业上了一个台阶。小米生态链为了做出创新的产品，为了具有更高的产品品质，很多原有的生产制造条件不能满足我们的生产需求。所以我们会和上游生产企业一起投入研发新的工艺，对生产线进行改造，甚至还会投资，帮助其建立新的生产线。

倒逼制造业升级是一个非常痛苦的过程，我们跟供应商一起沟通、设计、反复试验，坚持再坚持。如果熬不住就是放弃，但是现在熬过来之后再看，不仅我们的产品是完美的，无形中也帮助供应商实现了制造业升级。

如果我们一件产品、两件产品、一百件产品都是这么做的，最后的结果是什么？改变中国制造业！这就是小米的终极梦想，让中国企业能制造出好产品。

　　我这个人有点儿"轴"，我们干的这件事把自己搞得非常累，还得罪了很多人。但是不搅乱他们的舒适区，他们就没有动力革自己的命，中国的制造业升级就是一句空话。所以不管别人怎么骂我们，我们就是要认认真真地把每个产品做好，时间可以证明我们的做法最终改变了中国制造业。

　　我的梦想有点儿夸张，推动中国制造业进步，让消费者用低廉的价格享受到科技的乐趣。不管你们是否认同，我就是要一条路走到黑，就是要做感动人心但价格公道的产品。全球伟大的公司都是把好东西做得越来越便宜。

　　我不奢望大家现在都能理解小米的模式，我只希望一二十年之后，当大家提到中国零售效率、制造业变革时，记得有"小米"这么一个名字就好。

2017年年初

用真金白银和血汗换来的战地笔记

刘德　小米科技联合创始人、副总裁

匆匆六年，白驹过隙。转眼，小米成立6年，这也是我加入小米的第六年。

这六年，我们一直在奔跑。用了四年的时间，我们把小米的营收从零做到近千亿元，估值450亿美元。用了三年时间，我们又跑出一个小米生态链。

因缘际会，2010年，我正式加入小米，并成为小米的合伙人。此前，一直身处设计领域，我并不知道雷军是谁，更不知道未来小米会长成什么样。我创办了北京科技大学工业设计系，任教期间创立了一家在工业设计界还算有名的公司。当小米的联合创始人洪峰找到我的时候，是我在美国读书期间回国的空隙。我想，应该还是我"喜欢上场打仗"的性格促使我最终决定加入小米，跟另外六位合伙人一起奔跑。

加入小米后，我的分工是"工业设计＋X"。这个"X"分别是供应链、银行关系、生态链。看起来，除了工业设计是我的专业所长，其他对我来说几乎就是陌生的领域。在小米创业初期，没有供应商愿意相信小米能成功。我们被拒绝了无数次，几近绝望。供应链的问题，对于我和小米，都是从零开始，但我们愣是"跑"下来了。生态链也一样，尽管业界一直有"打造生态"的声音，但谁也不知道符合自己的生态究竟什么样、究竟怎么做才是最好的。三年下来，小米生态链已经投资了77家公司，30多家公司发布了200多款产品，已经有16家年收入超亿元，3家年收入超10亿元，还有4家独角兽公司。

这些成果都源自我们不停歇地拿下一场又一场的战役。加入小米这六年来，我只休过一次年假，是带孩子去迪士尼。其实，这也是在小米工作的其他小伙伴们工作状态的写照。

这样的奔跑速度，让我时常想起《阿甘正传》，那是我非常喜欢的一部电影，在这部电影里，阿甘始终在奔跑，奔跑中他看到了别人看不到的风景，通过奔跑，他完成了一个又一个梦想。他在奔跑中，心无杂念、不计较得失，将个人潜能发挥到极致，这正是我们每个创业者需要学习的精神。

这六年，我们就像阿甘一样，将每个人的潜能发挥到极致，在一些不太擅长的领域，我们也力争把它做到最好。这是创业需要的精神。这个时代被互联网技术和资本裹挟着，飞快地向前迭代着。创业不需要瞻前顾后，权衡各种利益关系，制定所谓的三年、五年战略，只需要向着目标一路狂奔。

出乎意料疯长的小米生态链

2013年年中，雷总意识到IoT的风口不远了，让我组建一支队伍做投资，在市场上抢好的创业团队，用小米的价值观孵化一批企业。

在接到做生态链的这个任务时，我感觉这是我的又一次创业，又一次要从零开始。我们并不知道未来会是什么样的局面，只是找出了一些简单的思路和方法，从小米公司拉出来十几个工程师，开始了百亿投资的布局。

如前所述，三年下来，小米生态链成绩斐然，这其实已经出乎我们的意料。

记得当时投华米的时候，我们跟当地政府谈希望第一年能做到1亿元，第二年做到3亿元，第三年做到10亿元。当地政府和华米的团队都不太相信。结果在小米手环上市的第二年，华米就真的做到了销售额超过10亿元。

再比如，我们投资紫米做移动电源，大家都觉得移动电源没有什么前途，没有想象空间，这个产品太low（不上档次）。可是，紫米用一款产品改写了移动电源的行业格局，然后一心一意地扩大规模。当一家做移动电源的公司流水超过20亿元的时候，很多问题都迎刃而解。紫米现在是电池行业的专家，占全球电芯采购业务的七分之一，它可以拿到最好的电芯价格，甚至有的企业买小米移动电源回去拆开，用里面的电芯制造自己的产品，这样都比他自己去采购电芯便宜。

单点突破，做到极致，你就是这个领域最牛的公司。紫米现在不仅是一家移动电源公司，是一个电池专家，也变成了一家电池供应链管理公司。

成功来得有点儿快，远远超出了我们的设想。

商学院，建在战场上

商业理论要钱，军事理论要命，所以任何时代最先锋的、最高明的理论一定是军事理论。我们虽然没有系统的方法论，但我们在这一次创业中，运用了大量的军事理论，比如精准打击、特种部队、小站练兵、蒙古军团，发现军事理论用在商业中果然有奇效。

我们投资的这些创业团队都是从零开始做一个全新的产品。我们输出小米的产品标准，再利用小米的资源，帮他们打赢第一仗，拿下基本盘。一般第一仗打完都会出现一个爆品，同时这个团队也基本成熟了。

这个过程就像是建在战场上的商学院，我们给他们钱，帮他们组团队，告诉他们如何定义一个产品，帮他们理顺供应链。小米做事有两个特点，一是产品标准极为严苛，二是成本要控制得非常低。把商学院开在战场上，可能会有些伤亡，可能要交一些学费，但是士兵很快就能成长为将军，我们的成才率很高。

这是我们用互联网的逻辑训练出来的一支新军，非常具有战斗力。相对于很多传统行业里的公司，这个团队非常有价值，他们用完全不同的方式做插线板、做电饭煲、做电风扇，搅动了一个又一个行业。

苏峻原本是大学老师，被我拉出来做空气净化器。生产小米空气净化器的智米，真的是从一个人开始，用了两年时间，成为估值超过10亿美元的公司。我们投了很多"学费"，苏峻的EMBA（高级管理人员工商管理硕士）课程是在战场上完成的。

有一次他回到学校，看到学校里的前同事们，非常感慨，他感觉"那里的时间似乎是停滞的"，一切都跟两年前一样。而创业的他这两年是在枪林弹雨中穿行，甚至头发都白了。

现在回头来看，小米生态链不就是一个建在战场上的商学院吗？每个决策都是用真金白银换来的，所有的EMBA课程都是在头破血流中完成的。

我们在孵化77家公司的时候，每家的情况都不同，在不同阶段出现了各种状况。我们一路跑，一路遇到问题。遇到问题就把它解决掉，解决完问题就调整步伐再往前跑。慢慢地，我们开始有一些方法和工具。在这本书的上篇中，我们把一些打造生态的经验分享给大家；在下篇中，我们会把如何做好一个产品的心得和盘托出。

这不是天下无敌的"葵花宝典"

在这个年代，很多人都喜欢讲理念、讲世界观、讲概念，还有各种各样的"成功宝典"。然而，缺少的恰恰是阿甘这样"简单而又固执"的人，缺少踏踏实实做好产品的人。无论互联网怎么影响这个社会，做出好的产品才是根本。

其实过去几年，特别是在小米最顺风顺水的时候，大家总结了很多"小米模式"，把小米过度经典化。现在很多创业者想的是，给我一套方法、一个公式，我照着做就可以成功了。这是懒人思维！没有一个成功是可以完全复制的，也没有一个公式是万能的。

这本书是我们的一部战地笔记。我们在一线打仗，随时随地做一做笔记，做一些阶段性的思考和总结。没有什么系统性，没有理论高度，不是"创业圣经"，但是非常真实，是我们用血汗和真金白银换来的。

你可能看不到华丽的辞藻、先进的理念、系统的知识，有些故事和语言表达，你甚至会觉得过于质朴，但你能看到一个真实、诚恳的小米，以及一群痴迷于做产品的兄弟。

这本书送给所有在创业中奔跑的伙伴。遥想，当你老了，像阿甘一样坐在长椅上回首这一生，会有喜悦、伤痛，但不会有遗憾。因为你的一生曾经至少有这么一次，为了一个梦想，心无杂念，勇敢奔跑。而我们这本"战地笔记"，希望可以在你奔跑的时候，哪怕给你带来一点点启发，我们也是心怀慰藉的。

奔跑吧，兄弟！

2017年年初

上 篇

生态篇

引言

3年前，小米开始做一件事，就是打造一个生态链布局IoT。

3年后，小米生态链公司数量已达到77家，其中30多家发布了产品，截至2016年年底，生态链硬件销售额已突破100亿元。

如今在小米的电商平台上，除了手机、路由器、电视、VR（虚拟现实技术），其他绝大部分产品均产自小米生态链公司。这些公司，我们多数都是从零开始投资孵化，一起组建团队、研发产品、打通供应链。在硬件创业成功率普遍极低的情况下，小米生态链拥有77家生命力旺盛的硬件创业公司，其中16家公司年收入超过1亿元，3家年收入超过10亿元，4家公司估值超过10亿美元。

小米生态链公司不是小米的部门，不是子公司；小米对生态链公司也不是单纯的投资，更不是ODM①或OEM②。

那么它是什么？

小米生态链是一个基于公司生态的智能硬件孵化器。

1.我们对生态链公司投资不控股。

2.我们对生态链公司输出产品方法论、价值观，提供全方位支持，与生态链公司共同定义产品、主导设计、协助研发、背书供应链。最后对通过小米内测后的生态链公司的产品，按类别开放米家和小米两个品牌，并

---

① ODM（Original Design Manufacturer）指原始设计制造商，由采购方委托制造方提供从研发、设计到生产、后期维护的全部服务，而由采购方负责销售的生产方式。

② OEM（Original Equipment Manufacturer）指原始设备制造商，俗称代工（生产），品牌生产者利用自己掌握的关键核心技术负责设计和开发新产品，控制销售渠道。加工任务通过合同订购的方式委托同类产品的其他厂家生产，再将所订产品低价买断，并直接贴上自己的品牌商标。

提供渠道支持和营销支持，负责销售与售后。

3.生态链公司是独立的公司。除米家和小米品牌的产品外，它们同时研发、销售自主品牌的产品。

在我们做生态链之初，这是一件过于新的事，新到我们没有可参照的对象，只能凭着简单的逻辑，一路狂奔，打下一场又一场的硬仗。今天我们把一线作战的战地笔记拿出来分享，它也许并不系统，也不普及，但确是我们用几十亿美元、无数心血的投入及蹚过无数的深坑后所获得的想法和经验，希望它们能为创业者提供一点点有用的参考。

第一章
抢跑IoT

"从第一家公司开始，我们的生态链就不是规划出来的，而是打出来的。"

为什么要做生态链？

其实2013年年初，"生态链"这个词还没出现。

那时候雷总对互联网的发展阶段有一个基本的判断：第一阶段是互联网，第二阶段是移动互联网，第三阶段是IoT。雷总说：每个阶段必会有成就万亿级大公司的机会。

小米创办于2010年，那年是中国移动互联网的创业元年。到2013年，短短的三年，我们就在手机领域杀出了一片天地。我们觉得，做小公司靠打拼，做大公司要靠运气。小米手机当年就是踩准了移动互联网这个风口，赶上了换机潮，如果没有这一点，我们这些人就算是神仙，也不可能在短短三年内做出那么多成绩。

所以当我们对下一个互联网发展阶段有了判断之后，觉得一定不能错过IoT这个风口。

但是怎么做呢？

当时雷总来找德哥（刘德，生态链负责人，在内部大家习惯称他为德哥）聊这件事，他说："要迅速地去市场上'扫描'，抢公司、抢项目。"

我们最初的想法其实很简单，就是用投资的方式，找最牛的团队，用小米的平台和资源，帮助大家做出真正的好产品，迅速布局物联网。

所以从2013年下半年起，我们开始组团，疯狂地到市面上去"扫描"优秀的创业公司。

为什么我们要用这样的模式来布局IoT？

第一，以当时小米的状态，从人员和精力上都没有可能直接做这个事情，2013年是我们手机产品蓬勃发展的一年，我们一共有8 000名职员，其中2 000个工程师专注于做手机，但实在忙不过来，雷总说："小米必须要专注，否则效率会降低。我们自己不要做，最好是找更专业、更优秀的人来做。"所以我们才想用一个全新的模式，用"投资＋孵化"的方式，弄一堆兄弟公司，大家一起来打群架。

第二，是速度，过去几年里的经验教训告诉我们一个很重要的商业指标，就是速度，如果我们自己干，进入这么多领域，做这么多产品，得做到猴年马月，所以只有用生态链这种"投资＋孵化"的方式，才能以最快的速度布局市场。

第三，是激励机制，制度决定一切。如果我们把这件事放在小米体系里做，那激励的力度就会降低。而用生态链的模式干，每支队伍都是独立的公司，打下来的是自己的天下，这样的机制才能保持团队生猛，野蛮生长。

所以，当我们看到一个时代的趋势是什么样的，并且我们认为这个趋势是清晰的，我们就要在这个大趋势下拿出可行的方法，快速地来做。没有人能准确地知道未来是什么样的，但做着做着就知道了。

第一节　离手机近的先打下来

小米生态链投资的第一个领域是手机周边，做的第一个产品是移动电源。

分享手机市场红利

其实，早在小米手机推出来的第二年，我们就做过移动电源。作为手机公司，我们当时看到，手机的趋势是外形越做越薄，所以电池的体积不能增加，而智能手机越来越耗电，所以在电池技术暂时没有革命性飞跃的情况下，做移动电源一定是有市场的。

2011年，我们第一次做移动电源的时候，是公司内部组织了一支小队伍来做的。我们自己开模具，用最好的电芯，自主研发制造，最后做出来，成本就100多元，卖200多元，一个月只卖了2万个左右。后来我们就叫停了这个项目，因为无论从产品定义、性价比还是销售的结果来看，这都完全不是小米的路子。

到了2013年，雷总给德哥指示，要快速地去市场上抢团队，于是我们再次关注到移动电源这个领域。与2011年不同的是，2013年的我们对手机周边这个领域的市场多了一份信心。那年的小米已经拥有固定的1.5亿规模的成熟活跃的用户群，所以如果我们能打造出像小米手机一样质高价优的手机周边产品，这些产品就一定能够享受到手机销售的红利。就好比今天烤个红薯，余热就能把周边别的东西也烤熟。

所以，2013年，我们关注的第一个投资的圈层就是手机周边。

但那年的移动电源市场，各种产品已经非常多，只是品质良莠不齐，大品牌的价格极高，小品牌杂乱生长，性能差且安全指标都不合格。我们觉得这个产品品类存在很多可改造的痛点，但似乎还没有找到一个合适的切入点。

直到有一天，德哥的一个朋友突然来找他，说自己做了款移动电源，价格极其便宜，想请德哥帮忙，看看能不能在小米商城上销售。

德哥当时就说："兄弟，便宜并不新鲜，因为市场上用山寨电芯的都便宜。"但德哥的这个朋友非常厉害，他说："什么山寨，我用的可都是苹果的电芯。"

原来那年正值iPad（苹果平板电脑）推出之际，市场本来特别看好这件事，觉得iPad的出现会让笔记本的销量大幅下降，结果iPad并没有如预期般地发展起来，这就直接导致了大量的iPad电芯剩余。德哥的这个朋友之所以能在用好电芯的同时把移动电源做到很便宜，核心就是买了库存的尾货电芯。

这个事给了德哥一个巨大的启发，他说："我一下子就意识到，移动电源本质就是个尾货生意。"

与此同时，2013年还有一则信息也被德哥捕捉到了，那年IDC（互联网数据中心）和Garter（知名调研机构）同时宣布，联想集团成了全球最大的笔记本电脑供应商。也就是说，全球除联想外，其他主流的PC（个人计算机）厂商都在萎缩。德哥和雷总聊起这事，雷总立刻就说："咱们的移动电源必须用18650电芯。"笔记本电脑市场萎缩，那么市场上最常被用于笔记本电脑电池的18650电芯必然会有大量的剩余。这种电芯性能优质，技术还成熟。

所以有时候，商业就是个信号学的世界。抓住信号，看穿本质，才能准确地切入市场。在看穿了移动电源这个市场后，还要找到适合的人来做。雷总跟德哥商量："我想请张峰来做这件事。"

张峰曾任英华达的总经理，和雷总相识多年。在2011年小米还名不见经传的时候，没有一家大的手机制造商敢接小米手机的订单，时任英华达南京总经理的张峰第一个答应生产小米手机。他在手机生产制造领域打拼多年，对手机及相关产品的生产制造业务了如指掌。

雷总、德哥、张峰，三个人在雷总的办公室里深聊一夜，随后生态链的第一家公司——紫米就这样诞生了。生态链投资不控股，帮助紫米定义产品、设计产品及背书供应链，并授权其使用小米品牌，在小米的电商平台上销售。

移动电源是我们打的第一仗，雷总和德哥全程深度参与。用德哥后来的话说，是先有紫米，后有生态链。从第一家公司开始，我们的生态链就不是规划出来的，而是打出来的。小米生态链就是从点做起，积累经验，逐渐向外摸索。

由近及远的三大投资圈层

所以小米生态链的投资圈层是围绕手机展开的。投资的第一个圈层就是手机的周边产品，因为这是我们相对熟悉的战场，也是我们拥有庞大用户红利的领域。在此之后，我们又继续投资孵化和手机周边相关的产品——做耳机的1MORE（万魔声学）、做智能可穿戴的华米、做净水器的云米、做平衡车的纳恩博。慢慢地，我们逐渐摸索，便形成了一个投资的三大圈层（见图1-1）。

第一圈层：手机周边产品，比如耳机、小音箱、移动电源等。基于小米手机已取得的市场占有率和庞大的活跃用户群，手机周边是我们具有先天市场优势的圈层。

第二圈层：智能硬件。我们认为智能硬件大的爆发期尚未来临，但长远来看，硬件的智能化是必然趋势。我们看好智能硬件未来的发展，小米本身也具备打造出色智能硬件的基因。因此我们投资孵化了多个领域的智能硬件，如空气净化器、净水器、电饭煲等传统白电的智能化，也投资孵化了无人机、平衡车、机器人等极客互融类的智能玩具。我们希望通过投资孵化智能硬件，让人人都可以享受到科技的乐趣。

第三圈层：生活耗材，比如毛巾、牙刷等。如果以现在的眼光看这些耗材，也许会觉得小米投资跨越的领域有点儿大，但如果能以十年后的眼光看现在，那么围绕着提高个人和家庭生活品质的消费类产品，在消费升级的逻辑下，必然会有巨大的市场。此外，小米是一家科技公司，但科技公司有一个非常大的问题，就是不确定性。这是由科技公司的属性决定的，谁都不一定能够始终站在科技的制高点，所以当一家科技公司拥有了大量生活耗材类的生意时，它们就能够对这家科技公司不确定的属性产生巨大

图1-1 小米生态链投资的三大圈层

的对冲作用。因此，生活耗材是我们投资关注的第三个领域。

在这三年的实战中，我们逐渐形成的投资顺序是：离手机近的早点儿干，离手机远的晚点儿干；离用户群近的早点儿干，离用户群远的晚点儿干。

就这样，2014年，国内市场迎来了智能硬件的创业高潮，这一年也被称为智能硬件元年，投资机构疯狂地涌向这个领域。2014年，我们抢了27个项目，2015年抢了28个项目，2016年抢了22个，平均15天就投一家公司。所以雷总曾说，小米不仅是一家生产产品的公司，还是一个生产公司的公司。

到2015年下半年，我们再看市场，整体投资速度已经明显放缓，而此时，小米生态链的基本盘也已经稳住。

第二节 工程师投资团队

与穿着西装、打着领带，时常进出CBD（中央商务区）的"高富帅"投资经理不同，小米生态链是一群工程师在做投资。就是这样一批完全不符合投资界"行规"的人，三年来打造出一批生猛的中型公司。

懂小米、懂产品的豪华团队

2013年，德哥在接到雷总决定投资生态链的任务后，当时最大的难题是我们这些人都是工程师，没人干过投资。所以德哥从小米内部抽调了十几个早年的工程师，大家从头学起，这十几个人就拉起了小米生态链最初的投资团队。

为什么拉出一票在小米非常资深的工程师团队来做投资？我们总结了三个原因。

1. 他们对小米的价值观、产品标准最了解，他们能够准确地输出小米的模块。

2. 新公司、新产品孵化出来后还要嫁接回小米，需要与小米的各种资源对接。这些人在小米公司里都有人脉、有资源，老员工"刷脸"，到哪个部门都会给些面子。

3. 他们都是老员工，深刻认同小米的价值观，对公司也非常忠诚。另外，投资这件事，"回水"是很多的，他们很多都是小米公司早期的股东，抗诱惑能力比较强。

小米对生态链公司投资一直都坚持只占小股，一来是保证队伍的独立性和生猛性，二来是因为我们的核心思路在于用小米成功的模式复制一批智能硬件领域的公司。在这样的生态环境中，资本只是建立关系的纽带，价值观、产品观、方法论的传导才是整个生态系统能够繁衍下去的根本。所以，我们需要的是真正懂小米、会做产品的人来做生态链投资。

现在看来，我们最初的团队阵容真的很"豪华"。德哥是小米的联合创始人，自不用说；刘新宇是小米的7号员工，孙鹏是13号员工，两人并称为MIUI（米柚）早期的三驾马车之二；李宁宁毕业于牛气万分的Art Center[①]，是小米手机最早的ID（工业设计）设计师之一；夏勇峰是《商业价值》杂志前主笔兼编委，参与创办极客公园，加入小米后亲自操刀了路由器的产品定义，后来转至德哥麾下……这一群人，每个都是产品领域高手中的高手。

这里有一个段子：从2013年有创业做扫地机器人的念头之后，昌敬做了大量机器人方面的功课。同时，因为自己做了多年的产品经理，有过创业成功的经验，他认为自己做产品的能力是相当不错的，特别是他创办的魔图被百度收购之后，他加入了百度，他对产品的理解得到公司极高的认可。

带着这份自信，2014年4月，昌敬见到小米生态链的产品经理夏勇峰。两个人聊了一下之后，昌敬被惊到了："小米随便派个人来见我，这个人的产品格局怎么就这么高！我当时的感觉是，我练功练了很多年，才练到乾坤大挪移的第一层，结果对面随便来个人就已经是顶级高手了。"

当时，他还不知道，夏勇峰是小米生态链最厉害的几个产品经理之一，不是随便派来的一个人。生态链初期的几个人一边做投资人，一边做产品经理，集双重角色于一身，是他们奠定了小米生态链初期很多产品的成功。

① Art Center：艺术中心设计学院（Art Center College of Design，ACCD），是美国目前在设计方面最权威的学院，其汽车和交通工具设计系、数码设计专业、插画系、平面设计系、娱乐设计等，在全世界处于领先水平。

只看产品和技术，不看商业计划书

在生态链投资初期，我们不拘泥于投资界的法则，并不会像投资人那样重点看商业计划书（BP），而是重点看团队和产品的潜力。有的项目，在办公室里谈一个小时就投了。

为了抢项目，早期的项目，我们都不做详细的估值。我们一般都是问创业者："未来一年，你们在量产之前还需要多少钱？这个钱我们出，给我们15%～20%的股份。"这样做，投资速度很快，是超现实主义的投资方式。

我们这样做是不是挺不按规矩出牌？其实在创业公司发展初期，真没必要估值，这没有意义。今天只是开始，"饼"还很小，讨价还价也没有依据。更何况小米生态链本质上做的是孵化，而不是投资。我们是用小米的资源帮助这些公司做大，当它们做大之后，原始估值也就没有多大意义了，孵化成功就意味着投资的增值。而创业公司之所以要和其他的投资机构不停地在原始估值上纠结，讨价还价，其根本还是因为除了钱，创业公司能从投资机构获得的其他支持都非常有限。

但硬件创业这件事真的不仅仅是需要钱那么简单，和懂产品的人合作非常重要。这也是为什么我们这批由工程师组成的投资团队，能够在硬件创业最热的阶段抢回了一批优质的公司。

Yeelight就是一个由一线工程师组成的优质创业团队，专攻智能照明硬件，我们对它有投资意向的时候，已经有多个投资机构向它伸出橄榄枝。

最早是孙鹏发现的Yeelight，他用了Yeelight最初的产品，感觉还不错，于是联络了Yeelight的老大姜兆宁。"孙鹏第一次来我们这儿，背个包，我以为他是来批发灯的。"第一次见面，姜兆宁和孙鹏聊了两三个小时，根本不知道他是小米的，也不知道他有意要投资。

那次会面之后，孙鹏觉得这家公司值得抢一抢。一来，这个团队很有胆子，敢做敢拼；二来，它的产品做得不差，又自主地进行过一次众筹，十几个人的团队能够把东西做出来，有销售又有服务，那么这家公司具备自己做生意的能力，这一点非常重要。于是孙鹏拉着德哥一起，"游说"姜兆宁。

"最终为什么选小米呢？就是聊着聊着，感觉很不一样。"姜兆宁回忆说，"别的投资人都是来谈钱，谈估值，谈股份。和小米这帮工程师聊，我们就是在一起探讨，这个产品，你的想法是什么、我的想法是什么，然后我们用哪些数据来佐证这个功能可以做、哪个功能不能做、做的时候我们用什么技术。探讨谷歌、苹果的技术水平是在什么程度上，我们分析研究它们未来往哪走，而我们应该往哪走。我们都是在讨论这些事。这种沟通，就是感觉很对，感觉小米的工程师水平很高，我们就觉得跟着小米一定能干成。"

工程师更懂工程师，这是我们在硬件领域抢团队非常大的优势之一。

后来，我们总结了一下工程师做投资与专业投资人的差异：投资人看重团队、数字和回报，工程师更看重产品、技术和趋势。

只关注产品，不关注战略

这批由工程师组成的投资团队成员在生态链内部被称为产品经理。他们的主要任务是向生态链公司输出小米的理念，必须严格地按照小米的产品标准画线。产品经理在生态链公司发展初期，话语权非常大，特别是第一款标志性产品打造出来的时候，他们会代表小米来判定这款产品是否能够搭上小米的大船，几乎拥有一票否决权。

产品经理的特点就是只关注产品，不关注战略。我们比较认可这样一个观点：不要先定战略，我们就是做好产品的。战略容易让人走火入魔，不可强求。只要有耐心做出一款款好产品，其他的自然而然就来了。

在小米生态链上，我们有一些公司是从零孵化，有一些是与其他公司合资，也有已经创业到一定规模的公司是由我们投资占股。无论哪种形式，只要上了小米的这艘大船，每件产品都不容闪失。我们希望未来能够影响100个行业，进入一个行业就要用最好的产品搅动一个行业，起到"鲇鱼效应"，真正能够改变这个行业的产品定义，对产业链进行重构。

作为鲇鱼，我们也付出了很多代价。当你要打破一个行业原有的平衡时，自然就会受到传统力量的抵制。

很多传统行业都已经固化，大局已定，大家相安无事，竞争极不充分。但当小米这样的新生力量杀进来，变化就出现了，它是用全新的逻辑、全新的队伍、全新的商业模式和更苛刻的产品标准来做事。比如，小米用3C（中国强制性产品认证）的标准来做白电、用做软件的思维来做硬件。

虽然孵化的都是创业公司，但我们面对的都是正面战场攻击，而不是侧翼攻击。这就要求我们首战即决战，每一战都要把小米的全部资源押上，确保一战成功。当然，很多产品在内测阶段问题就会暴露出来，有些产品甚至是在上市前被毙掉，几百万元的损失在小米生态链上并不罕见。

一边抢团队做投资，一边做产品铺市场，当初这几位工程师出身的产品经理，在三年间经历了高密度的作战，每天都在总结经验，也因此成长为今天物联网领域和投资领域的高端人才。

讲 真

Peaceful风

孙鹏　小米生态链产品总监

看过米家发布会的人都会被德哥的演讲所感染，他自信、轻松、幽默，还会讲各种让人发笑的小段子。

我们整个团队跟德哥的风格很贴近，要么是小米的早期员工，已经小有成就，要追求内心的超越，要么是外面招来的大咖，总之是典型的中产阶级生活风格。所以米家的产品也是这种风格，也就是德哥说的"peaceful"。

第三节　按找老婆的标准找团队

常规的投资机构投项目的时候要看风口，看市场占有率，看估值，看有没有退出的通道。小米做投资的特点是，首先看人，不仅看人是否靠谱，还要看他的价值观和我们是否一致。

那么什么样的人会被小米生态链投资？

人不如故

整个业界都知道，雷总喜欢投熟人。所谓衣不如新，人不如故。

小米生态链投的第一个人是张峰，他就是雷总的老熟人。早年小米做第一批手机时，没有供应商愿意接我们的单子，制造企业也多是被创业公司忽悠怕了，不肯轻易"上套"。唯有时任英华达南京总经理的张峰，在雷总第一次和他谈"做高品质手机，用成本价销售"时，一下子就认可了这个想法，英华达因此成为小米手机的"发源地"。

基于这样的渊源，雷总想做移动电源，想到的第一个人就是张峰；德哥也觉得最合适的人非他莫属：第一，张峰在台企当了十几年的总经理，一个大陆人在台企里做到总经理职位这是非常不容易的，这说明这个人的情商很高；第二，他在这个产业里待了这么多年，对供应链非常熟悉；第三，他是研发工程师出身，又能做研发，又能做生产，又能做供应链，人还仗义，帮过我们忙，是再合适不过的人选。于是生态链有了紫米这家公司。

1MORE的谢冠宏曾是富士康事业群最年轻的总经理，是Kindle的事业单位主负责人。2012年，小米与富士康谈合作时，谢冠宏是富士康公司里最支持小米的人之一，雷总带团队在台湾与富士康洽谈时，他常常与雷总聊到凌晨两三点，他们对于产业的很多认识高度一致，英雄所见略同，惺惺相惜。

后来谢冠宏因为一次乌龙事件从富士康离职，之后在香港，恰好雷总也去香港出差，第一时间找到他，说："无论你做什么，我都投资。"谢冠宏开玩笑地问："我做卡拉OK，你投吗？"雷总说："只要是你做，卡拉OK我也投。"当然，他们没做卡拉OK，而是一起做了耳机，自此有了1MORE。

智米的苏峻是德哥以前在大学当老师时的老朋友、老搭档，两人合作过很多设计项目，当我们做空气净化器找不到团队的时候，德哥就从电话本里把苏峻翻了出来；创米的范海涛来自龙旗集团，龙旗是红米的主要生产商，与小米知根知底；华米的黄汪与孙鹏同样毕业于中国科学技术大学，是孙鹏在校友资源里挖出来的一员猛将……

所以小米生态链发展早期，就是一个熟脸圈。雷总、德哥他们把过往几十年积累的人脉一点点挖来做生态链，形成了大咖云集的生态链早期图谱。

情投意合、三观一致

为什么找熟人？其实道理很简单，在中国社会的当下，商业领域内，人与人之间是缺乏信任的。启用熟人是创业状态下最高效的一种方式，大家知根知底，有信任基础，沟通顺畅。

但将所有人凝聚在一起最核心的一点是价值观一致。这件事就好像找老婆一样，情投意合、三观一致才能真的在一起好好生活。所以，随着投资领域的拓宽、速度的加快，当熟人圈不再能满足生态链发展需求时，我们对外选择团队时关注的基础就是人靠谱，价值观一致。

生态链是一个大联盟，里面有几十家公司、上万名员工，如果底层员工的价值观不能保持一致，那么这些独立的公司是无法汇聚成联盟的。所以，投资前选择有共同价值观的人是最重要的。情投意合、三观一致，以后又有共同的利益，大家才能真正在一起合作。

那么小米生态链的价值观是什么？

1. 不赚快钱；

2. 立志做最好的产品；

3. 追求产品的高性价比；

4. 坚信互联网模式是先进的；

5. 提升效率，改造传统行业。

价值观一致，"结婚"之后自然就过渡到利益一致、目标一致，有时会产生一些分歧，但在一致的目标下，双方仍会向一个方向努力。

拒绝贪念

在找人的过程中，有一类人我们坚决不碰——有贪念的人。有的人创业，希望快速融资、快速做大、快速上市套现，赚快钱。我们在接触创业公司的时候，一聊天就能知道创业者抱着什么样的目的，很容易发现这类希望做短线的、有贪念的人。这类人再优秀、再权威，也坚决不合作。

小米生态链上的创业者中，不少都是已经解决了温饱的二次创业者，而不是一穷二白的小年轻。他们或是已经创业成功淘得第一桶金，或是已经在过去的岗位上做出了突出的成绩，取得了一定的经济地位和社会地位，具有丰富的社会经验，有一定的人脉关系。这与雷总创办小米时的情况有点儿相似，当时的雷总已经实现财务自由，再创业是为了圆一个梦，情怀会更多一些。做事不能光想着当下要赚多少钱，不去做短线生意。

当然，还有一些技术派的理想主义者，创业并不单纯地为了收益，而是自己真正的兴趣和爱好所在，发自内心希望用技术改变生活。在小米内部，汇聚了大批这样的"技术痴"，这也是价值观一致的一种体现。

1MORE的谢冠宏在创业前是富士康的重臣，也是小米生态链上最为资深的创业者之一。"像新国货，和雷总的这些专注、极致、口碑、快，不光只是嘴巴讲讲，真的是耳提面命。"他说道，"市场在变，竞争在变，用户的习惯在变。我们要做的就是在变化中寻找不变的用户价值：坚持高品质、低毛利，最少环节和最高效率，提供给消费者买得起的、具备好品质的产品。"

在奔跑的过程中，我们也会时时提醒大家要拒绝贪念，因为在奔跑的过程中，我们会发现很多机会，这可以赚几百万元，那可以赚上千万元，我们都会提醒大家，把精力放在核心产品和核心业务上，不要为其他诱惑所动。

靠谱，就是超强的执行力

我们选人的时候，常常会说要先找"靠谱"的人，但如何判断一个团队是靠谱的呢？比如，这个团队的过去能够证明其能力、曾经创业成功过，或是在某一领域非常突出。团队的带头人有良好的沟通能力，彼此聊天能够互相理解，并且能很好地消化彼此的建议，反向与小米互相促进。如果双方说了半天，他回去又把说的忘了，又得再三强调，这就没有效率了。你说一句，我马上举一反三、迅速行动，这就会非常有效率。

除了沟通，还有一个非常重要的因素，就是这个团队还必须是一支执行力超强的团队。

　　什么叫执行力超强？比如YeeLight的创始团队成员大多是做通信和软件出身，当它进入小米生态链、圈定照明这个市场之后，急需照明领域的专家加盟。这真的非常不易，YeeLight的创业团队那时只有几个人，你要找来全球顶级专家帮忙，谁知道你是谁啊？但姜兆宁就是凭着一股执着劲儿，在一年内飞行里程达25万公里，拜访美国、德国、日本等国家著名的照明领域专家，最终聘请到几位全球顶级专家担任YeeLight的顾问。

　　纯米的创始人杨华为了做电饭煲，查遍了全球与电饭煲相关的专利，最后将目标锁定在日本多项核心专利发明人内藤毅身上。杨华团队第一次去日本拜访内藤毅的时候，就像是小学生站在教授面前，因为对电饭煲不了解，内藤毅根本不相信这几个人会真的做电饭煲。回来之后，杨华团队疯狂补课，短时间内就成为电饭煲领域的专家。第二次再去日本与内藤毅交流的时候，对于做好电饭煲已经有深入的认知和一套完整的想法，这让内藤毅感到非常意外，也感受到了他们想做好一口锅的决心。最终这位65岁的老专家被杨华团队的精神打动，加入这个创业团队。

　　华米是从智能手环起步，可穿戴设备一定要与时尚元素相结合，所以黄汪从一开始就执着于要找到全球顶级的ID设计师。于澎涛跟德哥、李宁宁一样，毕业于Art Center，做过谷歌Nest全系列产品，曾经4次获得IDEA（美国工业设计优秀奖）。黄汪想请于澎涛加盟，但于澎涛偏偏不想回国，想留在美国工作。黄汪索性在硅谷设立办公室，请于澎涛加入，顺便把中国科学技术大学在硅谷的科学家全招了进来（黄汪毕业于中科大）。因为于澎涛而设立的硅谷办公室，后来成为华米的人才宝库，那里汇聚了一批在硅谷的优秀华人。

　　在我们看来，执行力不需要什么专业性，而是一定要有搞成这件事的决心，如果搞不成，公司就倒了，得有这样的执着劲儿。虽然有生态链作为支撑，但我们也绝不允许任何一家创业公司做"富二代"，端着架子，靠平台的红利生存。

　　所以，投什么人对我们来说和结婚一样，判断他"是否靠谱"一定有多个维度，但价值观一致是基础，缺少这一基础，多厉害的团队也做不到真的在一起。

第四节 全民持股，帮忙不添乱

一个生态链的建立，如果没有机制，是不可能维系的。

其实很多公司做大之后，通常都会选择通过产业资本对行业内相关的企业进行投资、收购，或者是通过战略合作来进行扩张。

关于收购，我们看到过很多失败的案例：因为收购之后，被收购方就失去了独立性，变成大公司的一个部门，于是失去了独立发展的欲望，开始变得平庸无为。被收购前是一匹独狼，拼命地往前跑；一旦被收购，创业成果被兑现，生活无忧，财务自由，不再是为自己工作，也就没了动力。

而战略合作的形式，我们也不认为是最佳路径。战略合作的形式过于松散，而且多是阶段性的利益一致，很可能就是一锤子买卖。这种合作的信任成本极高，把大量的时间浪费在设置合作条款、相互防范的措施上，很难一心把事情做好。

所以，我们选择了一种特殊的"投资＋孵化"模式。我们的机制与以往的投资机构或是孵化器略有不同。

机制对了，跑起来拉都拉不住

公司创业之初，最需要解决的就是激励机制。生态链发展之初，最应该考虑的也是如此。

大家都知道，小米早期就是全民持股制。全民持股的好处是，个人与公司的利益具有一致性。这是非常微妙的关系。如果不是股东，只是打工人，遇到困难就很容易放弃，或者因为一些小事就会离开公司。创业当然不可能一帆风顺，如果是股东，再艰苦、再挑战的时刻，会闪过一个"万一成了呢"的念头，就不会放弃、不会退缩，继续疯狂地往前跑。

这几年，外界看到了小米的发展速度，但一定没看到我们付出了多少。小米创业初期是6×12小时工作制，一般公司是5×8小时工作制，采用简单加减法就能理解，为什么我们用三年跑完别人八九年才走完的路。

6×12小时只是底线，多数员工的工作时间都是高于这条线的。雷总更是劳模，经常是后半夜才离开办公室，第二天上午9点又准时出现在办公室，哪怕是清晨5点离开的，上午9点钟你还是会在办公室看到他。

一个正确的机制建立之后，整个队伍跑起来拉都拉不住。所以我们做生态链的时候，立下的第一个机制就是投资不控股，保证生态链创业团队持绝对的大股，保障他们是为自己打天下，这样大伙才能步调一致，拼命往前冲。

现在小米生态链上的77家公司的人员与小米最初的状态非常像，不需要我们去督阵，他们比我们还着急，天天催着我们。前两年生态链跑得太快，取得了一些成绩，问题也逐渐暴露出来。我们在2016年甚至开了两次减速会，让大家稍稍放慢一点儿节奏。当然，这时候可以放缓一点点，是因为我们已经具备先锋性，已经在一些领域站稳脚跟，所以才有缓冲的时间来做一些思考和调整。

只有建议权，没有决策权

当然，小米对生态链公司不仅仅是投资，更重要的是，我们在各个维度上帮助生态链公司复制小米模式，打造杰出的产品。那么这种帮忙的界限在哪里？

最初的红线是，对于生态链公司，小米只有建议权，没有决策权，从不谋求控制。只帮忙，不添乱，是我们的行动准则。我们在运行中也会时刻提醒自己不要越线，甚至有时候即使我们觉得自己的建议更正确，但如果他们不采用，我们也还是会尊重他们自己的选择。

其实，占股不控股，是因为我们从一开始就没想把这些公司拴死、管死。大家目标一致、价值观一致，一起来到赛道上，随便你穿什么服装、用什么姿势跑到终点。

在赛跑时，每个选手都会有自己喜欢的运动服，也有自己认为舒服的姿势，出现意见分歧很正常。德哥认为，随着选手各自的发展，未来会逐渐演变出不同的流派，我们没必要强求细节，在发展中求同存异。

现在智能硬件还处于发展初期，以圈地、增长为主要目的，出现问题再解决问题，不能因为存在异议就停滞不前。"目标一致，即使跑偏，又能偏到哪儿去呢？"

生态链公司最终的成功依靠的是每一家都具备自我存活的能力，各自做大做强，而不是长久地依赖于小米的平台。

正如1MORE推出了自主品牌的旗舰三单元圈铁耳机，紫米也推出了自主品牌的移动电源，很多小米生态链公司其实都有着属于自己的品牌梦。我们也认同，在大家做好产品基本盘的基础上，做更多的尝试和扩张并没有问题。

2014年小米手环面市，成为小米生态链的扛鼎之作。在手环之后，华米与李宁品牌联合研发了智能跑鞋，全面探索可穿戴设备的市场。后来又推出自主品牌的新品手环Amazfit，跳出小米的主流用户群，开辟高端市场，并邀请著名演员高圆圆代言。Amazfit定价299元，这个价格差不多是之前小米手环（79元）的4倍，用意很明显，是要在之前的用户群之外开辟更高端的用户市场。

华米的创始人黄汪跟雷总一样，是一个内心有着远大梦想的人。在一系列硬件推出之后，华米的App（手机应用程序）与互联网服务也慢慢跟上来，来自服务的收入快速增长。

Amazfit品牌发布后，外界认为这是华米独立的信号。德哥认为，虽然华米在战略上与我们的想法有一点点偏差，但这是很正常的事。"一个公司成长后会有很多路径可走，无论华米选择哪种，只要成长得很好，作为股东的小米都是受益者。"

纳恩博也是一个非常成功的案例。在收购了Segway（赛格威电动平衡车）之后，公司一下子跃至这一领域内全球第一的位置，这使得纳恩博可想象的空间也更加广阔。纳恩博的下一个规划是对Segway进行品类拓展，从高端私人交通延伸到机器人领域，和纳恩博品牌一起扩充为一家综合的科技公司，并且与国际芯片巨头英特尔达成深度合作，共同推出了一款机器人。目前纳恩博的首要业务是创新短交通，接下来会跟一些全球性企业合作研发家政服务机器人。

在小米的助推下，纳恩博成功收购Segway后，也拥有了平衡车的全部核心专利，同时接盘了Segway在全球的市场。这样的起点，是站在小米的肩膀上，又完成了纵身一跃。纳恩博已经将守住全球第一的地位作为自己的目标，继续发挥Segway品牌的影响力，扩大全球市场份额，同时也会逐步减少对小米平台的依赖，强化自身各方面的能力。

作为小米平台的受益者，Yeelight的姜兆宁如是说："小米的平台的确很好，但是关键还是要看你团队自身的能力，小米就像一个火箭的第一级，它能够快速地将你推离地面达到一定的高度，接下来就是你利用这个惯性来点燃第二乃至第三级火箭的时候了。"

Yeelight并没有急于考虑自主品牌和单飞，但姜兆宁很清楚，过于依赖小米的平台效应其实并不能成为一家健全的公司。在完成第一级火箭发射之后，生态链公司也要尽快完善自己各方面的能力。

"迟早要做自主品牌，要不然这个局解不开。每家都要有自己的活力，不能长久依赖小米，成为小米的包袱公司。"这是纯米杨华的想法。

显然，他们的思考代表了绝大多数生态链公司创业者的想法，创建自主品牌是迈出成功第一步之后一定要做的事情。但什么时候跳出小米、以什么方式跳出，是需要思考与再定位的。摆在这些创业者面前的问题是重新思索和界定与小米的关系，这将带来潜在的不稳定性。

这些公司在小米的助力跑道上取得了第一阶段领先优势之后，根本没有时间停下来回头看，接下来的重点就是要抓紧强身健体，建立自己的品牌、渠道，逐步发展成为完整的公司——这是创业者的想法，也是其他股东的意愿。毕竟，小米只是股东之一，在多数公司里所占的比例很小。未来，这些创业公司还要面临B轮、C轮、D轮融资，不可能永远依附于小米。

小米生态链的这套保障机制，使得我们对各公司的心态非常开放。因为机制对小米是两重的利益保障：无论是你做一个非常成功的小米品牌产品，还是独立做大，小米都将是受益者。如果有一天你长得比小米都大了，我们作为股东也将享有高额的投资回报。从长期看，生态链公司成功就是小米成功。机制设定合理，你会发现，它们选择走什么样的路都是好的，只要能做大。

总有人问我们，如果这些公司长大了，不听话怎么办？这个问题，我们从来都不在意。

我们孵化公司，初期就是要抱团打仗，大家一起先长大，未来有各种各样的机会。这些公司中，有的可能成为"下一个小米"或"小小米"，也有可能哪个公司抓住历史机遇成为"大小米"，谁能保证未来万物互联的时代，家电领域不会出现一个新的巨型公司呢？真的不用想太远，我们要做的就是用全新的方式组队，帮助它们先把第一仗打赢，先跑起来，未来是它们自己的事情。其实对于这一点，我们的心态非常好。

讲 真

龙生九子，各有不同

黄汪　华米科技首席执行官

华米在整个生态链里是成立比较早的，也是争议比较多的公司之一，在此自我解剖一下。

首先，我们觉得华米之所以能跟小米生态链走在一起，是因为两个团队有很多共同的认知且相互信任，这是从2014年开始大家合作做产品所形成的战斗友谊。这种信任是当你处于危险中，兄弟们帮你挺过去之后才形成的，所以你内心的感觉是完全不一样的。

所以后来不论是华米跟生态链的同事讨论问题，还是我跟德哥讨论问题的时候，可能都会有一些分歧，但我觉得我们之间是有一些最基本的价值认同和最基本的信任在的，所以不会有什么基础层面的问题。

龙生九子，各有不同。每家生态链公司最后选择的路径、方向和打法可能都不太一样。2015年9月，我们发布了自己的品牌。对此有多种解读，说华米要单飞了，华米要摆脱小米了。我们看了都觉得很可笑，这其实只是华米对于自己做品牌的一个尝试。

为什么华米要做品牌呢？其实是团队的要求，也是我自己想做的事。我忽悠了很多人，他们自认为还是比较高效的团队成员，他们的确不愿意做一个ODM式的公司。另外，我们融了那么多资金进来，那么我不花在品牌上，我怎么花呢？所以，这是我花钱的一个方式，打造品牌是在凝聚团队、供应商，以及在拓展渠道方面必须要做的一件事。

但是我要强调，各个公司是不一样的，这不一定是个好的样板，也有可能做品牌投入很大，产出很小。

　　我们能在生态链这个体系内，一定是有共同的价值观和方法论才走到一起的，所以我觉得有分歧并不是太大的问题。

第五节　集体智慧

小米生态链是一群工程师在做投资，大家有的是做软件的，有的是做工业设计的，有的是做硬件开发的，每个人的专长都不一样，各有所长也各有所短。那我们是怎么做决策的？

由最懂的那个人做决策

这里有一个原则：采用集体智慧。这有点儿像小米公司创业时的"合伙人制度"。

创业是高危行业，说九死一生都不止吧！没有一个人是全才，小米创业初期，是由7个来自不同领域的"大牛"组成班子的，每个人都有自己极为独到的一面，形成一个扎实的合伙人班底。

"我们几个合伙人打仗的时候，是每个人拿一把枪，背对背，每个人只负责自己前方最擅长的领域，对身后的兄弟绝对信任，相信每个人肯定能把自己的领域打下来。"德哥这样形容小米合伙人之间的关系。

大家从创业到现在，每个人负责一块，相对独立，自己分内的事情自己说了算，决策非常高效。但当你需要别人支持的时候，其他人会随时组队配合。

所以组建生态链的时候，我们参照了小米的合伙人制度，采用的也是集体智慧。

"我不是多面手，不可能懂所有的东西。"德哥谈到集体智慧时说。德哥学的是工业设计专业，在这一领域算是顶尖高手，但是他对技术并不精通。作为领导者，就要发挥自己团队里每个人的特长，把他们的特长排列组合，并不需要自己面面俱到，样样精通。

在德哥接到做生态链的重任之后，第一个参与到这个项目中来的就是孙鹏。用孙鹏的话说："德哥需要懂技术的，我就过来帮他呗。"在孙鹏之后，又有了刘新宇、李宁宁、夏勇峰等一个个得力干将，我们的初期团队能力逐渐完善。

物联网虽然是个趋势，但是未来是什么样对我们来说都是未知的。我们每个人懂的都有限，长板突出，短板也明显。这就要求我们必须运用集体智慧。在某一个领域，我们都会让最懂行的那个兄弟去判断，然后集体决策。我们每个人遇到问题都会召集其他兄弟一起来讨论，这种讨论很有价值。实际上，在我们的决策过程中，只要有人发出了不一样的声音，我们就会对这个决策进行"安检"，充分发挥集体智慧。

在"集体智慧"的原则下，我们每个人都可以随时推开德哥的办公室，讨论问题，没有严格的等级，也没有所谓的汇报程序。每个人推开德哥的办公室，都为了充分表达自己的观点，在自己擅长的领域保持强有力的发言权，这有利于增强集体决策的正确性。

小骄傲与不妥协

其实，小米生态链发展初期参与其中的孙鹏、刘新宇、李宁宁、夏勇峰等人，真的都是各自领域内非常优秀的人才，他们每个人内心都有自己的"小骄傲"，并且对于自己负责的部分有自己的坚持，绝不妥协。

正是因为不妥协，设计总监李宁宁成为小米生态链最让人畏惧的"女魔头"。她对产品的工业设计要求极高，一个产品改上几百遍，甚至废掉几套花费上百万元开的模具，都不是什么新鲜事。在小米生态链CEO（首席执行官）大会上，几十个业界大佬坐在下面，她在台上演讲时，就敢拿着机枪"扫射"各家的产品问题，丝毫不留情面。

作为"槽王"，她现在吐槽最多的就是自己的老板——德哥："我跟我老板经常会有冲突，他现在已经不是纯粹的设计师了，他已经变成99%的商人，他需要在设计与商业之间做一个平衡。而我作为一个纯粹的设计师，我必须有我的坚持，表明我的立场。"

因为设计问题，李宁宁多次与生态链公司僵持不下，最后只好交给德哥去仲裁。这种坚持正好体现出职责上的执着以及集体智慧的凝聚：作为设计总监，李宁宁必须对产品外观负责，在自己的领域内不妥协。德哥作为小米生态链的老大，则会考虑各方面的平衡，拿出一个最终方案。

后来德哥私下里说过，小米的成功和小米生态链的成功，就是因为有李宁宁这样一批在自己专业上坚持到偏执程度的人。不妥协可以激发出所有的潜能，产品突破了很多以往的设计局限。在产品设计的章节，我们会给大家举出更多实际的例证。

尽管德哥是小米生态链的老大，但他并没有把持太多的权力，而是先画一条红线，他只管宏观层面的问题，所有细节问题都不过问。老大也不能乱判断，要让懂的兄弟发言，这才是集体智慧。德哥作为老大，他最擅长的就是资源调配，可以找到很多优秀的人才加入我们的团队，成为小米生态链上的"合伙人"。当然，他还能从小米公司内部争取到很多资源，帮助生态链上的公司。

从"包产到户"到集体制

接下来，再复盘一下我们这样的一个组合型投资团队的运作模式。小米生态链的计划是投100家公司，所以不能让德哥陷入细节当中，而要让他总能保持一定的高度来把控全局。

　　在生态链打造初期，工程师们采用的是一种矩阵管理方式。我们的管理模式是两根轴，纵轴是每一位工程师，每个人都有自己的专长，横轴则是公司或是产品。工程师的横线会穿过每家生态链公司，形成一个平台角色。也就是说，负责ID的工程师会对每家公司的ID负责，负责市场的工程师就要负责所有公司的市场运作。但是在这个层面，他们与每家公司的交叉处是一个虚圈，同时他们每个人也会以产品经理的角色专门负责几家公司，这几家公司与相对应的工程师的交叉处就是实圈。

　　一开始我们用这样的矩阵式管理（见图1-2），保证所有人都肩负产品经理的角色，也肩负平台负责人的角色，这样既可以做到集体决策，又可以快速高效地解决现实中遇到的问题。

　　那个时候的管理有些像个体户经营，每个产品经理负责一两家或是三四家公司的主打产品，他要对这家公司、这个产品全权负责，这个产品的成败与他个人的荣誉相关。他有不懂的方面，或者需要别人帮助的，就会找平台上其他工程师协同作战。不能否认，创业初期，个体户经营的方式效率非常高。

　　在第一年，我们放任这些生态链公司野蛮生长，除了抓好产品定义和产品品质，我们会让它们不受束缚地快跑。跑了一年多以后，我们也掌握了一些门道，开始慢慢地进行精细化管理。当我们奔跑了两年以后，生态链的整体流水已经突破30亿元，随着发布的产品越来越多，暴露出来的问题也越来越多。这时候，我们把管理模式改为集体制，这个变化发生在2016年年初。

　　这个变化有点儿像从"包产到户"过渡到集体制。在生态链团队已经超过200人的情况下，工作中慢慢形成了工业设计、集中采购、品质控制、智能家庭等按功能划分的平行支撑部门，还有几十个投资人的角色。现在这些投资人是分组管理，每个组对应若干家公司、若干个产品。采用这种

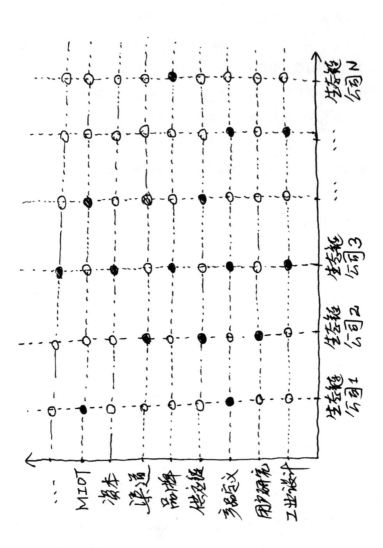

图1-2 小米生态链对生态链公司的矩阵支持图

做法的原因是，以前一家公司都是由一个产品经理全权负责，如果他一个人出错，整件事就会错，存在一定风险。这种早期为了高效运作而采用的方式并不适合后期的发展，于是我们用一个产品经理组来管理一个公司组，这种管理方法也充满了乐趣，还体现了集体智慧。

管理模式上的第二个变化是共同负责制。生态链公司建立初期是由小米的一位产品经理对生态链公司全权负责，但是有时候小米的利益和生态链公司的利益并不完全一致。为了达到平衡，从2016年开始，我们分配给每家生态链公司两个人：一个是公司负责人，另一个是产品经理，这两个人共同负责一家公司。公司负责人考虑问题的出发点是生态链上这家公司的利益，他对被孵化的公司负责；产品经理考虑问题的出发点是小米的长远利益，他对小米负责。这种角色定位会让他们有时候产生意见分歧，那就直接PK（对决），看谁能说服谁。这就是分权和博弈，感觉是不是有点儿像议会制度？

在生态链往前发展的过程中，管理上的挑战也不断出现。当我们把产品经理分组后，还是会有二十几个人直接向德哥汇报。此外，生态链上的77家公司的CEO也是直接向德哥汇报，德哥的管理半径太大。我们希望管理尽量扁平化，但现在向德哥直接汇报的人还有近百位。因此我们还在寻找更好、更高效的管理方式，这也是在奔跑中的进化。

第六节　生态赋能

六年的仗打下来，小米到底得到了什么？我们内部深入地探讨过这个问题，所谓的450亿美元估值，每年到底挣不挣钱，这都不是我们真正在乎的，我们想要的是以下这些。

第一，我们得到了一支队伍。这支队伍打了六年艰苦的仗，培养了一票优秀的人才。我们用六年时间锻炼出了这个队伍。它有太多的经验和教训，这是我们很大的一笔财富。

第二，有热度的品牌。在这个信息爆炸热点分散的时代，一个品牌被持续关注、有热度非常重要。

第三，用户群。我们积累了1.8亿~2亿的活跃用户，不仅多，而且很齐整，他们大多数是17~35岁的理工男，活跃度很高，有一致的价值观。在过去两年里，我们发现用户群的年龄渐渐拓宽至45岁，不仅年龄段在拓宽，女性用户数量也在增加。

第四，电商平台。小米商城，我们觉得非常有趣，全世界任何一个电商几乎无一例外都是烧钱烧出来的，但是小米在过去几年里没有烧过钱。就用了一笔钱做了一款手机，在推广手机的过程中带起了一个电商平台，这是非常重要的一点，我们投了一份钱干了两件事：小米手机和小米商城。这是一个有强大互联网动员能力的电商平台。在外媒的报道中，小米商城是中国前四的电商平台。

第五，供应链能力。当一家硬件公司流水在百亿元时，基本上全球的3C制造供应链体系都为你所用，我们把成本控制得非常好。小米做手环之前，手环的价格在500~800元，进口的在800~1 500元，那时候我们的目标是把手环的零售价控制在100元以内。我们做到了，第一年就卖了1 200万个。

第六，资本。小米的这些年得到了资本界非常强大的支持和关注。

第七，信誉。无论是对消费端还是对产业端，小米建立了稳健的信誉。

第八，我们总结了一套怎么做产品的方法论。

第九，社会的关注度。与热度相似，但又和品牌的热度略有不同，小米是一家被媒体高度关注的公司。

这六年，我们大概积累了这九点收获，我们把这些资源全部拿出来作为平台资源，帮助小米投资的这些生态链公司，让它们能够专注在某个领域，迅速成长。我们就是这样来批量制造公司的。

点石成金

2012年，姜兆宁离开朗讯科技青岛研发中心，从工程师变身为草根创业者。让他和小伙伴们没想到的是，草根创业之路如此艰难，公司曾两度濒临生死边缘。后来遇到孙鹏和德哥，Yeelight成为小米生态链上一家点石成金的公司。

Yeelight第一次创业，团队凭借自己在电信行业的技术积累，开发出一个平台和一套工具，给制造业企业提供一个"连接"的解决方案。这个解决方案在2012年被极客公园评为"50大中国互联网创新项目"之一。技术没有问题，但推广起来非常困难。Yeelight是一家工程师主导的技术公司，商务谈判能力非常弱。在跟海尔、海信这样的公司进行商业洽谈时，根本找不到门路。他们找了很多人，大家都说这个方案很好，但就是没有人拍板跟他们合作。

到2012年年底，100多万元创业资金几近枯竭，十几个人的公司，小小的办公室里充满挫败感，草根创业太难，只有好的产品，没有人脉、渠道，根本打不开市场。

转眼过完春节，硅谷的又一个风口吹起：智能硬件。国内也有一些投资开始关注这一领域，但草根创业还没有起来，偏隅于青岛的Yeelight，属于完全被忽视的一个群体。没办法，姜兆宁飞到美国去找投资。老外看好Yeelight的技术背景，认可智能硬件的潮流。那一趟，姜兆宁拿回来12.5万美元投资，公司开始转型做硬件。

没想到，智能硬件是一个更大的坑！Yeelight这种草根创业的公司，规模小，资金不足，没有能力独立开模，只好用公版，出来的产品跟别人一样；大的制造商不接它们的小单子，能找到的制造商都是实力比较弱的；完全没有硬件经验，品控问题频出，有些产品卖得不多，召回不少……

Yeelight的创始团队都是技术出身，只能解决产品研发设计环节的问题。一个产品从最初的想法最终到消费者手中要经过很多环节，他们完全没有能力控制整个链条，比如工业设计、结构研发、供应链管理、品控和销售能力都不具备。那一次，他们切身体会到了做硬件之难。

到2013年年底，公司再次陷入困境，当时姜兆宁感觉真的快扛不住了，内心也出现了动摇。

2014年风向大变，智能硬件风口吹到中国。姜兆宁坐在办公室里接待了好几批投资人，包括百度、阿里巴巴、联想这样的国内行业巨头，先后拿到好几个报价，选择权在Yeelight手上。在生死边缘挣扎过两次，姜兆宁笃定，选择投资方的标准不是钱，而是谁能全方位地帮助Yeelight。

第一次见到德哥，德哥对姜兆宁说："咱们一起，用小米模式颠覆照明产业吧！"

姜兆宁回忆，坐在德哥的对面，他觉得这人太能忽悠了。那时候，小米只能算是不错的手机公司，算不上巨头吧？轻易就敢说颠覆？他对颠覆论不太相信，但比起其他几个投资方，小米是一定能给Yeelight带来流量的，能帮它们卖东西。小米虽然给的钱并不多，但他们最后还是选择了小米。

于是，李宁宁全程参与设计，孙鹏帮助定义产品，小米做供应商背书，帮Yeelight打通供应链。Yeelight的产品做出来之后，上了小米正式的发布会，并且在小米商城向两亿米粉销售。

与小米合作的第一款智能灯泡在2014年年底面市，一天内卖出了4万只。而之前同样概念的智能灯泡，在京东上一个月只卖500只。姜兆宁完全震惊了，米粉太疯狂了！

2015年的智能床头灯、2016年的LED（发光二极管）灯相继发布，都大获成功。在短短两年时间里，Yeelight成长为小米生态链上非常强悍的一支队伍，在国内也算得上是照明领域专家型的公司了。虽然当初德哥所说的"颠覆中国照明产业"的愿望还没有实现，但姜兆宁现在感觉这事靠谱了。

迅速成为行业第一或第二

小米生态链的作用就是要做公司的价值放大器，让生态链上这些名不见经传的小公司迅速脱颖而出，在新兴领域用一两年时间就达到成熟状态，成为行业的第一或第二，并且加速传统市场的新陈代谢。小米生态链投资就是由小米输出做产品的价值观、方法论和已有的资源，包括电商平台、营销团队、品牌等等，围绕自己建立起一支航母舰队。每家生态链公司都是小米的特种兵小分队，它们在各自的专业领域有深刻的研究，团队背后有小米这样的航母支持，让其在所属领域快速地利用一年时间便拥有绝对的领先优势，所以这是军事理论指导的小米生态链打法。

以骑记这家公司为例，它的产品是小米电助力自行车。我们投资的时候，这家公司只有一个人，而且他并不懂自行车，他是搞骑行俱乐部出身的。我们当时目标很明确，想做一款好的自行车。他在做俱乐部期间建立了非常好的人脉，认同小米的价值观，并且做事非常执着。我们认准这样的人可以做成事，于是给他提供资金，帮助他组建团队，一切从零开始。

另一个典型的例子是智米。2013年，我们意识到空气净化器是一个巨大的市场，看了20多个创业团队，没有合适的投资对象。2014年年初，德哥从自己的电话簿里"翻"出老朋友苏峻，这个以工业设计见长的大学老师随后在小米的办公室里开始了创业之旅，从"一个人"开始孵化，我们帮他找高端人才，打通供应链，设计产品并把控产品品质，甚至连小米生态链早期的"重臣"余安兵都直接入职智米，与苏峻一起成为联合创始人。

这样的例子还有很多，很多我们孵化的团队在初期都算不上完整意义上的公司，就是一两个人。小米给他们赋能，他们在小米的全面支持下招兵买马，聚焦在做出好产品这一关键点，最终做出了一款款爆品。

除了已有的资源，我们还不断搭建更庞大的资源库，帮助生态链公司。2016年，米筹上线，小米与新希望集团成立的银行开始运行，这可以帮助它们解决发展中资金的瓶颈问题，即使是在资本寒冬，也能源源不断地获得发展的本钱；小米生态链上77家公司的集中采购开始试行，当77家公司一起跟上游供应商谈价格的时候，我们可以拿到最好的价格，供应商则可以通过规模化获利，实现共赢；国际分销团队开始帮助大家拓展国际市场，每个国家的法律不同、消费特征不同、文化不同，相关市场都有不同的坑，小米的品牌可以是生态链公司在各个国家拓展的有力背书，还可以帮助它们更快速地拓展当地市场；线下的小米之家在2016年进入规模扩展阶段，所有兄弟公司又一起走向线下，以米家的品牌身份进入更多消费者家中……

　　通过小米生态链平台，我们赋予了生态链公司更多的能量，为其继续输送养分。一切都是为了提高生态链公司的效率，帮助它们快速成长。

第二章
竹林效应

传统企业的发展像松树，用百年才能成长起来。互联网环境中的公司像竹笋，一夜春雨，就都长起来了。

小米生态链是"投资＋孵化"模式，我们比传统的孵化器功能更多，与被孵化公司的关系也更密切。

小米对生态链公司来说，扮演着多种角色：投资人、孵化器、质检员、设计师、售后服务站……小米生态链模式更像是一片竹林，小米通过竹林发达的根系，向生态链公司输送养分，而这片竹林中的竹子又通过地下根系交织在一起。

这一片竹林是如何繁衍的？竹笋与根系之间是什么关系？每根竹子之间又是什么关系？

小米生态链发展之初的三年，快速奔跑，布局初定。所以，这是关于"关系"的一章，关于一个公司集群的关系，关于小米生态链既成的微妙又特殊的生态关系。

第一节 竹林生态优于百年松树

在小米成立三四年的时候，很多人有一个疑问：小米这家公司是不是增长得太快了？任何一家公司如果增长这么快的话，会不会太危险，会不会不健康？

互联网时代创业就像雨后春笋

传统企业从初创到成功，往往需要10年、20年甚至更长时间。所谓百年老店、基业长青，似乎是对传统企业成功的一种界定方式。这样的企业更像一棵百年松树，枝叶繁茂且四季常青。但如果有一天突然遭受意外打击，或是外部环境有些风吹草动，就会轰然倒塌，没有回旋的余地。

我们研究历史时会发现，明朝就像一棵松树，当时很繁荣，经济处于世界领先水平，但遇到外侵，一下就垮了。松树型公司遇到巨大困难的时候，就会轰然倒下。

再看看公司发展史，早年的AT&T（美国电话电报公司）独领风骚70年，没有人能挑战它，后来IBM（国际商业机器公司）超过了它，20多年后，微软上来了，10年后，谷歌上来了，4年后，就是脸书（Facebook）。

过去企业存活100年很正常，但随着技术的进步，企业的寿命也越来越短。从传统的手工业进入IT（Information Technology，信息技术）时代，企业的平均寿命只有10年；而到互联网时代，平均寿命只有4年；这几年移动互联网发展起来后，App的平均寿命只有1年。

这虽然并不是严谨的统计数据，但是业界公认的一个逻辑是，企业的平均寿命越来越短。这里面有两重原因：一是技术进步，导致颠覆性、革命性产品出现的频率在加快；二是创业的基数越来越大，但创业成功的概率越来越低。

我们看到，在互联网时代，通常是两三年就会有一波新创公司冒出来。它们更像竹笋，一夜春雨后纷纷钻出地面，每个概念都会引发一波创业热潮。就像团购概念在美国火起来之后，中国有了"千团大战"；视频时代在半年之内诞生了几千家新创公司；O2O（Online To Offline，线上到线下）时代正好与创业热潮重合，千奇百怪的创业项目一夜间纷纷钻出地面，开始了各种"烧钱运动"；2016年是直播元年，仅上半年就有近千家公司参与其中……但无论哪波热潮，最后经过市场的洗礼，能剩下的都不会太多，真是"剩者为王"啊。

在互联网环境中的公司就像竹笋，一夜春雨，就都长起来了。如果根系养分充足，它很快就能成为一家中等规模的公司。

用寻找竹笋的方式做投资

竹子面临的最大痛苦是什么呢？生命周期比较短，所以单独一棵竹子是无法长期生存的。我们在自然环境里看不到一棵竹子，看到的竹子一定已组成了成片的竹林。

一棵竹子的成长周期可以大致划分为地下竹笋期、地上幼竹期、成竹期、衰退期。地下竹笋期的竹子主要是根系的疯狂发育，而一旦钻出地面，就进入地上幼竹期，这个阶段的竹笋之所以能够快速疯长，所有的生长动力都来自地下四通八达的根系，发达的根系可以不断获取生长所需的营养及水分。因为根系发达，从幼竹到成竹是一个极短的过程。然后是漫长的成竹期，而后衰退。单棵竹子的生命周期结束了，可是根系却越来越发达，所以不断地有新的竹笋钻出地面。

在互联网时代，时不时地冒出几棵竹子并不稀奇，这几年独角兽频出就是佐证。但是有些独角兽公司就像是一棵孤立的竹子，如果没有生长在竹林当中，没有强大而发达的根系，不能进行新陈代谢，就很容易大起大落，短时间陷入衰退期。近年来，独角兽公司裁员、衰落、倒闭的例子屡见不鲜。这也告诉我们，在互联网时代，很难有公司完全独立地生存，到万物互联时代，市场竞争更是生态链之间的竞争。这种生态链之间的竞争态势，不是看地上能冒出多少竹笋，而是看地下的根系有多么发达。

任何市场或是产品的衰退期都是不可避免的，但是竹林凭借强大的根系，不断新陈代谢，长出新的竹笋，同时根系也不断拓展，延伸至更深更广的区域。

我们今天的生态链，就是用投资的方式来寻找我们的竹笋，然后把整个生态链公司群变成一片竹林，生态链内部实现新陈代谢，不断地有新的竹笋冒出来，一些老了的竹子死掉也没关系，因为竹林的根系非常发达，能够不断地催生新的竹笋。这就是小米的竹林效应。

对创业团队而言，营养和水分都是小米可以提供的：庞大的用户群、充足的资金支持、相对成熟的产品方法论，以及强大的供应链资源。被小米投资后，幼竹的生长速度会非常快，短时间内进入成熟期，这就是一个个爆款产品的诞生过程。

爆款产品的形成也意味着公司可以顺利度过初创期，打下基本盘，成为一家中等规模的公司，但这并不意味着你就安全了。任何一个产品都有生命周期，再火的爆款在互联网时代也就只有两三年的优势，必须要有新的产品来迭代。小米生态链上的创业公司在这个过程中，一边吸收来自小米的营养，一边锻炼自己的团队，强身健体，进而完成原始积累。同时，它们要不断壮大根系、强化连接，积蓄新的势能，催生新的竹笋。

智米是小米从零孵化的一家创业公司，第一个爆款就是小米空气净化器。公司从苏峻一个创始人伊始，一边做净化器一边组建团队，通过第一款产品锻炼了队伍，一家创业公司的雏形慢慢形成。小米空气净化器这个产品，就如同破土而出的竹笋，通过净化器这场战役，它们理清了整个产品的流程和供应链，并成为空气净化技术专家，还吸纳了这一领域内的顶尖人才。

未来智米会将这种能力不断拓展，目标是做一家智能环境电器公司。毕竟，净化器产品不会是永远的爆款品类，积攒了能力、技术和资金的智米还可以开拓电风扇、加湿器等领域，所有与家庭环境相关的产品未来都将成长为新的竹笋。

紫米公司推出的小米移动电源也是一个爆款，甚至重新定义了移动电源这个行业。小米移动电源的设计几乎做到了最优解，使得所有相关企业纷纷效仿。这款产品的生命周期可能会长一些，但也不过三五年。在打造爆款的过程中，紫米打通了供应链，并且成为电源领域的专家，这使得紫米有了更多的想象空间。后来，紫米开始为生态链上的其他企业提供电池产品，成为其他企业的供应商，并帮助它们完善电源技术。紫米在吸收小米生态的营养的同时，也在不断强壮自己的根系，繁衍更多的竹笋。每棵竹子在地下相连，整个生态系统的根系也就更加强大。

所以，在互联网时代发展生态，不能再用百年松树的思维，而是要切换到竹林理论上来。小米生态链的投资方式就是在投竹笋，当竹笋真正成长为竹林的时候，自然就能生生不息。

用竹林理论做一个泛集团公司

再回到我们在生态链发展初期进行投资设定的三大圈层，这些圈层的企业之间也有着诸多关联性。我们从内向外扩展，不仅催熟一棵棵竹子，更让它们的根部紧密相连，通过发达的根系在其他区域生长出更多的植株。

我们总结竹林的特点如下：

1. 单点突破快：一夜春雨后，一棵竹笋就破土而出，快速成长为一棵竹子。

2. 根系发达：根系错综复杂地交织在一起，一方面不断向外延伸，吸收更多的营养，另一方面能够为竹笋的快速成长提供丰富的动能。

3. 自我新陈代谢：竹林连成片之后，能够完成自我新陈代谢，整片竹林生生不息。

当然，也有人问过我们："竹林生态会不会物种太单一？"其实大家不必拘泥于文字，正如我们以前都用松树来形容百年老店一样，并不意味着百年老店都是同一个物种，它们只是成长的方式类似松树。竹林也只是形容当下互联网环境中公司新的成长模式，也与物种无关。说不定，小米生态链通过强大的根系，将来会繁衍出一个物种丰富的热带雨林来。

虽然我们开始做生态链的时候并不知道其真正的内涵，如同面对一个黑盒子。但是做到现在，一些关联效应开始显现，公司之间的化学反应开始出现，当初的黑盒子变成了潘多拉魔盒。当小米生态链孵化出77家公司之后，我们意识到，我们是在用竹林理论来做一个泛集团公司，非常有趣，在小米之前，还没有公司尝试过这种模式。小米向生态链公司输出资金、价值观、方法论和产品标准，只有"小米＋小米生态链公司"才是一个完整的小米生态系统。

经过三年的奔跑与打仗，小米生态链的模式也渐渐清晰起来。我们采用这种模式有三个好处。

第一，让专业的团队干专业的事情，保证每个团队相对聚焦，比如这家做移动电源，那家做电饭煲，每家做得很专注，而且只做一个品类的产品，这样做出来的产品就容易实现单品爆款。

第二，解决了激励机制的问题，通常小米跟生态链公司的关系是人资不控股，由这些团队把控公司的主要方向，团队成员就有充分的积极性，小米内部比喻说这是"蒙古军团抢粮模式"，看见一座城池，就派一支队伍去抢，抢下来的军粮大部分归这支队伍所有，这样的话，大家的积极性很高。

第三，小米是互联网公司，互联网公司显著的特征就是免费，在硬件行业的体现就是低毛利。低毛利产品的好处是通过硬件产品实现海量的用户导流，整个小米体系如果产品有50件、100件的话，每个产品都是导流的入口，这种产品之间的互相促进就能拉来流量，这种模式就能生生不息。

第二节　利益一致，互为价值放大器

　　三年奔跑，这一片竹林已经粗具规模。在野蛮生长的过程中，小米与生态链公司始终保持利益的一致性，而在不同阶段，我们又互为价值放大器。看似野蛮生长，实则规则清晰。

航母式支持

　　2013年年底，小米开始做生态链时已是一家飞速成长的公司。那时的小米已发布了5款手机，估值超过100亿美元，拥有1.5亿活跃用户，并建立了自己的小米电商平台。2013年的小米是当时整个互联网圈最受关注的公司，一举一动都拥有极高的社会关注度。

　　小米对于生态链公司，如同是航空母舰，是一支舰队的核心舰船，也为其他船只提供补给，并提供空中掩护，同时指挥作战。小米自身的优势可以补给生态链公司，比如以下几个方面。

　　品牌支持：小米对生态链公司中符合小米品牌要求、通过小米公司内测的产品，开放"米家"和"小米"两个品牌。其中，对以智能家居、消费类硬件为主和以做"生活中的艺术品"为方向的产品开放"米家"品牌，对科技类、极客类相关的产品开放"小米"品牌。

　　供应链支持：做手机的这几年，小米在供应链领域积累了较高的信誉和溢价能力，打通了供应链。在生态链公司做产品的过程中，小米发挥自身产业整合的能力，以高信誉为生态链公司提供供应链背书。

　　渠道支持：对生态链中获准使用"米家"和"小米"品牌的产品，小米开放四大渠道，包括PC（个人计算机）端的小米官网，手机端的小米商城和小米有品，还有线下门店小米之家。小米商城是目前全球排名前十的电商平台。在顶尖的电商平台之中，小米商城是拥有自有品牌产品的电商，品类少，销售额却极高。这就意味着，每个在小米商城上架的产品都拥有远远高于其他电商平台的用户关注度。换句话说，在用户导流的层面上，我们做到了最大。米家App是一个集智能硬件管理、众筹、电商为一体的移动平台。该平台的众筹成功率高达100%，远超其他一线众筹平台。米家平台除销售小米和米家品牌产品外，还为生态链自主品牌产品提供销售与众筹的渠道支持，可以说是对生态链公司的一种全面支持。

投融资支持：在小米的领投下，资本市场对小米生态链公司持续看好。小米根据生态链公司的发展阶段，分批进行集体路演，集中邀请一线投资机构、投资人，为生态链公司的融资提供支持。小米生态链目前已有4家公司估值超过10亿美元，成为行业内的独角兽公司，1家公司首次公开募股成功。

在全方位的平台支持之下，我们又从小米抽调核心工程师，组建生态链部门，向生态链公司输出方法论、价值观和产品的标准。

产品定义：小米与生态链公司在产品定义上深度合作，每个生态链公司计划上小米平台的产品都要与小米生态链的团队一同开会，这样的会议一开就是几个小时，依靠集体智慧做决策，生态链团队负责拍板。

工业设计：小米在设计上指导生态链公司。实际上，到目前为止，生态链公司的产品有70%出自小米生态链的ID部门。最早的一些产品几乎完全是由小米生态链的ID部门负责，后来各家公司才逐渐补齐各自的设计部门，但小米生态链的ID部门依然保有一票否决权。这样才有了米家和小米品牌中生态链产品一脉相承的风格。

品质要求：小米对生态链公司输出产品具有品质要求。每个产品登陆小米平台，都必须通过小米严苛的内测。在这个内测过程中，我们从各个维度以挑剔的态度审核产品，任何不能通过内测的产品，即使钱已经投下去，哪怕开好了模具、备好了料，仍然不能以小米或米家的品牌问世。所以外界看到我们的产品推入市场后成功率极高，实际上背后经历了极为严苛的筛选。

以上这些，是小米作为航母，可以提供给生态链公司的（见图2-1）。当然，这并不是全部。我们几乎开放了小米所有的资源，帮助生态链公司发展，并且还在扩充新的资源，比如小米众筹、小米金融等业务，都将会多方位地帮助到生态链公司。

图2-1 小米的航母式支持

后院的金矿

生态链公司对小米来说，是后院的金矿。

事物的发展是有规律的。不可否认的事实是，2015年小米手机的销售目标没有达成。从那一刻起，外界传来很多质疑的声音，太多的人开始唱衰小米。其实，我们内心还是很坚定的，因为小米不仅仅生产手机。

在小米刚刚开始用互联网概念做手机的时候，是先把线上的通道打通。但我们也知道线上通道有一定局限性。2013年，在小米手机达到15%的市场占有率时，我们就知道25%的市场份额将是线上单一渠道的瓶颈，并且，任何公司的产品都不可能多年领跑市场，产品必须是有梯度的。所以，2013年年底，我们开始投资生态链公司，也是为了建立一支混合舰队。

2015年，小米的手机产品重点是小米Note。这本来是想提升小米品牌定位的一款产品，但它并没有达到预期销量。接下来本应该是年度旗舰产品小米5登场，但小米5因为各种原因推迟发布，这使得我们在2015年看上去没有发布重量级产品。要知道，2015年是手机市场最热闹的一年，发布会经常扎堆。这个行业里流行一句笑话：一个产品要开8次会。新品介绍开1次，新品众筹要开1次，新品正式上线销售要开1次，高配置版本发布再开1次，新品鉴赏要开1次，产品成功上市纪念再开1次……一个产品利用各种噱头，似乎必须要在市场上不断地整出动静，才是品牌具有影响力的一种证明。

而小米在这一年里，发布手机新品不多。幸运的是，之前投资的生态链公司的新品陆续研发完成，一个个新产品帮助小米在这一年里制造了很多市场热点，让小米在整体上还能保持高速增长。2015年，小米生态链产品销售额同比增长2.2倍，为小米贡献了不少的收入。

其实回头再想想我们当初做小米生态的三个目标：保持小米品牌的热度、提供销售流水的支撑，以及加大小米的想象空间。从2015年来看，这三个效果开始显现。

另外一个超出我们预期的效果是，生态链上的产品给小米带来了很多新用户，而这些新用户正在帮助小米的用户群完成升级的过程。

我们知道苹果手机用户一般很难转换为安卓手机用户，所以小米手机对他们没有"魔法"可施。但小米生态链上的很多产品却可以赢得苹果手机用户的青睐，他们自然而然地成为小米电商平台的新用户。据2015年的数据统计显示，小米生态链产品的用户中，有三分之一来自苹果手机用户，还有三分之一是使用安卓系统的其他手机品牌用户。

这意味着什么？小米电商平台的用户不仅局限于小米手机的粉丝。我们初期对小米粉丝的画像是18～35岁的年轻人，以男性发烧友居多。但现在，小米生态链产品的用户群已被扩大到18～45岁，而且女性比例显著提高。我们知道，在35～45岁这个年龄段中，大多是非常理性的、成熟的消费者，他们大多为白领或是中产阶级，有很强的消费能力。这个人群更符合我们对"追求品质生活"的消费者的定位。

而这些新增用户，他们对米家品牌的好感，将来一定会影响并帮助到小米高端手机的品牌形象，这样当小米推出高端手机时，他们会自然而然地做出选择。

小米生态链中的公司，每家会负责去闯一个领域，同时，它们也会把那个领域的资源打通，包括人才、技术、专利、供应链等等，它们打通的这些资源又可以被小米和其他生态链公司共享。仔细想想，这不就是一种创业的共享经济模式吗？

近两年业内开始提出一种新的创业模式——积木式创新，即在创新的过程中，不同要素之间进行搭积木般的组合。而小米生态链的模式，更像是共享经济式的创新，每家公司都有自己的核心和外延，这些公司之间因为具有小米的基因，所有资源又可以共享，形成一个泛集团公司。

小米是一个航母集群，小米生态链也只是舰队的一部分，小米还有很多关联业务。我们自己知道，小米不仅仅有手机业务。对小米来说，生态链是一座藏在后院的金矿，不仅可以推高公司的估值，还能以舰队的形态帮助小米在智能硬件的江湖里杀出一条血路。

互为价值放大器

小米对生态链公司而言是航母，为其提供多层面的平台支持；生态链公司对小米而言是后院的金矿，增加了小米的想象空间。小米与小米生态链公司的关系，就是在不同的阶段，互为彼此的价值放大器。

今天，当我们对进入一个领域有想法，但自己没时间做的时候，我们就会通过投资生态链公司的方法来布局未来，那么生态链公司对我们来说就是一个价值放大器；而当生态链公司还处于需要很多支持的阶段时，我们来投钱，共同打造产品，打通供应链，开放平台，帮它们的产品快速放量，使这些公司迅速成长，那我们就是生态链公司的价值放大器。

当生态链公司在一个领域中，以小米品牌的产品立足，赢得口碑，甚至吸引更多的用户关注小米品牌、喜爱小米品牌，那么生态链公司对我们来说又变为小米的价值放大器。

最终，生态链公司的产品销量和口碑都位于市场前列，它们的估值自然就会上升。我们聚集了77家这样的生态链公司，于是小米的估值自然也随之上升。在此我们又互为彼此的价值放大器。

在不同阶段的时间轴上，我们与生态链公司互为价值放大器。这个很有趣，也是生态系统的美妙所在。

因此，当面临一件事情是对小米更有利还是对生态链公司更有利的时候，我们往往选择对生态链公司更有利的一面。因为这样才能够保证这个小团队发展起来，它未来才能成为小米的价值放大器。如果每件事都选择对小米有利，很快就会把生态链公司挤死。我们不会从生态链公司身上占便宜，它们现阶段还是很小的公司，能占到多大的便宜呢？帮助它们成为独角兽公司，帮助它们把产品卖爆，帮助它们上市，这对小米来说，不是更大的便宜吗？

其实小米不仅不占便宜，还要吃亏。德哥说，如果真的要做一家大公司，最关键的内部因素就是吃亏。懂得如何吃亏，才有机会做一家大公司。

在生态链公司不断发展壮大的过程中，我们也在考虑生态链公司的退出机制。竹林效应的一大特点就是能够自我完成新陈代谢的过程。

如果一个系统没有退出机制，这件事就没有收口，就无法形成闭环。对于生态链上成长得非常好的公司，我们会帮助它们独立上市。业务相关联的公司也可以打包上市。其实理想的状态是，未来生态链公司里有三四家上市公司就很好了。上市公司数量并不追求多，而是追求质量。上市公司要有一定的规模，规模是企业竞争力的重要体现。如果分散，都是小公司单独上市，依然不能对某一行业形成影响力。

2016年8月10日，小米生态链公司——青米的母公司——北京动力未来科技股份有限公司宣布登陆新三板，成为小米生态链中第一个上市的公司，这也为所有生态链公司打了一针兴奋剂。2016年12月21日，小米生态链公司——润米的母公司——安徽开润股份有限公司正式登陆深交所创业板。

当然，虽然我们在投资的初期考虑的第一要素是价值观，但难免也会在发展的过程中出现生态链公司和我们的价值观不再完全一致的情况，或者是它们的战略与小米不匹配，那我们可能不在产品、品牌上继续合作，小米作为股东愿意只享受投资这部分的收益。我们是一个相对开放的生态系统，并不会把大家绑死。

第三节　兄弟文化

外界对我们与生态链公司之间的关系总是搞不明白，总有人问我们：生态链公司是你们的子公司吗？是"小小米"吗？

我们的答案非常清晰：不是，我们是兄弟公司。小米与生态链公司是兄弟，生态链公司之间也是兄弟。

帮忙不添乱

在做小米之前，雷总带领金山打拼了十几年，在金山内部形成了浓厚的兄弟文化。

后来，雷总离开金山去做天使投资人的阶段，投资的第一原则就是"不熟不投"，以至于后来江湖上将他投资过的公司统称为"雷军系"。实际上雷总本人并不喜欢这种称谓，他觉得自己与这些创业者都是"朋友""兄弟"，他要做的事是帮忙，而不是添乱。

雷总将兄弟文化从金山带入了小米，又从小米向整个小米生态链扩散。在很多大公司里，部门之间势力割据，每个部门都自扫门前雪，对自己的部门绝对负责，但别人的事坚决不碰。而在小米，尽管没有人将兄弟文化整天挂在嘴边，它却成为大家潜移默化的共识。

这其中有两方面原因：一是雷总本人行事风格对团队的影响；二是小米和小米生态链在快速成长的过程中都是在一路打仗，而战斗中的兄弟情谊是由内而发的。

"它们都是兄弟公司，不是小米的子公司。"德哥这句话恰好一语点破小米生态链公司的关系实质。

小米做事最喜欢找到本质，兄弟文化的本质就是血脉相连但又都是独立个体。在小米生态链中，最重要的逻辑就是"利他即利己"。只要对这家公司发展有益，大家就愿意去做。

来自台湾的谢冠宏有着多年的职业经理人经历，他身上并没有很浓厚的江湖味道。但在进入小米生态链之后，他对小米的兄弟文化有了深刻的理解："小米的人不骄傲，不官僚，灵活变通，够义气的兄弟文化最为突出。"

1MORE是小米生态链上最早孵化的公司之一，谢冠宏自称1MORE也是得到帮助最久的公司。同时，因为从业时间长、产业资源多，后期他也开始主动帮助生态链上的其他公司，帮助它们介绍人才，介绍供应链资源，并在产品上给予它们指导。

青米是小米与突破成立的合资公司。突破作为一家老牌企业，在国际化的道路上已经历练多年，在洛杉矶有一间很大的办公室。林海峰知道很多生态链上的企业家迫切地想进军海外市场，便主动邀请大家去美国看看，并且为兄弟公司进军海外提供力所能及的帮助。

利他即利己

出身于英华达的张峰创办的紫米已经成为新的独角兽公司。在英华达多年的经验使他成为供应链方面的专家，精通供应链里的门道。硬件创业最大的坑就是供应链这个环节，而张峰也因此成为兄弟连中供应链的资深顾问，几乎每家公司遇到这方面的问题都会去找他帮忙，此外，紫米作为小米家庭生态链上的电池专家，本身也是很多生态链公司最愿意合作的"供应商"。

纳恩博的九号平衡车对电池的需求量很大，这也是平衡车的很大一部分成本构成。电池的质量关系到平衡车的品牌，电池的成本关系到平衡车的定价。所以业务发展初期纳恩博订购电池，第一个找到的就是张峰。

张峰给纳恩博的建议是，紫米不独占纳恩博全部的电池业务，因为任何关键零配件都要由两三家供应商来提供，这是一个比较安全的结构。紫米成为供应商给纳恩博带来了两大直接收益：第一，紫米对电池产业的价格了如指掌，其他供应商也就无法给纳恩博报出虚高的价格；第二，紫米一直按照最严苛的标准要求自己，自然也提高了纳恩博其他供应商的产品质量标准。紫米对于纳恩博的支持，是在电池产品上直接立起两个标杆——价格和质量。因此，纳恩博在电池这个环节上不需要再花费任何心力。

在纳恩博之后，紫米开始为生态链上更多的兄弟公司提供电池方面的服务。计算下来，平均可以把电池这个重要配件的价格拉低20%左右，直接让兄弟公司享受到最低的价格、最好的品质。

之前，紫米的移动电源主要是To C[①]，为兄弟公司提供电池之后，To B[②]的电池业务也快速发展起来。其实，生态链上的兄弟公司之间，利他即利己，互为价值放大器。

抱团打仗

在小米生态链上，兄弟公司在产业链上下游之间的配合很默契，大家有基本的信任，不需要再花时间相互了解、谈判，时间成本、信任成本都很低，这是这个链条效率提升的重要因素。同时，每个弟兄的出身并不同，

---

① To C（To Customer）指面向最终客户，即面向个体消费者。——编者注
② To B（To Business）指面向企业，为企业提供相关的服务、产品或平台。
　　　　　　　　　　　　　　　　　　　　　　　　　　——编者注

于是兄弟间的合作可以有很多充满创意的形式。

在小米生态链上，Yeelight负责智能灯相关的产品，它推出的第一款产品是智能床头灯。床头灯属于一个细分市场，并不算是一个大品类，也很难被消费者主动触及。但是，在销售中大品类的兄弟公司却可以帮到Yeelight。

生态链中华米的手环产品是一个爆款，针对Yeelight的用户定位，华米与其联合推出了一个"优质睡眠套装"，即小米手环检测到用户已经睡着的话，它会自动把灯关上。这无疑是智能家庭的一种理想方案，让两个产品间有了很强的关联性。

热销的小米手环对Yeelight智能床头灯的销量拉动很明显。但这不是关键，重点在于这种联动给用户带来了一种全新的体验，方便，还很酷，深受年轻消费者的欢迎。这个套装策略为手环和床头灯都赢得了更好的口碑，依靠小米平台的势能，2015年年中面市的床头灯到年底时就售出了20万台，位居细分品类的市场第一。

小米生态链上有一家公司叫绿米联创，它的主要产品是智能家庭套装，包括人体传感器、魔方控制器、智能安防套装、多功能网关。床头灯可以跟所有智能家庭产品联动在一起，比如人体传感器感应到人走近时，灯就可以自动亮起，魔方控制器专门开发了一个按钮给Yeelight，可以遥控开灯……这些功能不仅实用，更让用户体验到梦幻般的享受，仿佛真正踏入了智能家庭生活。兄弟间不起眼儿的"握手"，却带给了用户惊喜。

"如果不是兄弟公司，很难实现这样的合作。因为要去开发一些软件，一起调试、一起适配，这对于跨公司间的合作是很难做到的。"Yeelight创始人兼 CEO 姜兆宁认为，传统的商业公司之间很难达成这样的合作，只有兄弟公司之间，信任且有着共同的目标，才能让产品相互联动起来。

纯米CEO杨华经常在兄弟公司的交流中获得宝贵的信息。比如供应链是做硬件最难的一关，大家经常会相互提供供应商的信息，以帮助兄弟公司进行选择。再比如人才，我们发现日本和中国台湾地区这些智能硬件发展得比较早的市场，有很多高端硬件设计人才，因为人才多，所以人工成本并不高。相反，本地缺乏硬件人才，稍微出色些的人才薪酬就高得不得了。兄弟公司之间沟通这些信息，使我们笼络人才的视野可以放大到全球范围，大家还经常互相推荐人才。

所以德哥把小米生态比作俱乐部：进来就是有组织的人了，大家可以相互帮忙。

按照雷总的设想，要用小米手机的打法进入100个传统行业，这意味着要有100个兄弟公司进入传统行业抱团打拼。同时，也意味着兄弟公司可能会抢走100个行业前辈的饭碗。另外，由于小米的打法会对上游供应链进行再造，很多不规范、低价值的供应商会被清除出场，原来的供应商也很难再赚取暴利，当然还有被挤压的传统线下渠道。产业链优化的过程必定波及很大的范围，影响到众多行业的"原住民"。

所以，小米每进入一个市场，都会面临一场非常艰难的硬仗。在一场场战役中也就自然而然形成兄弟文化，胜则举杯相庆，败则拼死相救。在遇到重大困难的时候，这种兄弟感情就是法宝。

第四节　微妙的竞争

其实小米生态链公司的"保护期"已经不是秘密，即小米会承诺在两年或三年内不投资同品类的公司。"我们的想法很简单，我们帮忙，提供资金，开放资源，帮助生态链公司快速成功，在某一领域深深扎根。"德哥这样解释，"但，绝不保护落后。"

生态链不是温室

在我们投资的初期，因为每个团队几乎都是从一个产品项目开始，每家公司都会画一个相对的界定范围的圆圈。我们最初选择的公司之间几乎没有业务重合，但每家公司在第一个产品成功之后，一定会扩张，第二个品类、第三个品类，甚至更多。于是，在生态链发展两年之后，公司之间开始出现产品的交叉。

这里面有三种情况。

第一种情况是我们认为某个产品的出现时机很重要，但在这个领域那家公司的能力不足，还没有做出足够好的产品，我们又不能失去这个市场占位的机会，我们就会让另外一家公司先"补位"，把产品做出来，在市场上抢位。等先前那公司能力完善了，我们还会把这条业务线交回给它。

第二种情况是指定领域的产品做得不够好，没有击穿这个市场，我们也会再投一家来拿下这个市场。比如我们最初将智能摄像头产品交给生态链上的小蚁来做，但是它始终打不穿基本盘，很长时间都是不温不火的状态。于是我们就又投资了创米，创米推出的小白摄像头一下子就打破了市场的平静，用户反馈非常好。

我们不画地为牢，让大家生活在温室里。"为什么没有一家兄弟公司跑出来说我要做移动电源，因为紫米的产品彻底击穿了市场，你来做就是鸡蛋碰石头，其他的移动电源制造商都躲着它走，我们自己何必去碰钉子呢？"紫米的例子就是，只要你做得足够好，别说生态链上的兄弟公司不会跟你抢，放到整个大市场上去，别人也不愿意进来掺和了。

第三种情况是，有的产品，很多家都想做，比如小音箱这个产品，好几家都争着做，我们也不过多地干涉。做得好的，我们放到小米商城上卖，给它流量。它们也可以自主品牌的形式在市场上销售，机制非常灵活。

内部竞争是为了锻炼外部竞争力

经常有兄弟公司的人跑来跟我们说，这个产品分给我吧，那个产品分给我吧。我们的态度是"保持微妙的竞争"，没有小生态里的竞争力，就没有大市场里的竞争力，这样的公司一定不是市场上真正需要的公司。

不过几十家公司投下去，谁也不能保证小米生态链选择的公司能够百分之百地成功，也不排除有的公司上了小米的大船就开始坐享其成。因此，我们是在找一帮一起战斗的兄弟，而没有义务永远帮助谁。这种"保护期"的设置也是一种变相的激励机制。

对于微妙的竞争关系，兄弟公司都非常认同。龙旗的杜军红说："不能画圈圈，把每一家都分别保护起来，保持微妙的竞争是必要的。现在小米给我们提供很好的环境和养分，从长远来看，我们不是在内部自己玩，一定要面对外部的竞争。小范围内的竞争是为了在更大的市场上保有持续的竞争力。"

小米生态链最终的目的是培养出一支支能征善战的队伍，把它们放到大的市场环境中参与角逐，每家公司都有适应市场变化、长久生存的能力，因此这种微妙的竞争必不可少。

讲 真

划地盘的方式是不对的

刘德　小米科技联合创始人、小米生态链负责人

往大了说，我们未来要做一个巨大的国民企业的公司群。大家共同获利，抱团取暖，有问题就相互帮忙。

当然在小环境里面，我们还是要保持微妙的竞争。我前一段面临好几种这样的情况，明显一个产品好几家在做，比如蓝牙小音箱，我们要不要把音箱产品画个圈，说这个圈是我的，谁也不要进。

我们想，这种划地盘的方式是不对的。因为我们是个生态系统，存在微妙的竞争。如果我们自己内部不保持竞争，那么外界的强敌就会进来。

我们需要把这个话说清楚，否则遮遮掩掩容易闹矛盾，将来会产生摩擦，出现这些情况对我们来说都不好。我希望大家保持一种兄弟关系，但是不能画地为牢，划分势力范围，不许别人来做。这样做是不对的，这样做我们会不断萎缩。

第五节　复杂的模式

我们近几年遇到一个非常大的难题，在于怎么和外界讲清楚生态链，因为我们的模式太复杂了。

从小米手机诞生的第一天起，小米就是以"软件＋硬件＋服务"的铁人三项这种复杂的模式，参与到移动互联网的竞争当中，成为移动互联网领域的新物种。

在IoT时代，小米生态链是一种更复杂的模式，也是IoT时代的新物种。

构建复杂的生态系统是为了迂回作战

在构建这个复杂生态系统的背后，我们还有更多的思考，包括在一个新的时代如何超越传统巨头。

每一个风口都会有产业升级迭代的机会，也会有新的巨头产生。但是从互联网到移动互联网，BAT的势能巨大，它们不仅是互联网时代的巨头，同时这种势能也让它们正在成为移动互联网时代的巨头。它们的生态系统非常庞大，特别是在O2O大战之后，它们的势能已经从线上向线下延伸开来。

2013年雷总就在思考智能硬件和万物互联组成的物联网时代的巨大机会，这个机会甚至比移动互联网还要大。在互联网时代和移动互联网时代，BAT已经成为所有公司面前的三座大山，追赶甚至超越BAT的机会已经没有了。或许，物联网是一个弯道超车的机遇。

雷总在研究了阿里巴巴的成功故事之后，总结出三大要素：

第一，必须选择一个巨大的市场；

第二，网罗全球人才；

第三，融到巨资。

物联网就是雷总选定的巨大的市场趋势，但是直面攻击、孤军作战肯定没有打赢的机会。于是我们构建了一种非常复杂的模式，180度迂回作战。先做互联网手机，用手机的先锋性产生的势能建立生态链。再通过复制小米模式，让专业的团队更高效、更专注地做出更多高品质的硬件产品，与智能手机紧密有效地整合在一起，进而增加小米的安全系数。

物联网时代的新物种

如今，小米生态链作为新物种，已经具备先锋性，竹林强大的根系已然形成，继而又产生了新的势能。

作为小米的投资人，晨兴创投合伙人刘芹非常看好小米生态链："小米连接的节点数量越多，护城河就越稳固，平台价值就越大。"其实，我们在这两三年的战斗中发现，竹林的根系越发达——盘根错节、相互交织，整个竹林的生命力越有保障。只有这样复杂的生态结构，才能在物联网时代创造超越传统巨头的可能。

复杂性在于以下三层关系。

1. 竹林效应：小米的资源如同竹林强大的根系，而小米生态链上的产品如同一棵棵的春笋。在小米生态链上，一个个爆品不断生成，同时产品也能完成新陈代谢。用户的需求会发生变化，硬件产品的形态也要不断更迭，只要生态的能量一直存在，爆品就如春笋一样不断滋生，生生不息。

2. 五角大楼和特种部队：生态链上孵化的公司要参与到每个细分市场的竞争中去。在每个战场，打每场战役时，都是五角大楼与特种部队相配合，五角大楼在后方提供一切支持，一支有经验的特种部队在前方执行完成整个计划。这样的配合效率最高，成功率也最高。进入一个市场就拿下一个市场。

3. 航母与舰队：小米与生态链公司之间，是航母与舰队的关系。其实整个小米舰队不止小米生态链上的77家公司，小米通过各种形式参与投资的公司已达220家，这支庞大的舰队是小米参与物联网竞争的整体阵容。在物联网时代，小米舰队是一个新物种。

生态链的模式具有复杂性和先锋性，也是为了以小搏大。以生态链上的200多位工程师带动100家公司、几万人的军团，撬动100个行业的资源，形成小米舰队，从容面对物联网时代的竞争。

做生态链更深层次的原因来自雷总的一个梦想，这是一个务实的理想主义者的梦想：带动一批跟小米有着相同价值观、愿意打造极致产品、充满活力的中国企业，一起改变中国制造业，改变中国制造业在全世界人心目中的印象。就像索尼带动日本、三星带动韩国那样，让这一群体真正助力中国制造业的转型升级。

第三章

奔跑中的思考

　　一个时代，最先锋的理论一定是军事理论，而不是商业理论。为什么？因为商业的输赢要钱，军事的输赢则要命。

今天的小米跟当前的中国很像，中国在过去30年内跑完了美国200年的发展路程，我们用五六年跑了别的公司需要走十五六年的路程。但是就像一个人疯狂奔跑的时候，即便领带不整齐，他也没空整理，跑掉了一只鞋，他也只能继续往前跑。因为这个机会太难得了，绝对不能停下来。

小米生态链在过去三年也处于这种状态。没有所谓的五年计划，这个世界变化太快，干一年看一年就不错了。奔跑中，我们认为有两点很重要：

一、大方向选对后，一定要保证奔跑的速度，奔跑本身即可解决问题；

二、要不断地向外学习，通过实践摸索新的理论，将理论运用到实践中。

在奔跑中思考，与停下来思考的感受大不相同。这一章，我们把奔跑中的一些思考所得与大家分享。

第一节　用军事理论做商业

为什么做商业要学习军事理论？

德哥认为，一个时代，最先锋的理论一定是军事理论，而不是商业理论。因为商业的输赢要钱，军事的输赢则要命。显然，军事理论比商业理论更具先锋性。我们用军事理论做商业，也是战术打法的一种降维攻击。

小站练兵

一个令很多大公司感到困扰的问题是，在业务转型或是扩张期，该怎么做？在互联网＋热潮中，传统企业往往会有一种困惑：是改造旧部，从内部抽出一队人马，让他们学习互联网思维和技能，让这些被改造的"旧人"来做新业务，还是在体系外组建一支全新的团队，从零开始，让他们来承担开创性的新业务？

这也是小米在面对物联网风口时的一道选择题。自己干，还是投资新兵？过去的很多事实都证明，新兵比旧部干得更生猛。

当时的小米已经有七八千人，产品线涉及手机、电视机、路由器三大品类。

对内，在短短三四年间公司员工从零增长到七八千人，对于一家创业公司的管理能力已经构成极大的挑战。当公司扩张到一定程度的时候，工作效率必然会下降。如果在内部扩张，小米势必会成为一个体量庞大的公司。但所谓的"大象起舞"并不是一件简单的事情，随着产业链的成熟，大而全的垄断者将面临成本的高企，最终技术优势会被消解，败给小而专的"野蛮人"。尤其是注意力的分散，将会对小米核心的手机业务造成影响。

对外，如果短时间内连续推出太多周边产品，用户对于小米的边界会感到模糊——小米到底是做什么的？其实在后来的运营中，尽管我们一直在刻意区分小米和小米生态链产品，外界还是认为小米什么都做，把生态链的产品与小米的产品相混淆。

当时，雷总决定以投资的方式在小米的外部构建一条智能硬件的生态链，孵化一批生猛的创业公司，用小米的既有资源帮助它们在各自的领域获得先发优势，同时又能在小米的平台上发挥协同效应。这种孵化方式使小米和被孵化的公司都能符合互联网七字诀："专注、极致、口碑、快。"更重要的是，小米不致因为产品多元化而失去"专注和快"的特色。

这是一种全新的模式，用投资的方式聚齐一众兄弟公司，大家一起来抢占市场。这如同建立一支支新军，通过小站练兵的方式，训练新军去应对未来的新兴市场。

什么是小站练兵？

清末时清军连连战败，与外敌的战斗力相去甚远。为了抵御强敌，必须进行军制改革，建立一支强大的陆军。袁世凯最先认识到这一问题，着手训练了一支新式陆军。以德国军制为蓝本，制定了一套包括近代陆军组织编制、军官任用和培养制度、训练和教育制度、招募制度、粮饷制度等内容的建军方案，基本上摒弃了八旗、绿营和湘淮军的旧制，注重武器装备的近代化和标准化，强调实施新法训练的严格性，创中国近代陆军的先河。因其队伍训练营地在天津东南的一个铁路站，位于天津至大沽站中间，故被称为"小站练兵"。

通过小站练兵，形成了军阀集团。北洋军阀集团是清末民初产生和发展起来的一个武装集团，这个集团曾经影响当时的政局十多年，对近代中国历史的发展造成巨大影响。而这个小站出来的多名新兵后来都成为中国近代史上的重要人物，贯穿了整个民国时期，比如李鸿章、冯国璋、段祺瑞、王士珍、曹锟、卢永祥和徐世昌。

小站练兵给我们的启示就是，当我们跨入一个新领域时，与其改造旧部，倒不如在体系外组建一个全新的团队，从零开始，让其承担开创性的业务。我们也希望学习这种方式，孵化出一批生猛的团队，在中国IoT的进程中起关键作用。

特种部队，精准打击

我们运用了小站练兵的孵化模式，然后开始寻找先进的军事理论指导我们的每一场战役。

德哥发现，海湾战争是一场非常经典的利用现代军事理论的战争。前方的特种部队与后方的五角大楼密切配合，前方是经验丰富的小部队，后方是拥有庞大资源库的指挥中心。特种部队按照五角大楼发出的指令实行精准打击，战争效率高，在很短的时间内就取得了胜利。

我们在选创业团队时，首先看人，这就如同挑选特种兵的过程。我们一般会挑选具有创业经验的或是其他方面有成功经验的创业者，或者是有行业人脉、资源的人。做硬件是一件非常复杂的事，经验必不可少，因此我们很少选没有任何经验的应届毕业生。我们组建团队的时候也一直在挖各个领域的顶尖高手，他们就像是特种兵，有经验，单兵作战效率很高。

他们组成前方的小分队，我们是后方的支撑平台，我们可以告诉他们哪里有敌人、该打哪里、什么时候打、怎么打。他们的执行能力非常强，根据建议采取行动，与我们密切配合，在资源方面互补，几乎每一战都能稳稳地打赢。特种部队型公司的执行力远远超过采用大公司运作模式的公司。

到目前为止，小米生态链上发布的产品有200多款，其中包括空气净化器、电助力自行车、无人机、机器人等一系列大品类的产品。试想如果这么多产品放在一家公司里运营，怎么着也得需要上万人吧？而我们的生态链上有77家公司，到2016年年底，总人数还不到5 000，并且都是以高端工程师为主。而小米负责这77家生态链公司的产品经理还不到200人。这么大的摊子只有这么少的人，可见特种部队型公司的战斗效率远远高于大公司。特种部队要做到高效，就要目标明确、精准打击。传统的战场进攻方式是布置100门大炮，对着敌人的阵地一阵狂轰滥炸，肯定能把这片阵地打下来。而当代军事理论要求精准打击，用雷达精准定位敌人，一击致命。

其实大型互联网公司更具备精准打击的优势：一是有数据，二是有用户。比如我们要做电热水壶，在论坛上一问，很快就能得到上百万用户的回复，我们就可以分析出用户对电热水壶最主要的需求点是什么，用户痛点集中在哪些方面。根据这些数据，我们很容易就可以定义一款满足80%的用户80%的需求的电热水壶。定义好一项可以满足80%的用户80%的需求的产品功能之后，我们再全力以赴制造出一款精品，这样一个爆款产品就产生了。

正是因为互联网的这种优势，我们定义产品可以做到精准打击，有一些在传统企业看来不可能的"奇迹"也就这样出现了：做空气净化器的智米公司发展两年后一共才50个人，公司估值已经超过10亿美元，年销售额超过10亿元，在国内空气净化器这个高度分散的市场中独占20%的市场份额，成为市场份额最大的公司；做移动电源的紫米公司也不到100人，2016年年销售额超过25亿元，人均产值在2 000万元以上；另一家快速成为独角兽公司的是华米公司，其生产的小米手环占据近80%的市场份额……这难道不是作战效率高的最佳体现吗？

蒙古军团

特种部队和精准打击是我们从当代军事理论里吸取的最有效的两条经验，除此以外，我们还向古代的蒙古军团学习了两个经典战法：一是轻易不出战，首战即决战；二是无军饷制度。

当年的蒙古游牧民族，不同的部落是分散在草原各处的，集结一次不容易。一旦集结，必须一击即中。蒙古军队的战争都是在浩瀚的大草原上进行的，如果随随便便拉出队伍来打一仗，你可能连敌人都找不着，然后长途奔袭，耗费军力，仗还没开打，兵将已经累趴下了。所以蒙古人打仗跟狼群出击很像，他们非常有耐心，一定要等到最佳战机出现的时候，突然发动进攻，一击必中，一战必胜。这就要求决策者要有耐心，找准时机，并且行动要非常快。这就是首战即决战的逻辑。

蒙古军团还有一个特点：不发军饷。怎么激励队伍英勇奋战？蒙古军队的原则是，仗打赢了，抢来的东西都是你的。

我们当然不是没有军饷，小米生态链会给创业公司投资，而创业团队采用全民持股的方式：你们把公司做大，你们的股份也会变得更值钱。这对创业者来讲是非常有吸引力的。激励机制设定好，创业队伍就会生猛地往前冲，"抢"回来的都是利益啊！

所以对生态链公司还有一条特色规定，就是小米所投的生态链公司在上市之前不分红，现金全部留在生态链公司里，让它们继续快速发展壮大。其实我们投资的最终目标也不只是从这些公司的发展中获得投资回报，更是要帮助小米在IoT时代提前完成布局。在这一点上，我们与其他投资机构不同：我们不看短期利益，只注重长期发展。

第二节　以小米速度保持先锋势能

在本书中，多次出现"奔跑"这个词。这就是我们的真实状态，小米模式的核心特点就是在奔跑中提高效率和速度。

在互联网时代，速度是最重要的维度

在互联网技术和互联网思维的双重作用下，当今世界的变化速度太快。如果用传统的方法创业，等你好不容易把队伍集结好了，商业计划书拟好了，有可能机会已经逝去。读一读当代商业史我们会发现，公司的发展与变化速度越来越快。

早年AT&T独占鳌头70年，可后来IBM出现了，20多年后微软出现了，10年后谷歌出现了，4年后脸书又出现了，变化非常快。小米花了3年时间就成为一个中等规模的公司，营业额超过300亿元。

在互联网环境中，衡量公司发展状况增加了一个非常重要的维度——速度。

过去创办公司，"速度"这个指标是不需要考虑的。比如清朝时开一家同仁堂药店，唯一不需要考虑的就是速度。再比如全聚德烤鸭店，当初开一家店，周围的人都来店里吃，店主就用心地把烤鸭做得至善至美，然后做出一个品牌来，也不用考虑速度。

再看今天的创业公司，很难像同仁堂、全聚德创业之初那样，有足够的时间等你慢慢做好。你不能快速做好产品，用户马上就会离你而去。你不能快速做大公司，竞争对手很快就把你吞并了。整个社会的节奏加快，公司间竞争留出来的"时间窗口"稍纵即逝。所以在互联网时代创业的公司必须快速发展成为中等规模的公司，打下基本盘，在市场中站稳脚跟。

华为公司成立于20世纪80年代末，走过近30年的历程，脚踏实地地发展，积累了大量的技术和专利，打造出一个二十几万人的团队，在诸多领域成为真正的世界第一，这是中国企业界的骄傲。但是现在这个时代，新创办的公司不可能花30年时间去追赶华为，更何况如果沿用华为的模式，再过30年、50年，它们也赶不上华为。

不过，现在的公司比身处华为创立的那个时代多了两个"核武器"：一是互联网，二是资本。小米用互联网的方式做手机，融到足够的资金，聚集各领域顶尖人才，在四五年内打造一家市值为450亿美元的公司，拿下跟华为手机业务相当的市场份额，并在这个过程中培养出能打仗的近万人队伍，就依赖于这两个核武器。

在资金链断掉之前跑到平流层上

速度是当代公司发展最重要的维度。速度稍慢，就有可能错过一波市场行情。今天的互联网大大缩短了所有事情发展的时间轴。以小米手环为例，如果按照传统打法，可能10年才能打下来。但用小米的打法，一款爆品一年之内就从小众产品成为大众产品，并且占据了绝对优势的市场份额。小米把这个时间轴大大缩短，而其他没有及时反应过来的公司，自然就在这个市场上失去了先机。

常有人问我们：小米是不是跑得太快了？其实你想想，假如小米没有快速奔跑呢？假如小米手机现在的销量还没有超过1 000万部呢？假如三年前小米没有投资生态链，现在会是什么样的情景呢？

从2015年开始，国内智能手机厂商已经在红海中厮杀，进入了淘汰赛，如果小米只是一家在市场上无足轻重的小公司，一年销售几百万部手机，很有可能是最先被淘汰、被整合的。小米就是因为速度快，短期内冲击到市场第一的位置，从而得到广大用户及整个行业的认同。

2016年上半年，小米手机业务确实遇到很大的挑战，如果没有"跑"出来一条小米生态链，小米与其他手机厂商相比就不存在明显差异，孤立的手机业务会因为业务单一而风险更大。小米生态链的上百个优质产品与小米手机互成犄角，互相拉动，这使得小米手机在竞争中还有一圈保护层。

与此同时，我们发现，移动互联网的发展比我们预期的要快。移动互联网时代开始于2010年，业界本来预期至少要10年，格局才能相对稳定。但是，我们看到2016年各个市场已经非常成熟，很难再有公司能够在移动互联网领域重新杀出一片天地。如果你当时定的是10年战略，那么走到第6年的时候，游戏已经结束，还怎么玩下去？

小米孵化生态链公司的模式，很重要的一个出发点就是速度。我们一开始就把小米的资源开放给生态链公司，让它们在创业初期考虑如下两件事：一是做好产品，二是扩大规模。一开始不用急着做战略、做布局，总想着明天是否会遇到困难，那干脆别干了。不知道怎么办的时候，就拼命往前跑。世界变化太快，在这过程中什么都有可能出现。

用德哥的话来说就是："如果在资金链断掉之前，它能跑到一个平流层①上，它就成功了。"当一家公司流水做到几十亿元，在某一产品领域成为市场的绝对领导者的时候，很多问题就可迎刃而解。

小米也一样，我们从来不定三年战略、五年战略，大概想想明年的市场，就拼命跑，遇到问题随时再调整，因为手机市场的硬仗打得太胶着了。

所以，2009年前后雷总意识到移动互联网已经启动，2010年成立小米，

---

① 平流层是相对较高、气流更稳定的大气层。此处形容公司发展到中等规模、相对稳定的状态。

开始发布MIUI[①]，2011年年底发布第一款手机，2014年小米年销售手机7 000多万部。到2016年年底，MIUI的活跃用户数超过2亿，通过生态链在小米手机的外围建立了几十个智能硬件群体，年收入超100亿元。这就是小米速度。

当然，我们有时停下来也会反思，"小米速度"从长远来看对产业和社会到底有没有益处？对我们自身来讲，我们觉得很多传统商业逻辑可能不再适用，比如"创新扩散理论"，这是由美国学者埃弗雷特·罗杰斯于20世纪60年代提出的理论，旨在通过媒介劝服人们接受新观念、新事物、新产品，曾经在过去几十年为业界所推崇。但是在移动互联网时代，人们接受或者使用新产品、新事物的态度和速度完全打破了传统认识。也许小米的出现加速了很多事物的发展进程，但我们认为，即便没有小米，传统的"创新扩散理论"也必然会发生根本性转变，因为时代就是这样呼啸前行的。

有速度才能跑出先锋势能

速度之所以如此重要，还有一个原因：有速度，才能保持先锋性。

我们认为，现在做商业，先锋性非常重要。一旦一家公司具有了先锋性：（1）它可以吸引顶尖人才来做出最好的产品；（2）它会吸引更多投资人的关注，可以融到大量的资金；（3）它会引起更多媒体关注，高曝光度有助于品牌的传播与塑造。也就是说，先锋性可以自然吸引很多资源，随着资源的聚拢，势能就出现了。

---

① MIUI 是小米公司旗下基于安卓系统深度优化、定制、开发的第三方手机操作系统。

比如，硅谷是全球创新创业的发源地，大家都认为这里最具先锋势能，全球人才都往这里聚集，全世界的目光都往这里聚焦。这里出现任何创新技术都会以极快的速度被公众知晓，并且在全球范围内被模仿、被追随。这就是先锋性带来的势能。

再比如，小米在2011年就考虑过做智能手表产品。当时德哥在小米内部组建了5个工程师团队来开发这个产品。但后来发现，以小米当时的力量，难以做成这件事。试想一下，如果以当时小米在行业内的影响力，推出一款智能手表，用户一定会问：小米是谁？智能手表是什么东西？有什么用？

如果苹果公司来做这件事，一定会有大量用户追随，大家认为智能手表就是流行趋势，是最新、最炫酷的可穿戴产品。事实证明，在苹果公司之前，很多公司都尝试过生产智能手表，但都未取得成功。直到苹果手表面市，才算点燃了这个市场。这就是势能的一种体现。当然，还有一个原因，以苹果公司对供应链的强势，它生产智能手表，是可以打通整个供应链的，而我们当时完全没有这个能力。

当然，即便在硅谷，不同时代具有先锋势能的公司也在不断变化中。20年前的微软、英特尔占据IT产业的上游，把握核心技术，具有先锋势能，所以它们聚拢了全球的优秀人才，吸引所有媒体的关注，在它们周围也聚集了大量的下游公司，追随它们的技术路线进行升级。它们成为IT时代的寡头。

在互联网时代和移动互联网时代，谷歌、苹果、脸书又成为具有先锋势能的公司，优秀人才开始向这些公司流动，媒体为它们而疯狂。这两年，硅谷最具先锋势能的公司还在不断变化中，做电动汽车的特斯拉、做火箭的SpaceX（美国太空探索技术公司）等公司又成为硅谷新的明星。

所以，究竟什么是先锋性？我们认为由技术或是模式的领先性带来的势能就是先锋性。小米生态链的竹林效应就具有先锋性，我们这种孵化模式发展得快，成功率高，年增长率超200%，甚至在2016年不得不两次提出刹车、减速。小米的资源和从小米抽调出来的这批工程师，如同竹林强悍的根系，不断催生出新的竹笋。小米模式的核心是高效率，在每个环节提高效率，并压缩成本，产品本身则追求最优解和高品质，所以每款产品出来都会在市场上形成强烈的冲击力。

先锋性非常重要，而保持先锋性是另一个话题。任何先锋性都会随着时间的推移而被削弱，就像硅谷热点的不断转移，这就需要不断寻找新的先锋性补充进来。在互联网时代，一切节奏都加快了。先锋性可以带来两三年的势能，但很难保持五六年。这一点在小米手机上表现得比较明显。

所以我们投资的小米生态链在先锋性的维度上还有如下三个目标：

1. 保持小米品牌的热度；

2. 提供销售流水的支撑；

3. 加大小米的想象空间。

这三点也是小米生态链的先锋性表现，国内其他手机厂商都没有建立这样的生态链。一旦手机的先锋势能降低，可能很快就会被市场淘汰。其中最典型的例子就是诺基亚和摩托罗拉，它们分别是两代手机业巨头，分别称霸市场三五年。但一旦手机业务受到冲击，根本没有可以保护手机业务的护城河，业务大厦瞬间倒塌。

尽管小米和小米生态链都处于野蛮生长的状态，但我们也发现需要补的功课还很多。2016年，我们放缓投资的同时，开始梳理内部的组织架构，正式发布米家品牌，并对产品品类进行规划和梳理。小米生态链是一个非常复杂的生态系统，也是一种全新的模式，我们还需要不断总结和学习。

我们暂时给小米生态链未来两三年内设定的逻辑是：

1. 梳理品牌，要把米家这个品牌做好；

2. 一步一个脚印地继续做好产品，每个产品都能拿得出手，可以提升消费者的生活品质；

3. 我们还需要苦心琢磨，如何保持先锋性。当然，我们对此有一些想法，也正在执行这些想法，待我们沉淀一下再来与大家分享。

第三节　看透本质

创办公司的这几年，我们学到了一个非常重要的方法，就是要看透事物的本质。

找到本原逻辑

一家公司能否成功是由非常复杂的因素决定的，中间有各种细节，但是我们要知道任何一件事情都有一个本原逻辑，这一点非常重要。

小米喜欢讲的"顺势而为"、雷总的"风口论"都是尊重"本原逻辑"，一旦找到本原逻辑，很多问题就可以理顺。

"认知世界，一定要知道这个世界的本质是什么；认知时代，要看清这个时代的本质是什么；进入一个行业，也要找到行业的本质。否则，就无法顺势而为。"德哥爱跟我们强调本质。

移动电源的那一仗，就是看透了这个行业的本质是尾货市场的事，才找到了切入的契机。

怎么理解一个行业的本质？咖啡厅的本质是卖咖啡吗？不全是。它是一个让人们休闲、消磨时光的场所，所以与咖啡厅竞争的不只有茶馆，还有电影院；它还是一个聚会、交流的地方，那么它的竞争对象则是餐厅、酒吧；它还可以是一个思考、写作的地方，那么它的竞争对象则有可能是图书馆。那么，在做咖啡馆的时候，你考虑的可能不只是咖啡馆，而是一个消磨时光的场所，或是聚会的场所，抑或是一个可以安静地小坐的地方。不同的本质定位，对于地址的选择、装修的风格、菜品的搭配、服务的内容，都会出现完全不同的结果。

德哥有一次和碧桂园的创始人杨国强一起开会，后来聊起来，德哥意外地发现，这家房地产公司能做到成立后的前16年每年都保持100%的增长率！"以前在我的脑海中，只有互联网公司才能达到这样的发展速度。"他说。

在与杨总深聊之后，他发现碧桂园本质上就是一家极具互联网思维的公司，它具备了四大特点。

1. 做最大的市场。城市都是由建筑构成的，那么房地产一定是最大的市场。要做，就做最大的市场。

2. 要有取舍，有所为，有所不为。在2015年8月宣布进军北上广深之前，碧桂园从来不进入一线城市，战线基本放在二、三、四线城市，被称为"三线王"。虽然不进入一线城市，但碧桂园有一条规矩：要做就做当地最好的楼盘。

3. 追求性价比。碧桂园在三、四线城市的销售价格比万科的成本还要低，成本控制得很好，运营效率非常高。

4. 老板是产品家。杨国强是泥瓦匠出身，工地上哪里丢根线，他都很清楚；一块砖多少钱，他一看就知道。

在大众的眼里，碧桂园一定不是一家互联网公司。但是碧桂园的这四个特点，本质上就是互联网公司的精髓体现。还有更厉害的：其他房地产商建的是楼盘，碧桂园往往是建一个小镇，邮局、医院、银行、餐厅等服务设施都具备。一个小镇吸引了十几万的住户，这些住户就会在服务设施上不断花钱。这不就是典型的互联网商业模式吗？即长尾理论，吃人口红利。

前面我们提到，从本质中寻找商业模式，你看到的咖啡馆未必是咖啡馆，你看到的房地产项目或许是互联网思维的最佳实践。所以我们看事情、做事情都要看透本质，抓住本质，顺势而为。

效率，效率，还是效率

最后说一下，一切商业的本质是什么？其实就是降低成本、提升效率。小米从成立到现在之所以在高速发展，最核心的原因就是效率高。

举个例子，为什么电子商务会快速崛起？京东是从中关村电子卖场起家的，创始人对商业的本质有着深刻的认识：降低成本，提高效率。电子商务是商业的一种演进形式，本质上还是商业，只是从这两个方面推进商业的进步。京东在发展的过程中，在商品流通的整个链条上都努力降低成本、提高效率，所以京东会发展得这么快。这就是顺势而为。

说起来大家可能都不会相信，当小米员工发展到两三千人的时候，已经算是一家中型公司了，当时的公司运营成本只有4%。现在员工已经达到10 000人，运营成本略有提高，但还是远远低于传统家电企业。

小米的产品可以做到质优价低，进入一个行业就成功地激活一个行业，甚至颠覆一个行业，靠的不只是技术的创新，更是高效。

去除中间环节

当消费者在小米商城或是智能家庭App下单购买小白智能摄像头后，小米的仓储管理系统会马上收到这个订单，省去了中间的层层代理，这个商品会通过快递员第一时间送达消费者手中。

在小米商城购买过商品的消费者或许不会感受到这种便捷的购物流程的特殊之处，似乎跟在京东、天猫上购物的体验差不多。但事实上，小米与京东和天猫有着本质的区别。京东和天猫只是电商平台，它们搭建起了厂商与消费者之间的桥梁；小米的模式是前店后厂，我们是在卖自己的产品。这两种模式的本质区别在于，小米在自己的前店后厂模式下，产品流、

- - - - - - - - - - - - - -

资金流和信息流，这"三流"是在小米与消费者之间直达的，没有任何中间环节。

2016年8月，《互联网零售商》（*Internet Retailer*）公布了全球十大电商平台，小米位列第八。中国一共有四家电商平台入榜，其中阿里巴巴、京东、苏宁分位列第一、第四、第七。与以上三家不同的是，小米商城是以销售自有品牌产品为主的电商平台。更有意思的是，在这张前十的榜单中，共有四家是前店后厂模式，按照排名依次是苹果、小米、戴尔和三星。

尽可能地去掉不必要的中间环节，这就是小米供应链的核心特点。利用高度发达的信息技术，小米直面最终用户，高效实现了产品流、资金流和信息流的"三流"直达。

首先，产品流的直达非常容易理解，小米销售的产品是以自主品牌为主，在小米商城下单，产品直接从小米的仓库送达消费者手中，没有中间环节。

其次，资金流直达。消费者下单后，无论是通过小米支付还是其他互联网支付手段，完成交易后，资金都是直达小米，不会停留在中间任何一个环节。消费者在京东、天猫等电商平台上付款后，货款在6～12个月后才会到达厂商手里。因此，资金周转率高是小米模式的一大特色。

最后，也是最重要的，是信息流双向直达。雷总常把"和用户做朋友"挂在嘴边，小米也确实一直以"和用户做朋友"的方式去做产品。消费者收到商品之后，有任何问题都可以在商品评价区留言，或者在小米论坛上讨论，或者致电小米客服。小米拥有一个数千人组成的客服团队，这也是小米的核心特色。小米一直坚持自己运营客服业务，并且客服团队是与小米的工程师们在一栋办公楼里办公。数千名客服每天服务的客户咨询量是以十万为计量单位的，由此也会产生海量的数据信息。

信息的双向直达让小米可以听到消费者最真实的声音，了解消费者的需求，快速升级迭代产品。而消费者也能直接听到小米的声音，获得更好的消费体验。避免由中间人传递信息，不仅可以令信息迅速互通，还能够减少信息的失真。

从这"三流"直达来看，其实都指向一个主题，那就是效率。运用互联网工具提高效率，降低成本，做打动人心的好产品，全力提升用户体验，是雷总指出的大方向，也是小米供应链在设计上的主要考量。

线下新物种

在全球十大电商平台中，有一家公司叫戴尔。这是一家非常神奇的公司：在PC时代发展初期，全球PC大厂几乎都是采用层层分销、逐级代理的销售模式。唯独戴尔以直销模式切入市场，前店后厂，砍掉了一切中间环节，以远远低于同行的价格直接卖给消费者，在短短几年内一跃成为全球PC行业的老大。十几年前，戴尔的工厂里就开始鼓励员工针对每个生产环节提出创新点子，只要能够提升效率并被工厂采用，这个员工就会得到额外的奖励。

关于戴尔的故事，这里不再赘述。总结下来，就是戴尔通过对整个供应链上"三流"的改造，砍掉了所有中间环节，并让每种"流"的运转效率达到最高。所以，戴尔能够以很低的价格向消费者提供更好的产品。

小米今天对供应链"三流"的改造，与戴尔当年的思路有些相像。不同的是，今天的信息技术更加先进，制造业的基础也更强大，小米的改造空间比戴尔要更大一些。

戴尔在称霸PC市场几年之后，市场竞争环境、信息技术手段、用户消费特征都逐渐发生变化，戴尔的竞争优势变得不再明显。在后来很长一段时间里，戴尔仍然固守直销模式，因而在PC市场逐渐被竞争对手超越。

今天，戴尔在这张榜单上依然可以排进前十名，我们可以得出两个结论：（1）前店后厂的模式具有非常巨大的市场前景，并且有着很强的同行业竞争力；（2）没有一种模式永远有效，不能躺在成功簿上睡大觉，必须根据环境变化不断进行调整。

小米用互联网手机的模式打开了市场，确立了自己的位置。接下来也必须顺应整个行业的变化，增加线下渠道。我们计划未来三四年内在全国建立1 000家"小米之家"，让小米和小米生态链的产品一同进驻这些门店，面向更广泛的消费者群体。

我们进入线下渠道是基于四个方面的考虑。

1. 线上渠道的覆盖有一定局限性，还有海量用户未覆盖，特别是三、四线市场的用户。

2. 有一定比例的消费者的消费习惯还停留在线下购买的模式，他们不使用网络购物或是不喜欢网上购物。

3. 小米生态链上的产品品类越来越多，很多商品介绍在网上仅有照片和视频，用户是没有感觉的，必须通过线下的展示和体验，用更高效的方式打动消费者。

4. 实体店也将成为小米及生态链品牌建设的一部分，这些"小米之家"在销售产品的同时，也传播了小米的品牌价值，在消费者心中建立起鲜明的品牌形象。

当然，我们拓展线下渠道绝不是一种模式的倒退，而是一个新物种。现在很多厂商在全国动辄建立十几万、二十几万家门店，但我们认为这种模式并不符合小米的基因，有两个字深深地植根于小米的基因里：效率。

在向线下发展的时候，我们依然要将"三流"的环节控制在最短，并通过先进的IT技术和大数据分析让"三流"达到最高效。比如，我们1 000家门店的选择会依据一套自己的标准，让它们在全国实现最合理的分布；我们每家门店面积只有250平方米左右，单店的营业额平均可以做到7 000万元，这是什么概念？就是平效①达到了25万元，而此前中国零售店最好的平效大概是1.2万元，我们将做到这个效率的20倍；我们还会通过大数据统计分析，合理配送各个门店的商品品类，让商品的周转率达到最高，减少库存损失……

从线上到线下，我们正在探索更先进的管理模式，同时寻找线上与线下的平衡点。我们现在还不能完整地描述出这个新物种的特性，但方向很清晰，就是利用一切最先进的信息技术将线下的"三流"做到最高效，同时寻找线上线下平衡的最优解。

---

① 平效是用来计算商场经营效益的指标，指的是每平方米的面积可以产出多少营业额。——编者注

第四节　保持逆境状态

小米有一个特色的做法，叫作"保持逆境状态"。我们觉得要有勇气让公司处于逆境中，不能让自己过得太舒适，这是保持战斗力的一种方式。

卖白菜可以锻炼出尖刀一样的队伍

高毛利的公司就像在做卖白粉的生意，利润非常高，卖白粉你有九次出问题，但有一次成功了，你就能赚到钱，那种生意很难进行精细化管理，就是碰运气。

低毛利的公司像卖白菜的，利润微薄，掉几片白菜帮子可能就破产了。我们会保护好每片白菜帮子，所有环节都做到精细化，久而久之，锻炼出尖刀一样的队伍，战斗力很强。

产业界有一种观点很流行，认为低毛利的公司一定不好，那代表不赚钱，似乎说出来很丢人。其实低毛利根本不丢人，我们看看当年的沃尔玛，今天的Costco（开市客）、无印良品、优衣库，都是低毛利的公司。但是Costco的市盈率是30倍，和互联网公司一样。它是如何做到的？就是任何产品都保持1%～14%的毛利率，限制毛利率，逼着自己改善项目，效率也被倒逼得提高了。我们相信，若能在艰难的生存状态中存活下来，其队伍一定是强悍的。一家公司有勇气始终保持低毛利，就是接纳一种逆境，而适当的逆境往往让肌体更为强韧。

处于顺境如同温水煮青蛙

从另一个角度看，企业在逆境中好做决策。因为在逆境中容易发现问题，可以立即解决问题。而且在逆境中做决策没什么可犹豫的，必须要做，大家的分歧也较少。

而顺境中公司总觉得自己发展得不错，就像是温水煮青蛙，一两年都发现不了问题，也就不会做什么决策，一切正常运转着。等到第三年发现问题的时候，为时已晚，补救的代价更大。

从2015年下半年开始，小米手机业务遇到了挑战，我们知道这是迟早要来的事情，只是比我们预计的来得早了一些。在2014年之后，小米有一段时间发展得太顺利了，以致我们忽略了两件事：一是三星退出中国市场的补位问题，华为很成功地拿到了三星"退"出来的市场份额；二是我们线下门店的布局动作慢了，总觉得线上销售量增长较快，虽然也开始了线下的布局，但动作比较慢。"我们没有人是神仙，顺风顺水的时候，怎么会预见到全部问题呢？"德哥说。

再举一个例子，我们的电饭煲上市以后卖得很好，销量超出预期。杨华来找德哥汇报情况时说："德哥，电饭煲卖得太好了，总体利润还不错。我们手里现在有1亿多元现金，理财也做得很好……"

还没等杨华说完，德哥就被这一连串的好消息"吓"出一身冷汗："你赶紧把这1亿多元花出去，花在四件事上：第一，继续去找全球最好的人才；第二，增加产能；第三，降低成本；第四，打造品牌卖出更多的电饭煲。"

电饭煲畅销当然是好事，但德哥担心的是一开始就很顺利，容易让创业者掉以轻心，所以早早地提醒杨华，继续加大投入来扩大市场领先的优势，同时这个阶段不适合在手里持有太多的现金。一定要让成长中的公司保持逆境状态，不要过早地享受成功的喜悦。

如果是一家独立的创业公司，没有小米全方位的支持，很难取得今天的成绩。所以我们很清醒，很多生态链公司今天的能力与今天的成绩还不匹配，里面有一些被我们"催熟"的成分。顺境时保证清醒和警惕，挣得的每一分钱都很重要，没有一家公司的钱多到可以随便挥霍的程度，要通过降低成本来不断增强自身的战斗力和系统性能力。只有这样，在遇到经济寒流的时候，才能顺利渡过。

在2015年之前，小米连续几年发展得非常顺利。2014年，产业发生了一些变化，但处于顺境中的小米并没有意识到。那一年阿里巴巴开始布局线下业务，说实话这个信号没有引起我们的警觉。阿里体量大，天塌下来一定会砸到个子高的，所以阿里对市场的变化非常敏感。如果那个时候，我们发展得不是太顺利，看看别人在做什么，可能就会意识到单一的互联网模式已出现瓶颈，需要向线下拓展业务。

世界上没有神，大家都是凡人。2014年我们只用了两年多时间就做到了中国手机市场第一的地位，注意力都在手机市场的成功中，确实忽略了部分信号。

"健身房生意"

在生态链上，大家总是说紫米公司的张峰"比小米还小米"，为什么？在英华达工作的时候，张峰遇到过这样一件事。2010年，时任英华达南京总经理的他，为了争取更多的手机订单，去拜访了北海道的一个日本手机厂商。这个厂商的高管非常礼貌地接待了他，但明确表示不可能跟英华达合作。三个月后，这家手机厂商的高管团队意外地出现在南京，主动找到了张峰。原来，他们给美国运营商报价时出现了误差，把价格报成了十几美元，但成本恐怕50美元都下不来。这单生意必然会亏，这家日本手机厂商想来想去，决定到中国来碰碰运气，看看能不能把成本控制在50美元，尽量减少损失。

张峰带领英华达的团队，和日方花了两天的时间，核对了所有的成本，发现50美元还是做不下来。最后一天下午，日方团队开始沮丧地收拾行李，准备离开。此时，张峰做了一个决定，他说："我写一个价格，如果你们觉得可以，我希望我们可以长期合作。"

张峰在黑板上写了一个价格：49美元！

日方团队的人下巴差点儿没掉到地上：50美元做不下来，49美元你却接我们的订单？

张峰当时想的不是这一单生意，而是长线合作。在他看来，这一单亏本的买卖，就是"健身房生意"：农民在地里干了一天活，身体非常劳累，但是为了赚钱，他必须下地干活。其实，下地干活赚钱的同时，也可以锻炼身体。同样，很多人都跑到健身房去锻炼身体，一样累得满身大汗，不但不赚钱，还要交钱给健身房。在张峰看来，亏本的生意就是"健身房生意"，这单生意我可能赔钱，但是我锻炼了我的生产线，让自己变得更强壮。

当然，这个订单最后并没有让英华达赔钱。产品开发用了8个月时间，8个月后很多零部件的价格大幅下降。等到真正开始生产的时候，每部手机反倒可以赚9美元。而日本的这家手机厂商因为对英华达心存感激，手机价格一直维持50美元不变，并且还陆续把分散在世界其他工厂的订单转移到英华达来。

张峰是"健身房生意"的积极倡导者。"我不关注利润，而是效率。只关注利润会让我们丧失理想。"作为生态链上的资深人士，张峰经常给兄弟们分享经验和资源。他最常对大家说的一句话就是："不要被利润绑架。"只关注产品高利润的时候，团队竞争力会降低。如果团队对1角钱的利润都很珍惜，那么一定会想办法把效率提升到最高。

"利润低，我们踏实。利润高，反倒不踏实。"正是因为这样的理念，张峰被称为"比小米还小米的人"。

讲真

一角钱的利润就灿烂

张峰　紫米科技CEO [1]

我关注的是效率，我从来不关注利润。

从1999年开始做移动互联网产品，那时候手机业务非常赚钱。2002年我们（指英华达南京工厂）又去做小灵通了，因为小灵通更赚钱，成本不到定价的50%，卖500多元的，成本只有200多元。到2005年山寨机就出来了，我们把智能机都放弃了，根本就看不上智能机，比如台湾的大众电信，100元的手机当时成本是20元。那时候，我们的眼睛完全盯着利润。

2005年开始，公司每年的净利润达到四五亿元。到2007年，我们发现这个利润没办法继续推高。当2009年小灵通这个市场突然消失的时候，我们90%的利润一下子就消失了。

利润消失之后是什么？第一，你的团队有1 300名工程师，非常可怕。当你要去优化结构的时候，突然发现团队怎么这么庞大？因为赚钱的时候，完全不顾及效率，缺人就招。等到你没有业务的时候你看到的是一片狼藉，非常可怕。

所以我个人认为，特别是对于初创公司，效率很重要。从我的经验来看，利润会让我们丧失理想，你会被利润绑架。

做高利润的产品，会让团队丧失竞争力，你的团队有可能是不健康的。只要一角钱的利润，我们心里就非常灿烂。但是我们究竟要什么？我们要效率，就是怎么做能够提升效率。

---

[1] 张峰现已任小米供应链副总裁。

　　我理解的效率，一方面是市场本身比较大，投入下去可能有比较大的产出；另一方面是产品的更新换代不一定那么快，我们能够一下扎进去，把这个事情做好，就不需要反复地投入。

　　所以我可能跟大家的心态不一样，如果小米的生态链里面能够安排我做一个利润低的甚至亏钱的产品，我会感觉比较踏实，利润高的产品我反而感觉不踏实。

第五节　"十一罗汉模式"

我们想分享一下小米生态链在团队组建上的一些思考所得。

"我过去常常认为一位出色的人才能顶两名平庸的员工，现在我认为能顶50名。我大约把四分之一的时间用于招募专业人才。"乔布斯的一段话，对雷总创业初期影响最大，在创办小米的过程中他将乔布斯的做法更是演绎到极致。

在小米发展的初期，雷总最多的时间是花在招揽人才这件事上。按时间比例分配，在初期，他超过一半的工作时间都是用在招人上面，经常会因为一个关键岗位，面试几十甚至上百人。他坚信，一个好的工程师会比100个普通工程师创造的价值更大。

雷总一直认为，最好的人本身就有很强的驱动力，你只要把他放到他喜欢的事情上，让他用玩的心态来做产品，他就能真正做出一些意想不到的成果。首先打动自己，然后才能打动别人。所以你今天看到我们很多的工程师，他都在边玩边创新。

我们生态链上将这样的人称为对产品"有爱"的人。生态链上的产品线非常广，由哪个工程师来负责哪条产品线，我们决定的方式就是谁对这个产品最"有爱"，谁就去做，在李宁宁的ID组里也是一样，谁对这个产品"有爱"，谁就可以接下这个产品的设计任务。

找到各领域最顶尖的人才，接下来就是人才组合的问题。搭建起一个团队，才能形成一股合力，把事情做好。小米合伙人制度，就是在这样的思路下形成的。七个合伙人，每个人都是自己所在领域的顶级专家。七个极为聪明的人在一起，相互信任、相互配合，才能完成一整项精密的任务。

谢冠宏将这种人才模式称为"抢银行模式"。抢银行是一个风险极高的犯罪行为，成功率很低。要想成功，必须有一群非常专业的高手相互配合，缺少一个角色都无法完成整个过程。

　　好莱坞大片《十一罗汉》就是一个典型案例，十一个人组成一个团队，有人负责整体计划的缜密性，有人负责精密爆破，有人是顶级黑客，加上一个身手异常敏捷的神偷，一个能开世界上所有保险柜的开锁高手，一个汽车改装能手兼神级驾驶，一个满身绝活的杂技精英，还有一个精通化妆术、瞒天过海的百变大咖……他们每个人都是自己领域的顶尖高手，但抢赌场金库这件事是高难度的，没有一个顶尖高手可以胜任整个过程，需要这些不同领域的高手相互配合，缺一不可，环环相扣，才能完成这个复杂的过程。

　　做手机、智能硬件都是很复杂的工程，某项技术达不到极致，是无法保证所有环节成功的。所以在小米生态链上，"抢银行模式"的团队非常流行，这种团队有两个核心特征：一是高手云集，降维攻击；二是跨界合作，梦幻组合。

降维攻击，杀鸡用牛刀

　　德哥常常喜欢说一句话：杀鸡用牛刀。"牛刀"就是指生态链上的多位资深业界大佬。

　　张峰的团队以前是做手机的，在生态链上负责移动电源项目；黄汪的团队以前是做智能手表的，现在做小米手环；谢冠宏在富士康的时候参与过苹果iPod（便携式多功能数字多媒体播放器）、亚马逊Kindle（电子阅读器）等项目的开发，现在来做耳机……用最专业、顶级的人才，做看似不起眼的家庭智能硬件产品。这点其实很"独特"，我们就是要"大材小用"。我们努力在全国范围内甚至全球范围内挖掘最好的人才，来完善小米生态链公司的人才结构。

用牛刀杀鸡，其实并不轻松。张峰虽然拥有20多年智能移动产品制造经验，但当他接手做移动电源项目时就感到焦虑。"我们一群做手机的人，如果连移动电源都做不好，是不是太丢人了？"被大材小用的张峰在创业初期给了自己不少压力，"我们只有比别人干得好，才能算及格。干得跟别人一样好，就是失败了。"在这样的焦虑情绪影响下，团队付出了更多的精力去挖掘比别人做得更好的亮点。这本来就是一把杀牛刀，却铆足了劲儿去杀一只鸡，结果就是小米移动电源重新定义了这个行业，改写了行业标准。

降维，本质上也是一种跨行，即外行人做内行事。谢冠宏认为，没有经验也是一种优势。他做耳机真的是从零开始，以前从未接触过这个产品，几个产品做下来，他得出一个结论：没有经验，恰恰是取得成功的要素。

听起来很奇怪，没有经验反倒是成功的要素？谢冠宏解释了三个理由。

第一，因为没有经验，人往往会变得更谦逊，能放下架子，没有负担。他做耳机就是这样，反正也不懂，到处找人，四处请教，外行人请教内行人，不管自己年龄有多大、背景有多光鲜，都能放下架子。有些问题，他解决不来，就干脆请懂的人来解决。

第二，因为没有经验，对很多事不够懂，就会有战战兢兢的心态。对于每件事都会问为什么，每个细节都会反复检查，不敢有丝毫懈怠。虽然有时候会感觉啰唆，但每次的结果都非常好。

第三，因为没有经验，就没有"天花板"，只要你想做，像阿甘一样，反而能做成。很多在行业里有经验的人，以为世界就是这样子，车子就应该这样开，飞机就必须有机翼，很多"天花板"都是自己设置的。

在这里跟大家分享一个故事。很久以前，美国麻省理工学院邀请全世界的大学生参加橡皮筋动力飞机比赛，北大、清华的学子也在被邀请之列。

当时都还是用传真机传送信息，报名须知上面要求的参赛资格是飞机的滞空时间最少要15秒，否则就不能参赛。中国的大学，那时候条件不好，传真机有问题，结果中国学生把15秒看成了50秒。中国学生认为这个参赛标准就是50秒，于是就按照50秒的最低标准去制作飞机模型。

结果在比赛的时候，神奇的一幕发生了：各国学生的飞机一齐飞上天，然后一个个慢慢掉下来。而有一架飞机一直在飞，仔细一看是中国学生的！中国学生得奖以后接受采访，被问到为什么你的飞机滞空时间超过别人的那么多？被采访的学生说他也不知道，他以为最低标准就是50秒。没有15秒的天花板，竟然可以创造出50秒的奇迹。

所以用降维攻击的方法，有三大好处：第一，是将更高、更严苛的产品标准带入传统行业，打破了原有产业的舒适区，产生了"鲇鱼效应"，激活了一个产业，改造了一个产业，比如用做手机的标准去做家电，这个思路帮助我们在很多产品的细节上实现了突破；第二，降维攻击时目标会设定得更高，否则会感觉"丢人"，高目标就更容易产生高质量的产品；第三，没有思维的天花板，可以用阿甘精神创造一个又一个奇迹。

我们战战兢兢，恐怕降维后做不好产品，所以更加谨慎。但偶尔也难免会犯"外行人"的错误。比如，米家签字笔上市以后，被用户用电子显微镜拍照、拆解、分析，发现笔的重心有些偏高，这会导致用户在书写时的体验不是最好。这应该是一个专业性的问题，确实不应该出现。我们马上研发更新迭代产品。那一次的教训，让我们更加意识到跨界、降维的重要性，但原有行业里最专业的人才更为重要。

跨界组合与美第奇效应

这年头，玩跨界才是最时尚的体现存在感的方式。对企业来说，团队成员的跨界思维和学科交叉带来的效果，不仅仅是刷存在感，它们在一起产生的化学反应可能会研发出意想不到的产品。

纯米公司的杨华在准备做一口好的电饭煲时，除了从日本请来电饭煲专利发明人，还从苹果、摩托罗拉、IBM、美的、飞利浦、三洋挖来一堆高手。这个团队的成员是来自IT与家电两个行业的跨界人才，并且分别在IT和家电领域拥有十几年经验。这些人以前混的是两个完全不同的圈子，所谓隔行如隔山。"一开始的心态就是要求大家放空，放下以往所谓的经验，以空杯心态在一起合作。"

如果没有跨界合作，就无法打破很多惯性。比如电饭煲研发了一年多时间，仅电板弯折一项就做了无数次实验。以前在家电行业的那些人在实验失败时多次提出放弃，他们来自家电行业，对家电太了解了，以前都不这样做，也没有人会想要这样做。但是来自IT行业的那些人不懂，总觉得可以做到。在这件事上，做IT的人很执着，最终就做成了。

"在整个电饭煲项目研发过程中，出现了多个难点，如果不是互相学习，那根弦早就绷不住了。支撑力来自跨界，打破思维，IT人觉得行不通的，家电人觉得可以；家电人觉得不可行的，IT人觉得可以。"杨华对此感触颇深，所谓专业人士，太懂、太明白，有时候反倒难以突破，而团队的跨界才能帮助我们真正做出一个比传统家电厂商做得更好的锅。

生态链公司华米科技，就是生产小米手环的那家公司，其团队成员组合也是跨界人士。创始人黄汪是嵌入式Linux技术（以Linux为基础的嵌入式作业系统）在中国最早的倡导者和资深专家，属于技术达人。他的团队中有来自谷歌美国总部的Android Auto（安卓汽车）团队前负责人，有获得过多项FDA（食品药品监督管理局）认证的原IBM硅谷人类情感及人体健康数据分析专家，Netscape（网景通信公司）在中国及日本的创始元老，有原三星中国研究院的智能语音及机器学习科学家，还有来自耐克等运动品牌的供应链管理专家……这样的团队阵容堪称豪华，而他们各自的从业经历和知识体系，在研发小米手环的过程中，所产生的化学反应更是令人惊诧。要知道，手环不仅是一个硬件产品，更是一个人体身份标识，跟人体相关的数据都由这个产品记录、统计、分析，并形成鲜明的个人属性，未来将与更多的可穿戴设备相连接，与后台庞大的人体数据库相连，还会衍生出更多新的产品、新的服务模式。

创新管理学家弗朗斯·约翰松将各种类型的交叉创新形容为"美第奇效应"——当人的思想立足于不同领域、不同科学、不同文化的交叉点上时，就可以将已知概念联系或混合在一起，大量不同凡响的新想法将迅速诞生。

如果说过去几个世纪，人类的巨大进步来自对学科不断细分的深入研究，那么在当下及未来，单一学科已经无法再有效解决人们遇到的难题，必须由科学家、工程师、艺术家、人类学家共同解决。交叉学科，跨界融合，将是最时尚的解决问题的思维方式和工作方法。

最重要的是，思维模式的交叉解开了每个人因为教育所背负的思想枷锁。

或者，世界上没有大公司、小公司之分，只有创新公司和非创新公司之分。"美第奇团队"鼓励成员跨部门，鼓励多元背景的融合，这些都是在打造创新环境。小米生态链公司就是具有这样"气质"的创新公司。

讲 真

跨界才是真正的创业

昌敬　石头科技公司创始人

我们在2013年年底、2014年年初准备创业，开始接触投资人的时候，投资人并不看好扫地机器人这个项目，更不看好由我做这个项目。不看好由我做，是因为我完全没有做过硬件，属于零经验。

在2013年我决定去做扫地机器人之后，我花了很多时间去验证。踏出创业这一步，肯定不是头脑发热，一定要想好怎么做。在评估这个创业项目的过程中，我也动摇过，我没有这方面的经验，以前创业都是做App、互联网的项目，我能否搞定？对于未知的事情，内心确实有所畏惧。

所以，在2014年有些动摇，当时又回去再看看是不是可以做些互联网项目。但是看过一轮以后发现，那些互联网项目就是不能让我兴奋，但是一想到做扫地机器人还是挺兴奋的，这时候感性就战胜了理性。

我后来想，埃隆·马斯克也没做过火箭，也没做过汽车，但他不是做得很好吗！所以我曾经跟投资人谈论过这个问题，我说你们的逻辑是怎么样的？逻辑是你没有做过，我就不投。我说真正的创业者就是因为没做过，所以要去做。

真正的创业者是什么？如果是你之前最熟悉的领域，你把最熟悉的领域重新做一遍，那是商人，那不是创业者。比如我之前在大公司工作，包括我自己创业，做的是跟大公司一样的事情，那叫商人。

比如，做互联网项目是我最擅长的，但是我兴奋不起来，因为我做了很多年的互联网项目，我还是希望做一些自己没做过的事情，把自己的人生再重复一遍也没有意义。

第六节　去除噪声

小米的成长史在中国IT界是一个"现象级"的事情，所以引来的关注度也非常高。从被捧杀到被棒杀，小米的好与坏都被放大数倍。

从小米开始销售手机，我们就被扣上"饥饿营销""忽悠"等帽子。2013—2014年小米手机业务节节攀升，并成为中国手机市场份额最高的厂商时，又有很多声音一味地夸赞小米，夸到我们都觉得不好意思。这两年，唱衰小米的声音此起彼伏，好像骂小米已经成为"政治正确"的事情。

被捧杀

两年前，我们遇到过很长一段时间被别人捧上天的经历。那时候很多人吹捧小米，甚至把小米的方法论"圣经化"，到处传播、学习。

主要有两类人在这样做：第一类是贩卖小米的人，市场上有一些人靠贩卖小米方法论赚钱，他们到处授课、游说，拿着小米的案例去当顾问，甚至帮我们总结一些所谓的方法论，好像在向创业者推销灵丹妙药一样；第二类是想学习小米的人，小米成长得很快，很多创业者以为学习了小米的方法论就可以成功，所以一味推崇小米经验、小米模式。这些人的内心是懒惰的，甚至愿意相信创业是有现成的方法论可以照搬的。

事实上，小米有一些思考的方式，有一些基本原则，但这些不足以成为别人可以照搬的方法，更没有一整套方法论可以贩卖。没有一家公司的成功可以复制，小米是"打"出来的，不是按照成功学理论"画"出来的。

小米生态链经过三年时间，在行业里已经成为比较领先的生态系统，我们平时要接待很多前来学习的公司。我们都会非常真诚地交流，我们没有必胜宝典，只是把打仗中获得的心得和故事与大家分享。跟这本书一样，不是方法论，只是一部战地笔记。

被棒杀

说完吹捧小米的，再来说说"米黑"。

小米内部对被黑其实已经比较淡定，我们理解，因为小米是这几年的行业热点，所以无论是好的方面还是坏的方面，都在无形中被放大。其他公司也经常遇到这样的问题。比如苹果公司，在2016年增长放缓，市场份额下降，库克作为乔布斯的接班人，在这一年里扛了不少"雷"。

再举一个有趣的例子，联想在2016年也是被骂得很惨，仿佛不踩上两脚就跟不上时代。而华为在这一年几乎被捧到天上去。其实，无论联想昨天的成就，还是华为今天的辉煌，都是中国企业的骄傲。失去理性地一味批评、棒杀，无助于企业的发展，把问题分析到位并提出建设性意见，才是"中国真声音"。同理，一味地神化、吹捧华为，也一定不是华为想要听到的，真正挖掘到华为成功的经验并分享给中国企业，才是有价值的声音。

"米黑"大致有以下几种情况。

比如，很多传统领域，二三十年没有发生变化。因为过去30年是物质稀缺的时代，厂商生产什么都会有人买，并不太愁销路。这导致很多制造行业的制造水平多年停滞不前，它们在自己的舒适区里停滞了很久。而小米就像一条鲇鱼，进入一个行业搅乱一个行业，让它们无法再躺在舒适区里睡觉。其实现在的技术，完全有能力提升制造能力，但就是因为很舒适，它们并不主动变革。小米成了"革命分子"，副作用就是到处闯祸、到处树敌，招来巨大的骂名。

再比如，消费者走进线下门店买手机，经常会听到导购说小米手机不好。为什么这么多导购说小米手机不好呢？因为小米以前不走线下渠道，没有直营店、没有加盟店，更没有自己的导购员。线下做得好的手机厂商的代理和门店在全国有几十万家。我们粗略算过，这些主流手机厂商有二十几万名导购员，遍布全国。想一想，二十几万人的导购大军，他们要推销自家的手机，一定会说别家的手机不好，小米是躺枪最多的一家。这是我们的销售模式导致的，我们在线下的声音太弱。

当然，也有一些"米黑"是真的很懂产品的消费者。不可否认，小米生态链的产品线很长，总销售量大。"米黑"针对产品挑刺，是我们最为重视的声音，绝对不会作为噪声而被排除掉。他们对产品功能、产品设计及服务方面的各种"刁难"，我们都会尽力全盘接受。

优先级处理用户反馈

在这一节里，我们谈了很多小米受到的"噪声污染"，而小米生态链的故事并不多。因为小米生态链并不太为外界所了解，我们听到的噪声，无论好的还是坏的，都不多。最多的一方面主要来自用户对产品的评价。所有对产品的评价，我们都作为最优先级处理，仔细分析、认真对待。

1MORE最早做小米活塞耳机时，因为考虑到小米手机都是安卓系统，因此耳机线控也是为安卓系统而设计的。然而也有苹果用户会买活塞耳机，用过之后跑到网上"抱怨"："为什么耳机线控在苹果手机上用不了？"

"用户有需求，而我们却还没做到，说明我们在规划产品的时候考虑不够全面，"谢冠宏这样想的，也是这样传达给团队的，"做一个苹果和安卓手机用户都能用的线控！"负责电子技术的工程师们、负责手机兼容性测试的品管团队和厂商夜以继日，终于把这项智能技术研发出来了。大家兴奋之余，也给团队增加了一项工作内容，一有新手机上市就要拿来与耳机做兼容性测试。

测试工程师说："我们自己麻烦点儿没关系，方便用户使用才是最终目的。"之后，1MORE推出的耳机基本上都延续这一特性，可以说，它是因用户产生反馈而造福用户的，但假如一开始并没有重视用户的"抱怨"，1MORE或许就与这项技术失之交臂了。

1MORE还遇到过这样一件事情，有一名消费者找客服投诉，说自己的耳机放在洗衣机里洗完之后坏掉了，令客服哭笑不得：耳机放在洗衣机里洗过当然会坏掉。但这名消费者的意见提醒了公司CEO谢冠宏，他不仅让品管团队在耳机测试中增加了洗衣机测试，还模拟用户的实际使用场景来"历练"耳机。比如，在耳机表面涂抹汗液、饮料、化妆品、洗涤用品等60多种生活液体，确保整机外观结构的耐腐蚀性和耐久度。在1MORE看来，这些来自用户反馈、看似魔鬼般的细节，不仅可以提升耳机的品质、解决用户的难题，也有可能促发产品创新。

再比如，山寨产品让小米移动电源背了很多黑锅。很多人买到的是山寨的移动电源，不好用，就在网上各种吐槽，这个问题我们根本解释不清。山寨移动电源还发生过几次安全问题，都被媒体放大了。出事的时候，媒体纷纷报道。等我们调查完，确认这个产品是山寨的，媒体就没有兴趣报道了，这事就不了了之。

有一次，香港的一位用户使用移动电源时出了问题，联系我们的客服，我们非常重视，由5个人组成工作小组，专程飞到香港。到了那里一看，产品是假的。然后我们跟他讲为什么这个产品是假的，并拆开给他看，告诉他如何辨认。后来他也认可这是假的。临走的时候，我们不可能让他给我们报销差旅费吧？不仅如此，他是信任小米的品牌才买的移动电源，也是小米的忠实用户，我们又送给他一个真的移动电源及其他一些纪念品，他非常感动。这件事开始时被媒体大肆报道，却没有媒体关心事情的真实结局。所以，外界能听到的声音是"小米移动电源爆炸了"，而听不到"那是一个山寨的移动电源"。

认清自己，坚定内心

从2015年开始，小米手机业务受到挑战，外界各种唱衰小米的声音越来越多。对我们来讲，要做的是去除噪声，找到真正的原因，分析挑战是如何形成的，如何摆脱现状，而不要被外界唱衰的声音扰乱阵脚。

2015年，三星退出高端产品市场，华为成功补位，其市场地位迅速蹿升。而我们缺失高端产品，错失了这个良机。OPPO、VIVO线下渠道对三、四线城市的覆盖能力确实很强，三、四线城市消费群体的崛起正是它们市场爆发的根本原因。小米线下渠道从零开始建设，还需要很长的时间去弥补。这些是外部因素。

内部原因是2016年上半年，供应链不顺畅，导致新机型跟不上销售需求。市场竞争非常激烈，消费者本来可能想买小米5，但我们的生产步伐未能跟上，市场上有那么多可选的品牌，很多消费者不会拿着钱等小米生产出来，于是购买目标转移到其他品牌上，这令我们失去不少机会。

所谓不被噪声影响，就是遇到困难不要慌张，要看清事物的本质，找到真正原因，不被舆论误导，同时也要有相应的应对措施。比如，因为2016年上半年供应链的问题，雷总亲自抓供应链问题，产能问题到年中已经有了很大的改善。我们线下营销比较弱，在2016年全面调整营销策略，并请来三位明星一起为红米代言。

讲真

小米与亚马逊很相似

谢冠宏　1MORE创始人

我看问题喜欢看趋势，而不是只关注眼下利益。虽然外界有很多质疑的声音，但我对小米的未来充满信心，这个信心来自小米与亚马逊的相似之处。亚马逊并不鼓励投资者购买自己的股票，因为亚马逊的发展以长期盈利为目标，总是在持续投入当中，所以每季度的财务报表都不好看。世界在变，市场在变，技术在变，流行趋势在变，用户行为在变，那么什么是长期不变的价值？答案是"用户价值"。企业长期围绕用户价值去投资，是最有眼光的投资。亚马逊就是这样的公司。

小米模式的核心是效率，把通路做到最短，把品质做到最好，并且给客户一个惊喜的价格。这个模式的核心就是提升用户价值。所以我相信未来10年甚至20年，这个模式一定是有效的。

而且我接触到小米的人，他们一点儿也不傲慢，一直在自我检讨，一直在寻求改变。这样的公司，一定会成功。

"米粉"和"米黑"把声音放大了很多倍，一路走来，我们学会了一个特殊的本事：去除噪声。我们必须要学会"去除噪声"，我们要辨别哪些声音是对的，我们应该听取；哪些声音是噪声，完全不必理会。其实不止小米，所有公司都处于发展进程中，都要学会"去除噪声"，不被噪声干扰自己的战略。

第七节　一场精密的战争

商战是一场精密的战争。竞争包括团队、品牌、产品、供应链、渠道、用户、资本、社会影响力等多个维度。每个维度都关系到整场战争的成败。小米发展生态链的这几年，打的就是一场多维度的战役，每个维度要高度配合，缺少任何一个维度，都有可能造成整场战争的溃败。

第一个维度是团队。雷总认为找到顶尖人才最重要，在他的思维逻辑中，一个出色的工程师发挥的能量比100个普通工程师更高。聪明的人在一起做事，分歧很少，因为大家都抓事物的本质，不会在细枝末节上纠缠。聪明人懂得相互信任，团队协同作战，如果不能充分信任，仗是没法打的。这里面要特别强调一点，很多领导招人时都愿意招能力不如自己的，但在小米绝对不是，我们愿意招各个领域全球顶级的人才。

第二个维度是品牌。我们觉得互联网时代企业不是追求品牌大，品牌响亮，而是要追求品牌"温度"。品牌要有个性，与用户之间可以沟通、互动，让用户时常可以感知得到。小米就是一个让用户深度参与的品牌。

第三个维度是产品。其实，任何一家公司想要成功，必须要有好的产品，找最优秀的人才也是为了做出最好的产品。我们说一家公司从0到1的创业过程就是做出一款好产品的过程。做出了好产品，1之后就可以加很多个0。但没有好的产品，没有前面的这个1，后面有再多的0，最终也还是0。

第四个维度是供应链。小企业总是感觉对供应链没有话语权，受供应商摆布，大企业又总是压榨供应链。这两种都不是最好的状态。企业与供应商之间应该是博弈的关系，中间需要达到一种平衡。这种平衡使得双方的效率都达到最高。这一点在后面供应链一章我们会更详细地阐述。

第五个维度是渠道。企业与渠道之间也是博弈的关系。没有互联网的时候，国美和苏宁这类大的销售平台对厂商的挤压很严重，我们听到过无数家电企业抱怨，那是个渠道强权的时代。但有了电商之后，各电商之间争先抢夺资源，线上与线下也争抢资源。同时，企业与渠道之间的博弈也变得更微妙，比如京东众筹平台与在上面发起众筹的企业在博弈，天猫与各个品牌旗舰店也在博弈。有时候是渠道强势，有时候是品牌强势。小米创业初期，以线上渠道销售为主，就是出于效率的考虑。现在我们布局线下门店，也要以效率为第一要素，模式不同于传统的线下门店。

第六个维度是用户。传统企业可能有几千万甚至上亿的用户，但那些用户没有任何价值。我们跟一个传统大家电企业合作过，他们说自己的数据库里有1亿多用户的信息。打开数据库一看，里面只有电话号码和家庭住址，没有邮箱，没有微信号，绝大多数电话号码都是座机号码，甚至相当一部分是6位数字的老座机号码。现在有价值的用户群需具备几个要素：一是海量的，二是持久的，三是活跃的，四是可画像的，五是可持续消费的。

第七个维度是资本。资本对于企业成长最大的贡献是加快扩张速度。以前企业要发展需要慢慢积累，积累到一定程度才能扩张。现在，资本可以帮助企业先扩张，不必为了资金错过最好的时机。德哥常说，在决策过程中，所有用钱能解决的问题，迅速用钱解决掉，因为花钱干一件事的成本是最低的。拿到钱的途径有很多，找投资人或是银行，但品牌、用户、好的产品等等，都不会有人给你，而且用钱也买不来。用资本换时间，把融到的钱尽快花掉，在极短的窗口期保证你的企业跑到平流层上去。

第八个维度是社会影响力。这也是势能的一个重要方面。比如今天的华为和其创始人任正非，社会影响力就足够大，华为积蓄了30年的势能正在爆发。再比如，苹果的影响力已经形成，它发布智能手表的时候，全世界都在追随，虽然后来事实证明智能手表的产品定义并不完美，但以苹果的影响力依然可以畅销很长一段时间。换个角度想想，如果同一时期，小米做了个一模一样的手表，向全世界宣布：智能手表的时代到来了，用户一定不会认同。从社会影响力这个维度看，我们还需要时间。

我们在每个维度都追求效率提升，所有环节密切配合，在保证产品品质的前提下，把成本降到最低（见图3-1）。其实，我们一些产品的售价，对很多厂商来说连成本价都不够，就是因为我们将各个维度的效率都做到最高。这一点跟碧桂园很像，它的房子的售价一定比万科的成本价还低。在本书的后半部分，我们讲产品定义、产品设计和供应链的时候，相信你们也能感觉到我们力争在每个环节做到"精密"。

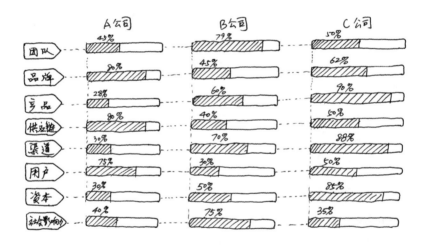

图3-1 企业的多维度竞争

第八节　回归商业本质——效率

公司之间的竞争就是一场精密的战争，有多个维度，核心是什么？

我们觉得这场精密战争的核心就是效率。每个维度、每个环节都必须追求效率最大化，这是商业的本质，也是小米创业的初心。

"效率"这个词让我们最容易联想到执行力。事实上，效率可以体现在每一个维度上。

小米创业初期，外界看到的是小米以成本价销售手机。大家纷纷研究小米模式，给小米贴标签，说小米是把免费模式从软件带到硬件领域，说小米硬件不赚钱，软件和服务赚钱。由此，业界也展开了对硬件免费的各种探讨与尝试。很多公司都被小米的表面误导了。

其实大家只看到了表面现象，没看到本质。大家是否考虑过一个问题：小米的售价为什么比很多厂商的成本价都低？本质只在于两个字——效率，效率隐藏于每个细节当中。我们通过对每个环节的改造或创新，把效率做到最高。

从雷总到每个小米生态链公司的高管，对于这两个字都有着深刻的认识。青米公司的联合创始人林海英有一句话非常精辟："企业是提高社会效率的组织，企业是否优秀不在于是否比别的企业赢利更多，而在于是否比别的企业效率高。"

效率存在于每个细节当中，从产品的研发到运营，到生产制造，到营销，再到售后服务，只要用心，每个环节都可以提升效率。

比如，产品定义、产品规划阶段就会关系到效率。我们定义产品时有如下几条原则：满足80%的用户80%的需求，在保持合理性的同时尽量极简，等等，这里面处处都跟效率有关。这些原则的细节，我们会在下一章详细讲述。

　　例如，在小米和小米生态链的发展中，有一个重要因素就是资本。资本也是提升效率的重要手段。所以我们看到，今天的公司都在做金融投资。小米也一样，涉足银行、支付、众筹等多个业务领域，目的之一就是用资本手段提升生态链公司的效率。

　　再比如，严控产品品质，也是效率的一种体现。

　　1MORE在耳机品质把控方面投入很大，严苛、专业的检测体系确保每部耳机需要经过超过至少700项测试才能出厂。耳机这种看似常见的东西，却是要放进耳朵里、与人体亲密接触的，为了确保安全环保，1MORE与全球领先的测试和认证机构瑞士SGS合作，对整部耳机的所有部位进行检测，并且不少检测都直接做RoHS、REACH等欧盟检测。一方面提升品质水平，良品率大大高于国内行业标准；另一方面，产品如需海外销售，也省却了被欧美国家驳回再检测的时间。1MORE耳机销售量已经超过3 300万部，但整个公司只有8个客服人员来应对所有售后问题，同时他们的业务内容还增加了一项新任务：引导用户重复购买，为销售引流。这个例子告诉我们，前期的较大投入和过程中的严格把控可提升整体效率。

　　现在，小米在大力拓展线下渠道，人们会问：你不是说互联网渠道能提升效率吗？为什么还要做线下门店？

　　线下门店是销售硬件产品必然要走的一条路。只是小米在做线下门店时，首要考虑的也是效率，小米对线下门店有非常详尽的规划与计算，保证平效最高。小米一家250平方米左右的门店，年流水额基本可以过亿元。对比一下，传统家电卖场4 000平方米的店面，一年的流水额一般是四五千万元。当今全球平效较高的门店是苹果的，其次是做首饰的Tiffany（蒂芙尼）的。目前小米之家的平效介于这两者之间。我们还在通过门店数量、品牌效应、店面陈设等方面努力提升平效。

讲 真

不傲慢，也会提高效率

刘德　小米联合创始人、小米生态链负责人

小米生态链上的产品越来越多，也引起了各方的注意。来自沃尔玛全球的一个买手团队来到小米，希望生态链产品可以进入沃尔玛全球的体系当中。双方合作的进展现在暂且不方便透露，但那一次的见面对我触动极大。

沃尔玛全球的买手团队在别人眼里是掌握着无数产品和企业生杀大权的一批人，应该不太好对付吧？其实不然。他们身上有三个特质：一是极为专业，二是极为敬业，三是一点儿也不傲慢，反而极具亲和力。

我问他们，为什么在你们身上看不`到傲慢。他们的回答是："傲慢会降低效率。"这个答案让我感到震撼，小米是一个在每个环节都要追求效率的公司，但似乎也没有考虑到连员工态度都会关乎效率。

第四章

自动生成的未来

　　谁又能预知未来万物互联时代，商业发展的态势到底是什么样的，没人能准确判断。所以小米布局生态链，让生态链自我更新、淘汰、进化，自动生成未来。

　　小米最初发展生态链公司是因为看到了物联网的风口期，希望用一种新的方式组建一支舰队，在互联网时代以舰队的形式成为IoT市场中的一个大玩家。谁又能预知未来万物互联时代，商业发展的态势到底是什么样的，没人能准确判断。在这种状态下，生态链布局的好处在于，可以通过生态链的自我更新、淘汰、进化，自动形成未来的良好局面。

　　这正是所有公司都在布局生态链的原因：生态系统可以自动生成企业的未来。

　　我们砥砺三年，对智能硬件、物联网及电商的变化趋势逐步有了深刻的认识，特别是对于生态链的理解。在这一章，我们将把奔跑过程中对IoT发展的感悟，以及针对未来发现的一些端倪，悉数分享给大家。

第一节 可以闭着眼睛选择的品牌电商

中国电商发展的路径，最早是源自自由市场式的电商，即淘宝模式。后来发展起来的是百货市场式电商，以京东为代表。下一代将会是品牌电商，就是小米这种模式，林斌总称之为：精品电商。

学习Costco的精品策略和无印良品的品质

2015年吴晓波老师的一篇文章《到日本买个马桶盖》创造了20万以上的阅读量，这还不包含转载和由此引发的大讨论。这场讨论更多地指向消费升级，在供给侧改革的同时要提升产品品质。这或许需要一场类似于日本20世纪60～90年代的家电业大变革式的运动。

关于产品的品类设定，雷总很喜欢讲Costco的故事。

Costco是美国的会员制连锁超市，店面通常建在非繁华地段，装修简单，省去了所有不必要的成本。在选品上，每个品类只有两三个品牌，不过所有商品老板都亲自用过，绝对确保上架的产品是有品质的东西。也就是说，Costco已经帮你筛选过，同类商品里性价比最高的、最适合的才会最终出现在Costco的货架上。

由于库存量少，单品销量巨大，Costco可以从厂商处拿到最低的价格。随后任何商品价格只加1%～14%的利润，最高也不会超过14%。在Costco创办后的20多年里，董事会从来没有批准过任何一个商品价格的毛利率超过14%。要知道，全世界零售之王沃尔玛一向是以高效率、低成本著称，但沃尔玛的毛利率都是在22%～23%。

Costco主要服务于美国的中产阶级，其老板的愿望是：属于美国中产阶级的这5 000万人，他们口袋里一半的钱应该花在Costco，要把他们变成Costco的忠实粉丝。换个角度想，中产阶级走进Costco不存在选择恐惧症，因为这里每个品类可选的品牌不多，并且所有商品的品质都是用Costco的信用做背书，而且一定是最便宜的。需要什么，伸手拿走便是，无须货比三家。

这也是我们想达到的理想状态：用户可以绝对信任米家这一品牌，只要是米家的，一定是好用的、有品质的、性价比高的。为了把品质和价格的优势再放大，小米比Costco的平台模式更进了一步，即"前店后厂"模式，所有商品自己生产。

在Costco模式之后，雷总又仔细研究了日本的无印良品，并提出小米要做"科技界的无印良品"。其实我们跟无印良品的产品品类不太一样，它更偏生活化，而小米更偏科技化。之所以有"无印良品"的提法，就是因为其产品品质。

电饭煲、LED灯、床垫、电动车、无人机、扫地机器人——小米生态链上的新产品在2016年鱼贯而出，小米商城上的品类也越来越多，覆盖范围越来越广。这样的一个电商平台会消除你的选择恐惧症吗？品牌电商的目的就是：你不需要选择，闭着眼睛拿吧，全是好东西。

而做到这一步，需要消费者对品牌形成很强的信任感，这是米家追求的目标。这种信任不是一两年可以形成的，我们要用五年甚至十年时间建立这种信任，塑造一个值得用户信任的品牌。

严格把控，荣辱与共

外界也常有人问我们，为什么不把小米平台的资源更大地开放，除了生态链公司的产品，其他的好产品不能到小米商城上卖吗？甚至有人指责我们的生态链太封闭了。

其实这是我们的一种选择。如果放开，小米商城的销售规模可能会更大，更偏向一个百货店的方向。但是那样也会失去小米的特色，因为我们要确保每款产品都是最好的，每款产品的性价比都是最高的，这需要严格控制产品品质，用我们的高效把成本降低。所以，初期我们只能选择小米生态链公司的产品。

我们初期相对封闭，就是为了产品品质可控。生态链公司的产品必须完全符合小米的标准，才能放到小米商城上去销售。我们希望用户在我们商城选购产品时，不需要考虑，只要有需求，直接下单就好了，保证从小米商城上买到的产品是最佳选择。

因为小米商城有海量用户，售出的任何产品都会被拿到"显微镜"下观察，所以我们对产品品质的把控必须非常谨慎。如果平台完全放开，我们目前的能力不够，就没有办法完全控制所有产品的品质。其实现在很多电商平台都有这个困扰，它很难控制上游厂商产品的品质，而且由于渠道混乱，时常会出现假货。

其实，即使是生态链公司的产品，以我们目前的能力，偶尔也会出现疏漏。比如润米公司曾经生产过一批抓绒服，为了同时达到外观好看、里面保温的效果，采用了一种全新的材质。这种材质我们并不熟悉，于是就送到专业机构去做相关检测，结果显示材质完全符合国家各项标准。于是，抓绒服上线了。

雷总经常会亲自体验每一件米家产品，这次也不例外。他穿着这件"新技术"的抓绒服，参加了一场"米粉家宴"。这里插一句，"米粉家宴"是把一些资深米粉请到小米公司来，请他们来参观小米，并与高管和员工一起交流，给小米提建议。家宴设在小米的食堂，非常原汁原味，这是小米极具特色的市场活动。

那天雷总穿着抓绒服来和资深米粉们见面，聊到高兴处他把外衣脱了，没想到抓绒服里面掉毛，他的衬衫被粘上了一层红色的毛。雷总很尴尬，这是小米生态链的产品，怎么会出现这样的问题？米粉们每人身上也穿着一件，那一次，他感到非常不满意。当然，以他的性格，他不会发火，但我们还是感受到了他的不满意，这次事件给小米生态链的品控团队敲响了警钟。从那时起，我们对品控的程序重新进行了调整。

即使流程再完备，也难以防范人为的错误出现。我们所有的产品在正式量产前，样品都要经过严格的质检程序，然后封样。但是，小蚁运动相机的第一代产品在我们质检的时候没有出现任何问题，也完成了封样，可产品上市后还是出现了问题。怎么回事呢？小蚁运动相机在量产后，团队发现机身侧面有两个插孔，其中一个插孔凸出位置稍高一点，导致橡胶盖无法严丝合缝地盖上，会微微翘起。小蚁团队发现了这个问题，但并没有告知我们，而是命令工人用刀把侧面的凸起削掉。他们居然手工完成了这道工序，然后包装完就进行销售了，我们对此毫不知情。

商品上市后，明显的手工切口引来大量用户投诉，成为小米生态链上一次非常严重的事故。那一次的代价是惨重的，因为你要补救的不是一款产品，而是用户对我们的信任。当然，出现那次事故之后，又促使我们进一步改善工作流程，并且更加珍惜我们的品牌。

"大家都在一条船上，荣辱与共。生态链的模式是非常先进的，但生态链会不会出问题？我认为，连续出现的品质事故将会是生态链最大的隐患。"龙旗杜军红认为，米家的品牌是靠一个个高品质产品换来的，需要所有生态链公司共同去加分，而不能每家都去透支、减分。"品质是这条大船的生命线，任何时候、任何情况下都不能忽略，即使我们要保持低利润的状态。"

姜兆宁说得更为直接：生态链这种模式，最怕的就是猪一样的队友。

做品牌，时间是无法回避的维度

如何帮助小米守住用户的这份信任与依赖？这需要倒逼模式，逆境决策。哪怕一个产品出问题，对小米来说都是系统性的灾难。要在快速奔跑中，时刻准备叫停。在小米生态链上，这种事真不少。

2016年6月2日，由紫米公司设计的一款插在移动电源上的蚊香，原计划在小米众筹平台上进行众筹，这个项目却在6月1日被张峰叫停。因为在内测阶段，有两个电蚊香出现外壳开裂的情况。研发团队没日没夜地找原因，直到6月1日才找到罪魁祸首：电蚊香的内壳与外壳采用了不同的材料，内部材料热膨胀比较明显，但恰巧外壳用的材料是热收缩比较明显。其实在测试期间开裂的比例很低，有的员工主张可以进行众筹，不影响产品的整体使用效果。但张峰认为："宁可错杀一千，也不放过一个。"因为这个产品卖出去，一旦有问题，会影响用户对小米生态链产品的整体评价。

果断停掉众筹活动，意味着这款电蚊香有可能错过2016年的夏天。当然，由于材料改造的行动迅速，电蚊香还是在仲夏时节面市，赶上了"半个"销售季节。

在扫地机器人的生产过程中，有一个批次的机器在注塑时出现了点儿问题，这有可能导致产品在使用中发出噪声。经过反复测试，我们发现只有在潮湿的地面上，刮条与地面摩擦才会发出嗒嗒声，而且这一情况只出现在北方，南方同样的湿度下并不会出现这种情况。虽然评估中发现出现噪声的概率很低，但我们还是坚持把这一批次的5 000台全部返工。

Yeelight创始人姜兆宁为了把控产品质量，专门请来了海信的顶级品控专家，把Yeelight产品的品质水平提升到全新的高度。"我们现在的退货率低于千分之三，这在消费电子领域绝对是一个梦幻数字。"

飞米的无人机，为了达到工业设计的要求，废掉了两套模具，每套的成本都高达几百万元，严苛的要求最终导致产品延迟一年才面市。

小米及其生态链公司对于产品的品质要求都非常苛刻。一个品牌的建立需要很长的时间，我们需要一直谨小慎微地对待每一个产品，让产品慢慢在用户中形成一种认知。我们不需要打广告，不需要拿着喇叭喊："我们的产品就是高品质。"比谁嗓门大没有用。

与德国的高端车相比，日本的高端车还是有差距，其实并不是技术上的差距，而是时间和积淀方面。做品牌，时间是无法回避的维度。我们只要坚持我们做产品的那份信念，不要着急，不要把自己搞乱了。10年，15年，也许更长时间，米家品牌一定会深入中国消费者的潜意识中去。

从自由市场式电商演进到百货商店式电商，电子商务的发展其实已经取得了很大的进步，后者是通过多品类来实现大规模销售，但是品类越多，把控商品质量的挑战也就越大，而品牌电商的出现则是下一个趋势。

作为品牌电商，我们的品类并不会很多，但单品的销售量大，总销售规模就会很大。如果以销售额计算，小米已经是仅次于阿里巴巴、京东的中国第三大电商平台。

在小米品牌电商的口碑逐渐建立起来之后，为了丰富米粉的选品，我们会逐渐开放品类。我们将精选一些新的品类纳入小米电商平台。我们选择的标准有两条：一是品质足够好，二是非暴利。未来随着一些精选品类的进驻，也将与小米生态链公司产品形成竞争态势，这也会鞭策生态链公司，使其不能停留在今天的成果簿上睡大觉。

讲 真

小米会不会崩盘？

刘德　小米科技联合创始人、小米生态链负责人

我们讲讲小米会不会崩盘，我有时候连做梦都在想小米会不会崩盘。

我们有77家公司，我经常被人问，你们这个模式是挺不错的，但是怎么管理啊？也有无数人提醒我说，各个公司利益不一样，所以很容易崩盘。

我的逻辑是，这个团队有先进的技术，有一流的商业模式，我要给它投资，最重要的是价值观要一致，要看是否认同小米的价值观。寻找价值观一致的公司，使我们的管理成本很低。从这个逻辑来讲，理论上我们不会崩盘。

其实最有可能崩盘的是什么呢？是出现重大的质量问题，并且连续出现在不同的公司，瞬间形成负面效应，那将是一个灾难性的后果。

如果没有这个层面的问题，崩盘的可能性很小，几乎为零。因为要获得成功，无非是这几件事：第一有很强的团队，第二做了非常好的产品，第三有渠道卖，第四顺利回笼资金，第五保持持续研发。

我们这几件事都是封闭的，所以基本不会崩盘。

第二节　智能家居是个伪命题

智能家居的概念在国内炒作多年，这两年，我们发现，到目前为止，智能家居还是个伪命题。那么，智能家居时代到底能否到来？

直接推智能家居系统，不实际

杨华于十年前创业，当时他曾给苹果做过MiFi（便携式宽带无线装置），例如用手机控制灯、控制窗帘，属于智能家居范畴。在这个过程中，他发现了国内智能家居市场的巨大潜力，于是几年前带着团队开始开发一款名为"菜煲"的产品。

通信技术专业出身，曾供职于摩托罗拉公司，又跟着苹果公司探索了一段时间智能家居领域，杨华脑子里的菜煲更像一款3C产品，而不是家电。这是一款有"玩性"的电饭煲，可以互动，还能衍生出很多的应用：电饭煲有一个传感器，当有人接近的时候，屏幕会亮起来，闪过几条小广告，如果用户不喜欢可以轻点一下关掉广告；用户在手机或是平板电脑上可以下载一个App，不会做的菜可以按照App上的提示一步一步完成。菜品出锅后，你可以瞬间把劳动成果晒到网上，接受别人的点赞，当然，也可以看看别人都做了什么菜，明天也"复制"一份。

这款菜煲的背后是互联网云家电系统，系统会知道你做了什么菜、在跟哪些人互动、你住在什么区域、你的饮食偏好。

2013年，杨华拿着开发出来的菜煲以及整套的互联网云家电系统方案，去向美苏九（家电行业通常将美的、苏泊尔、九阳简称为美苏九）推销，告诉它们未来的家电前景将是什么样的。然而，花费了不少口舌和时间后，杨华最终无功而返。原因有三：

第一，传统家电企业认为这个菜煲太超前了，吃不透、拿不准；

第二，传统企业有着很好的利润空间，有惯性，害怕改变；

第三，传统企业都想自己做一套完整的系统，而不是嫁接在别人的信息系统上。

后来，市场上也有一些可以通过手机Wi-Fi控制的电饭煲，但没有"玩性"，只是实现了最初级的手机遥控功能，没有背后支撑的那个云管端系统。而杨华面临的困境在于自己绞尽脑汁地让产品有了"玩性"，但就是没有大玩家愿意陪他一起玩。

小米找到杨华谈合作的时候，杨华的团队正在考虑菜煲转型的问题。传统家电企业的合作很难突破，大家都想自己做。苹果、谷歌这样的平台机会越来越大，它们很容易就能连接起所有的终端和应用。而杨华的菜煲恰好卡在中间，没有传统家电企业愿意跟他合作。如果团队继续自己玩，那只能是在一个很小的市场里。杨华越发意识到平台的重要性，与小米的"结合"也就顺理成章了。

与苹果合作多年，又在菜煲上尝试了很久，杨华悟出一个道理：智能家居是个伪命题！

杨华认为，因为没有商业通道能够直接做成智能家居。极少有家庭在装修的时候就考虑系统性地为自己搭建出一套智能家居系统。更切合实际的做法是将一个又一个的白电实现智能化，让一个又一个智能化的产品逐步走入家庭，把它们通过云端连接起来，或许有一天你会发现突然间家里就实现了智能化，但是这个前提是云管端的水到渠成。

所以，在与小米合作电饭煲项目之后，杨华将研发重心放回好产品本身。但在米家电饭煲最终发布的时候，名称是压力IH（间接加热）电饭煲，并没有加上"智能"二字。因为我们知道，智能是未来，当下只需要给用户一口好锅。

米家电饭煲上有一个"大脑"，包括两个基本软件：一是操作系统，用来实现控制；二是即时通信软件，用来实现交互。而后台则是强大的小米云平台。当我们将更多的好产品"卖"到用户家里，智能化自然而然就来了。

没有互联互通就没有人工智能

作为小米生态链智能家居总经理，高自光本人是一个极客，喜欢各种智能产品，曾在小米商城上向几十万网友直播了他家里所有的智能产品，吸引了几十万粉丝。在推进智能家居的过程中，他发现智能家居的实现并不那么容易。现在市场上很多智能家电都只是增加一个Wi-Fi模块，让硬件可以连接网络，但上网的体验并不一定好，很多是伪智能，用户的联网率和使用率都不高。

智能家电为什么是个伪命题？

第一，回归产品本质。无论是空调还是净化器，智能不是产品本身最重要的，解决本质问题才是最重要的。现在很多产品核心功能做得不好，然后贴个智能标签来卖高价。

第二，现阶段无法做到真正的智能。很多科幻大片里的场景，三五年内还是难以实现的。人工智能的准确度不够，还处于模糊智能阶段。智能家居，如果不能精准知道客户到底要什么，就无法提供相应的服务。比如，主人一进家门，是否要开空调？如果进来的是年轻人，可能愿意开空调，如果进来的是家里的老人，可能就不愿意开空调。现阶段还没有很好的精准决策依据来控制设备。

第三，现在每个家庭里有十几种或是几十种不同品牌的电子产品、家用电器，这些产品的标准都是不统一的，无法连接。如果这些产品之间不能"通话"，就无法实现真正的智能。这里存在一个物联网的标准问题。现在各公司都在做自己的系统，并且很多都是封闭的，互不连通。家里如果购买了不同品牌的电器，是无法进行"对话"的。小米的物联网操作系统MIoT，将我们所有的智能硬件相连接，形成一张立体的物联网。我们还要努力争取更多的公司接入我们的操作系统，我们开放接口，接入的产品越多，用户获得的好处越明显。

物联网分为上下半场

经过几年的实践，我们认为物联网分为两个阶段。

第一个是连接，所有设备都是互联互通的，都可以用手机来控制。这是物联网的上半场，也是我们的生态链这三年重点在做的事情。

第二个是智能化，即AI（人工智能）阶段，这将是物联网的下半场。当所有设备连接之后，将收集到海量大数据，通过大数据分析，设备越来越清楚你的使用习惯，也越来越知道如何精准响应你发出的指令，在你毫不知情的情况下，为你提供的服务也越来越贴心。

过去三年，我们已经解决了连接的问题，净水器是联网的，水壶是联网的，手环是联网的，你只要打开手机上"米家"这个App，就可以控制家里所有的小米设备，指挥机器人扫地，调节灯光的颜色，让米饭焖得时间更长一些。

未来三五年，一切都将变得更智能化，电饭煲知道你的口味，每天焖出来的饭软硬合适，机器人已经熟悉你家的布局，自动设计出更高效的清扫路线。

所以，我们有足够的耐心，先做好一个热水壶、一个体重秤、一个超过日本制造水平的电饭煲、一个售价只有几十元的智能手环。真正的物联网，就是从一个节点到一个节点做起，连接到一定的数量级，在大数据的基础上，人工智能自然而然就来了。米家坚持两件事，一是做高品质的产品，二是物与物之间建立连接，未来一定能创造自己独特的价值。

在走到物联网第二个阶段的过程中，我们已经有了很多实践经验，并且已经有海量产品进入用户家里，这也算是我们的一点儿先发优势。

讲 真

小米生态链之外的世界还很冰冷

夏勇峰　小米生态链产品总监

我们觉得到现在为止，智能硬件可以算取得了成功的公司，全球只有三家——中国一家、美国两家。中国的是大疆，美国的是GoPro（美国运动相机厂商）和Fitbit（美国旧金山一家新兴公司）。当然，它们的情况也在不断变化。

跟真正的所谓浪潮相比，智能硬件浪潮根本就没到来。

第一，智能硬件产业成熟度不够。回看视频网站创业热潮，当时它的很多基础已经成熟，比如95%以上的用户用的是windows操作系统，很多东西都已经标准化，从语言到人才。创业者只需要想明白，要创造什么样的内容，然后怎么送达用户。但现在不管从哪个方面看，智能硬件的产业成熟度都远远不够。

第二，做硬件的人才，大部分没有办法直接复用。比如要做一个手机游戏，招聘到一些iOS（由美国苹果公司开发的操作系统）和安卓系统的工程师，后来这个游戏停了，公司可以改做工具软件。这些游戏的工程师马上就能转到新项目上，人才复用度是很高的。但是在硬件方面，真是"术业有专攻，隔行如隔山"，很难轻易转换到其他领域。

第三，硬件成本高，门槛也高。在互联网浪潮中，做软件的要存活下去其实很容易，在寒冬的时候只需要找到一点点稻草，就可以熬过去。但是做硬件不行，动辄得花个1 000万元，最后可能什么都没做出来。

　　所以基于这三点，我们到现在做这件事情还是很困难的。智能硬件的浪潮没有到来，我们必须认清在小米生态链体系之外，整个世界现在是很冰冷的。我们冷静地看到这一点，可能接下来的路就会走得踏实一点儿。

第三节　遥控器电商

电商演进的规律是什么？物联网时代，电商会不会出现新的模式？

我们说过，互联网分为三个阶段，第一个阶段是传统互联网，第二个阶段是移动互联网，第三个阶段是物联网。

时空关系被打破

传统互联网解决了空间的问题，无论你身处上海或北京、美国或日本，都可以"天涯若比邻"，一起下棋，一起打游戏。想一想，这是不是打穿了空间轴？

移动互联网时代，人们解决了时间轴的问题，无论是在餐桌边、公交车上，还是坐在马桶上，都可以拿出手机来上网，没有时间的局限性。

那么，在移动互联网时代，所有问题都要基于时空关系被打破这个概念去思考。

举个例子，如果在互联网时代，今天德哥见到雷总，觉得雷总的衬衫不错。德哥问：你这个衬衫穿上很有型啊，在哪里买的？雷总说：在凡客买的。德哥说：太好了，等我回家也买一件。事实上，等他回到家，消费的热情已被消耗掉了，这件事很可能就过去了。

如果是在移动互联网时代，今天德哥见到雷总，觉得雷总的衬衫不错。德哥问：你这个衬衫穿上很有型啊，在哪里买的？雷总说：在凡客买的。德哥说：太好了，给我发一下链接。于是，两人掏出手机，雷总把链接发给德哥，德哥打开一看，除了白色，还有黑色也很好看，于是下单，两个颜色各买一件。

移动互联网让人类得以解放，一旦时空被打破，可以给商业提供巨大的空间。所以我们看到，与传统互联网时代相比，移动互联网时代能创造更大的价值。

智能硬件成为精准电商渠道

移动互联网时代，全球有十几亿手机联网，但到了IoT时代，全球会有几百亿、几千亿的设备联网，带来的商业机会也会远远大于移动互联网阶段。从电商的角度考虑，移动互联网解决了时空问题，让人们随时随地可以购买，那么物联网阶段又会如何演化呢？

再来看一个例子，因为空气污染严重，你买了一台小米空气净化器，看到自己家里的PM2.5（细颗粒物）值每天都被控制在很低的数值。过几个月，它的滤芯需要更换了，手机里的App就会提醒你，你点一下就可以下单，第二天滤芯就送到了（见图4-1）。又过了几天，App提醒你，空气净化器发现室内太干燥了，询问你要不要买一台加湿器？如果你有需要，就点一下，第二天加湿器就送到你家了。你开始使用加湿器，家里空气变得干净又湿润，非常舒服。过几天，这个加湿器发现，你加的水有问题，就会主动询问你，你家自来水的水质不好，你是不是要买一台净水器？你以前从来没发现自己家里的水有问题，当你知道这个问题存在，你一定想买一台净水器，解决饮水安全问题，那么点一下，第二天净水器就送到你家里了。

让我们看看79元的小米手环未来还能帮助我们实现些什么？

手环每天佩戴，会产生极强的用户黏性。手环记录了你的运动情况、睡眠质量、心跳频率等信息。综合这些信息，手环有可能比你更懂你的身体状况，能够预知你潜在的健康风险。这个手环可能就是一个人体身份标识。如果一出生就开始戴手环，你可以记录下其一生的与身体相关的数据。再看远一些，小米的云端可以通过大数据分析，为你提供健康方案，提醒你休息、督促你健身，也可以向你推荐适合你的食品和用品。你只要在App里轻点两下，就可以买到最适合你的商品，或是定制一套健身方案。

手环和净化器有三个共性：离你更近，使用频率高，比你更了解你的需求。

智能硬件是人与需求的连接点，通过这个点，大数据可以上传到云端。连入的人和物越多，大数据的价值就越大。通过这些智能硬件，小米不仅可以定向销售商品，而且可以向你"推销"服务。此时，智能硬件就变成了一个精准渠道。

图4-1　小米空气净化器的滤芯提醒和一键式购买

比你更懂你的电商模式

小米有上百种爆款产品，小品类硬件产品的销量是几十万件，大品类的销量则轻松过千万件。大大小小加在一起的海量终端设备，将两亿小米活跃用户交织在一起。此时，基于物联网时代的电商、个性化服务、一系列新商业模式将会慢慢浮出水面。

这将是人类历史上一个巨大的转折点。德哥发现，随着移动互联网向物联网时代迈进，电商又面临新的革命。电商演进的路径是：自由市场式电商—百货商场式电商—品牌电商—遥控器电商。

电商的模式绝不会停留在现阶段，我们相信：离人近的打败离人远的，高频次的打败低频次的，主动的打败被动的。

什么是遥控器电商？想一想家里的各类家电遥控器，你每天都在使用，它离你最近，你的使用频率最高，它非常了解你的使用习惯。

未来符合以下三个特点的电商将颠覆现有电商模式：第一是离你最近的电商平台，第二是使用频率极高的电商平台，第三是比你更懂你、变被动消费为主动消费的平台。从这三点看，像不像遥控器的特点？当然，将来手环、电饭煲、净化器、LED灯等一切智能家电都有可能成为一个精准渠道。

将来这个世界上的商品会分为两类，一类是需要用户个性化挑选的，比如衣服、鞋子，用户一定会挑选款式、颜色、材质；第二类是生活耗材，这一类消费其实占消费者日常消费总量的比例非常高。消费者对于生活耗材的选择一般都有固定的品牌，几乎不需要挑选，比如牙膏、毛巾、大米、空气滤芯等等。在现有的米家App上，我们就在"个人中心"新增了"生活耗材"。我们认为未来遥控器电商将是所有的生活耗材的主要销售渠道。

什么样的公司可以成为遥控器电商？它能够做成这件事必须具备四个

基础，缺一不可：

1. 硬件公司；

2. 软件公司；

3. 互联网公司；

4. 电商公司。

遥控器电商将是物联网时代的基本电商模式，是一种新的商业渠道。这是我们做了三年智能家居产品发现的。今天人们还看不懂它，但就像早期的淘宝网，谁会知道它后来发展成什么样？我们虽然不敢确保我们的判断百分之百正确，但要知道历史的道路往往都是走出来的，不是判断出来的。

我们在做智能家居的过程中发现了这个趋势，并坚信自己的判断，所以我们从各个维度推进这个模式的转化。我们相信它并努力推动，慢慢大家也会相信，那时候，未来就到了！

遥控器电商不需要做推广，卖硬件就是拓展用户，拓展渠道。根据遥控器电商的特点，这个平台的复购率很高，用户黏性极强。米家App在没有做任何推广活动的情况下，2015年的流水已经达到3亿元。2016年实现了10亿元营收。遥控器电商的含金量是不是更高呢？

第四节　公司的属性决定了公司的高度

米家诞生之后，小米的物联网战略已经开始全面升级。

公司定位不同，想象空间有别

投资纯米，难道我们只想做一个卖电饭煲的公司吗？当然不是。基于我们对物联网发展进程的认知，我们投的绝不是一家电饭煲公司那么简单。

米家发布压力IH电饭煲时，并没有强调"智能"二字，国内所有媒体的关注点都放在与日本电饭煲的对比上，国外有媒体却注意到这是一款智能电饭煲，载文指出它承载着小米生态链更多的"野心"。

公司的定位决定了公司的高度和远度。同样是卖一口锅，可以卖出很多层次来，纯米一直在对消费者强调它卖的是一口好锅，但它卖的真的只是一口锅吗？如果只是一口锅，会有多大的前景呢？投资人会认可吗？

如果纯米只是一家电饭煲厂商，那么它的所有收入和利润都来自电饭煲，就跟传统家电企业一样，只能靠提高销售量获取利润。但在锅之外，如果没有可想象的空间，投资人一定不会欣赏这样的创业团队。

如果纯米定位为一家科技公司，从日本找来全球电饭煲顶级专利技术发明者，做出一个IH压力电饭煲，解决了铸铁技术及铸铁表面的附着技术难题，又解决了IH的问题，搞定了压力调节阀。这时候，你再看，纯米就具有很强的高科技公司的属性，而高科技是制造业的制高点，纯米的定位已经是一家科技公司。

　　但一家科技公司只有技术现在已经不够了。纯米给电饭煲增加了一个"大脑"，这个电饭煲可以联网，与其他设备相联，用户可以在App里找到菜谱，可以在网上社区里交流，也可以用手机操控电饭煲。这时候，即使我们卖的是一口锅，我们也可以说纯米是互联网公司。

　　联网之后，电饭煲还可以记录你的使用习惯并数据化。它可以知道你每天几点做饭、你喜欢吃什么米、你喜欢米饭硬一些还是软一些、你住在哪个地区、这个地区的人通常吃什么米……卖出去几百万个电饭煲之后，纯米就是一家大数据公司了。它不仅知道一个消费者的使用习惯，还知道消费者的整体分布情况、集体偏好、米的消耗量、地区的水质等数据。这些数据不仅可以用于分析个人行为，还可以分析群体行为。这时候，纯米就是一家大数据公司了，这家公司的想象空间就非常大。

　　假设纯米的产品非常好，卖出了1 000万个电饭煲，或者2 000万个，这时候大数据就会发生奇妙的作用。1 000万个用户怎么使用电饭煲，他们喜欢吃什么米。App里可以通过竞价排名卖大米，同样还可以销售其他相关产品。久而久之，通过数据分析出每个用户最喜欢用哪个牌子的产品，就可以实现精准推送，而不是等着用户来挑选。被动购买就变成了主动购买。电饭煲具备了精准渠道的属性，演进到遥控器电商模式，进入物联网时代。

　　怎么定义产品及公司决定了公司的高度，以及能走多远。纯米的定义阶梯如图4-2所示。

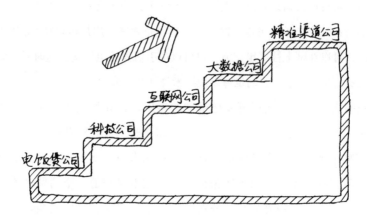

图4-2　电饭煲公司定位的五大阶梯

从点状布局到打开潘多拉魔盒

万物互联的本质是连接，人与物、物与物，还有云和网络，交织在一起。回到2013年年底，雷总最初想做小米生态链就是看到了万物互联时代的到来，必须要抢占市场先机。如今，小米生态链孵化了几十家公司、上百个产品，一款又一款爆品，完成了小米点状布局的使命。

这些点状的布局是小米摊在赌桌上的牌，如果将这些牌重新排列组合，会产生魔法般的效果。就像德哥所说，三年前开始投资生态链，当时并没有清晰的思路。回头来看，可谓由此打开了潘多拉魔盒，小米手机的战略意义如今已经实现，这是用两三年的时间差为整个小米生态圈建造了一条稳固的护城河。

小米生态圈疯狂扩张，边打仗边扩张，硬件、软件、互联网、电商，全都齐了。从点到面的连接帮助小米在万物互联时代结出了一张网。尽管小米还不具备垄断性的优势，但趋势已经显露。

小米有这样几张牌：小米手机、电视、路由器三大类，MIUI操作系统，云服务，游戏中心，小米金融，小米电商，小米智能硬件生态，小米互联网内容生态，还有刚刚面市的小米芯片。

业内有这样一种判断，在互联网时代，一种新模式的红利期只有三五年。红利期结束之时便是下一轮颠覆到来之日。小米手机抢跑五年，手机的红利期已经结束，手机的先锋性不再明显。手机是移动互联网必争之地，现在整个产业正处于从移动互联网向万物互联过渡的混沌期，基于物联网的新一轮颠覆即将发生。小米用手机抢出来的时间，做了物联网时代的初步布局，遥控器电商已经粗具规模。

如果把这些牌连起来看，小米已经初步具备垄断的属性，但还没有取得垄断性的市场地位。高市场占有率、高流量、高覆盖品类已经构筑了壁垒。

讲 真

什么样的公司能够成为市值千亿美元的公司？

刘德　小米联合创始人、生态链负责人

1. 在本领域具有垄断性优势且这一优势不容易被动摇，比如谷歌、苹果、腾讯、阿里都具备这样的垄断性优势。

2. 做事要有先锋性。小米做生态链是先锋，下一步做遥控器电商也是先锋。

3. 要了解人性。只有了解人性，才能找到真正的大市场。

第五节　自动生成的未来版图

生态链模式是创业的共享经济

物联网时代是互联网发展的第三个阶段。我们研究事物总是要看其本质，互联网公司的本质是什么？有如下三点。

第一点是免费原则。当然，免费不是完全不要钱，而是指达到最高的性价比。在互联网第一阶段，因为都是软件，边际成本很低，通过完全免费来吸引海量用户，然后会有很多的变现模式。所以在互联网第一阶段，对个人用户完全免费是可以实现的。但到了移动互联网时代，由于O2O的发展，线上线下开始连接，很多实际发生的成本是随着用户数增加而倍增的，完全免费不太可能。到物联网时代，硬件的免费更加难以实现。

其实在小米横空出世之后，以极高的性价比在业界引起了激烈的关于硬件免费的讨论。我们有两个重量级的友商，都提出了"硬件免费"的理论。显然，大家被小米的表面误导了。也有业界大佬开始反思"硬件免费"理论的错误之处。

小米从一开始就没有说过硬件免费，我们只是提倡最高性价比的产品。互联网免费是为了迅速地在最大的范围内吸引用户，我们做性价比最高的产品也是这个目的。从产品来说，将来一定是高性价比的产品战胜高利润的产品。

第二点是长尾理论。所谓长尾理论就是我们并不指望在今天的商业行为中马上见到利润。小米做手机利润很低，但可以聚拢庞大的用户群，用户群的进一步消费可以转化为我们互联网或是软件的收益，小费模式也可以带来部分收入。我们在选投资对象的时候，"不赚快钱"也是出于这点考虑，我们本质上是互联网公司，采用的商业模式就要遵循互联网的商业规律。

第三点是共享经济。传统企业是创始人本领强，也愿意吃苦，组建一个团队，把一件事干好，十年、二十年就有可能成为一家中等规模的企业。但互联网模式最有趣的地方是足够开放，不需要什么都从头开始。积木式创新①就是共享经济的一种体现。

其实小米生态链的投资、孵化就是一种典型的共享经济的应用。创业团队从零开始，通过共享小米的资源，他们只需要专注于做好产品，不需要考虑供应商、渠道、设计、市场等等，我们可以为他们提供帮助，甚至在创业初期，他们都不必考虑品牌，只要他们的产品足够好、价格足够低，我们就允许它贴上小米的品牌标签。等创业团队做大了，成为大公司，又可以成为小米未来的资源。共享经济的本质就是互为放大器，1+1的结果可以远大于3。

我们这样做的好处是，通过对100个团队投资，锻炼出100支能打仗的队伍，这100支队伍对市场的影响力就足够大。其实回头看商业发展史，未来都不是判断出来的，是实践出来的。这100支队伍在一线，他们非常敏锐，战斗力也很强。说不定，他们就会成为中国商业进程的缔造者。

未来不是规划出来的，是生长出来的

一个公司当下再成功，也要考虑关于未来发展的问题。其实我们在市场上看到过很多昙花一现的公司，今天的成功与明天没有必然关系。这时候就体现出竹林效应的优势了。

以前，公司都在谈战略，谈五年规划、十年目标。而我们在奔跑中发

---

① 积木式创新是指在创新的过程中，不同要素如积木般组合在一起的方式。

现，很多以往的管理、营销、市场原理正在逐渐失效。世界的变化越来越快，引发变化的因素也越来越多，比如技术、资本、颠覆式创新的模式等等。更何况，还有着各种各样的突发情况，比如英国脱欧了，对很多国家、很多公司都会产生影响。

我们的做法是，从来不做五年战略，做完一年再计划下一年，基本就是这样的节奏。然后把未来有可能的点都做好投资。

2013年年底，我们开始打造小米生态链，雷总的初衷很简单：我们要把硬件产品用接近成本价的方式销售，架构一个万物互联的平台，然后在上面做增值服务。增值服务是什么内容并不重要，按照互联网的基本原理，只要能够聚集海量用户，就能够有无数变现的途径。

我们在第一章讲过，小米生态链投资有三大圈层，也许依然会有人感觉我们的投资是无序的，但其实我们设定投资圈层就是要解决公司未来的不确定性问题。我们相信，几乎没有哪家公司对未来的预测是完全准确的，那么你的投资布局就应该在有一定关联性、延续性的基础上，做一些发散。

再高明的智囊团也不可能制定一个完美的战略，谁知道电动自行车一定有未来？智能电饭煲一定有吗？还是扫地机器人一定有未来？如果一家公司只押宝一个未来，那就等于没有未来。

小米做法的好处就是把未来有可能的点都投上了，都有了布局。100个点都投上，10年期间起起落落，可能有的公司没了，有的公司做大了，反正小米都投上了。

没有人能绝对精准地判断未来，但可以相对准确地捕捉未来的方向。我们在对未来趋势进行基本判断的基础上，尽量多布点。就像我们最初设想的，投资100家公司，进入不同的领域。未来10年，我们投资的公司未必会全都取得成功，可能有的倒闭了，有的做大了，有的合并了。最后如果有二三十家公司成功，对于小米的未来都是一种保障。

在业界有一种共识：产品型公司值十亿美元，平台型公司值百亿美元，生态型公司值千亿美元。

在互联网时代，几乎每家公司都在说生态，到底什么才算得上是真的生态？

自然生态具备三个特征：

一是独立的生命体多；

二是生命体之间互相依赖；

三是自我繁衍。

简单来讲就是共生、互生、再生的逻辑。

在小米生态链上，初期新生命体分享小米的红利，这就是我们讲的孵化阶段；中期是互相依赖、互相增值，也就是我们讲的互为放大器阶段；最后是不断创造新的价值，通过繁衍和进化，形成新的生命体。无论环境怎么变，适者生存、优胜劣汰的法则不会变，生态中自然还会有更先进的物种存活下来。

这就又回到了我们前面所说的竹林效应。竹林的根系非常发达，每根竹子生长得都非常快，但生命周期并不会很长。任何产品单独的生命周期都不会很长，三星、HTC都是很典型的例子，苹果手机的时间稍长一些，但也开始出现分化。小米手机也毫无例外地进入了徘徊期。但小米不怕，我们有发达的根系、有充足的营养，可以不断地冒出新的竹笋，迭代出新的产品，这个生态可以自我完成新陈代谢。

小米这种布局方式在互联网时代成为可能，也被大家普遍采用。看BAT的投资版图，现在也未必能看清楚其意图，而它们投资的公司将来未必都会成功，但这也是投资未来的一种方式。

我们不敢说小米的未来是什么样的，但我们希望通过这样的方式，自动生成小米未来的版图。

下 篇

产品篇

引言

生态链的成功取决于两点：一是模式先进，二是做出一个个强大的产品。在本书的上篇，我们讲了小米生态链的模式；下篇，我们重点来讲如何做出一个好产品。

为什么好产品如此重要？

对于任何一家公司，从0到1都是最难的过程，好产品就是那个1。有了好产品，营销、品牌、渠道都是1后面的若干个0。但如果没有1，有多少个0都没有用。

传统企业推出新产品时，为了让消费者迅速地知道这个产品，首先想到的就是铺天盖地打广告，电视广告、路牌广告、互联网广告一起进行轮番轰炸，总能"打"到消费者。我们称之为"喇叭式营销"，就是比谁钱多、谁嗓门大。

互联网时代，消费者对产品的选择越来越理性，喇叭式营销虽然覆盖范围很大，但真正能被打动的人并不一定很多。口碑传播和病毒式营销是互联网时代的传播特点，那么如果产品本身不是非常优秀，就无法形成口碑效应，更谈不上病毒式传播。

在互联网、移动互联网高度发达的今天，作为在互联网发展早期就活跃着的80后、90后消费者可以轻易地货比三家，对不同厂家的产品的各种指标了如指掌。80后、90后消费者不同于上一代人，他们用过很多好东西，对于什么是好产品有着天生的敏感，对产品有自己的理解，对品质有很高的标准，不会轻易被喇叭式营销忽悠。

如果产品不怎么好、品质还不过硬，即便大打广告也没有用。想想单靠广告去营销，你可能能忽悠几千人、几万人，但要忽悠几百万人、几千万人，是完全没可能的。消费者能轻而易举地看到其他用户对产品的评价。

一切不以好产品为基础的营销都是耍花招。

在这样的情形下，各种营销噱头、各种所谓的理念包装，很难打动这个时代的消费者。烧钱、做广告也不再那么有效。

在信息对称的时代，唯有好产品，才能立得住、站得久。所以我们说，在互联网时代，制造出好产品是一切的起点，也是最好的营销方式。要实现海量销售，只能靠产品的品质赢得好口碑。事实上，之所以如此强调品质的重要性，并不仅仅是一种理念和追求，更是商业最本源的逻辑，如果产品本身不过硬，要达到几百万、几千万的销量只能是天方夜谭。

在这个时代，与其在营销上费尽心思，不如把精力用于研究如何解决用户最大的痛点、满足他们最紧迫的需求。只有踏踏实实把产品做好，才有机会迈出成功的第一步。

在小米公司创立之初，雷总做了个"极限测试"，就是不告诉外界小米是他创办的公司，砍掉一切营销费用，不做广告，完全依靠MIUI操作系统本身去吸引用户。在手机推出之前，MIUI依靠其良好的体验与快速的迭代已经累积了50万初期用户。有了这50万用户，就有了希望小米做手机的呼声，小米手机的推出就成了顺理成章的事。

我们强调产品的重要性，不是说营销没有价值，而是说要先把产品做好，不要急于营销，好产品是成功的基础。先有产品和用户，然后才有品牌，这和先有品牌，再有用户和产品，是完全不同的两条道路。

第五章

做产品，摸准时代的脉搏

去到那，比蓝还蓝的海。

怎样才能做一家大公司？我们认为，大公司都是时代的产物。

在过去30年里，中国有三个领域可以赚到百亿元以上：第一个领域是房地产，第二个领域是能源，第三个领域就是互联网。创业的团队如果不是进入这三个领域，那么无论你怎样努力，团队如何齐心，赚到百亿元以上的机会仍很渺茫。

所以，我们常说：做小公司靠努力，做大公司靠运气。这个运气就是有没有摸准时代的脉搏。

做小米生态链的两年，我们更倾向于从金字塔尖思考问题，因为金字塔尖的问题反而更本质、更清晰，金字塔底部的问题则是细碎又烦琐的，反而容易令人迷惑。

一个好的产品经理如何从金字塔尖思考？从上往下看，首先，要理解一个时代的主旋律，理解消费的变化趋势；其次，看清产业的现状和问题；最后，具体到产品端，要做高品质的产品。

在动手做产品前，先要把大的基调定下来。如果我们能把大方向选对，只要你往前跑，中间遇到的问题就都是小问题，都是可以解决的。如果大方向没看准就开始猛跑，迟早会出问题。

所以下篇的第一个话题，先讲一讲我们看到的消费变化趋势，以及其中酝酿的巨大的市场机遇。

第一节　未来十年是大消费的十年

今天的创业者非常幸运，遇到了一个时代的拐点。

从稀缺到丰富

从今天往回看，过去30年，身处物质稀缺环境中，老百姓并不知道什么是好产品。在那个年代，牛仔裤、蛤蟆镜、蝙蝠衫等新生事物都会在社会上引起轩然大波。60后、70后都还记得当初家中第一次买录音机、第一次买电视机的情景，那会是值得街坊邻居们跑来围观的大事。

中国社会在这30年以制造业的大发展解决了稀缺性的问题，实现了从无到有的转变。

如今，中国的稀缺性问题已经基本解决，一个时代的拐点到来了：今天的我们，基本物质需求都已经得到满足，大制造具备生产几代人都无法消耗完的产品的能力，信息的快速流通也让我们可以知晓全球好的产品是什么样的。与物质丰富相匹配的是整个社会的精神、价值观、视野也都变得丰富起来。

我们认为，未来10年中国社会的主旋律将是消费。所有和个人消费、家庭消费相关的领域都会有巨大的发展机会，甚至与精神消费相关的领域也有巨大的潜力。

大消费时代的到来

谈到时代性，我们可以延伸一下，谈一谈民族性。讲到我们的民族性，很多人的意识里会出现"中华民族是一个勤俭节约的民族"。其实不然。

应该说勤俭节约是我们倡导的一种美德，但把视野拉长一些，跨越过往千年的历史，中华民族一直都是一个大消费的民族。我们回顾时会发现，每个和平盛世都是大消费时代，甚至几乎是奢靡的。同时，中国古代不仅追求物质消费，精神消费也非常讲究。举个例子，中国古代对器物雕琢的精细程度实际上是远超绝大多数国家的，这背后也代表着我们本质上是一个消费的民族。

但为什么我们的父辈看起来似乎并非如此？因为他们是成长在稀缺年代的一代人，在他们身上体现出来的消费状态其实是我们历史长河中的"特例"。当我们的民族恢复到一个常态后，比如80后、90后，在资源不匮乏的情况下长大的一代人，他们身上就能够体现出民族的消费性。

我们再来看全世界的消费趋势。其实很有意思，历史的进程总是惊人的相似，世界看上去非常复杂，但其实遵循着一些简单的经济规律。在社会的正常状态下，消费、追求更好的生活是各个民族的本性。

以美国为例，19世纪的美国社会仍推崇勤奋、节俭的清教徒文化。到20世纪初，美国的消费文化发生了颠覆性的转变。首先是少数富有阶层为显示社会地位而进行"炫耀性消费"，1920年后各阶层的"大众消费"崛起。短短几十年，美国从崇尚节俭的社会转变为追求生活品质的消费主义社会，其背后是经济繁荣、效率提升、城镇化进程加速、文化产业发展、金融服务优化等多种因素在共同发挥作用。

1. 经济繁荣、收入提高是美国消费崛起的根本，普通大众也分享了经济的繁荣。

2. 生产效率提高、商品价格下降使大众消费成为可能。生产效率提高增加了人们的闲暇时间，大众消费开始兴起。生产效率提高促使产品价格下降，曾经的奢侈品变身为普通家庭的必需品。

3. 城镇化进程加速、新中产阶级崛起为消费文化提供土壤。城镇化不仅改变了美国人口的地理分布，更重要的是改变了社会阶层构成、生活理念，为消费主义的形成提供了土壤。

4. 文化产业发展带动消费文化普及。新的消费方式、娱乐方式通过广告等媒介日益被美国大众接受。电影的普及是消费主义最初、最主要的传播途径。

5. 消费信贷刺激大众消费需求。商业银行、销售商涉水消费信贷业务后，对大众消费的刺激作用非常明显。钢琴、缝纫机、吸尘器、洗衣机等都是消费信贷发展的代表性商品，汽车是更具代表性的消费信贷类商品。

美国、日本、欧洲等国家和地区比我们更早进入了大消费时代，甚至有些国家已处于大消费的后期阶段。当下的中国也正是在经济繁荣、效率提升、城镇化进程加速、文化产业发展、金融服务优化等因素的促进下，逐步迈入大消费时代。

大消费时代的特点是：从炫耀性消费到轻奢主义的流行，从追求价格高到追求品质高，从购买商品向购买服务转变，从满足物质消费到满足精神消费的迁移。

我们千万不要排斥消费，消费不等同于浪费，消费本身是利国利民的。美国也好，日本也好，为什么经济危机的波动不会影响它的基本盘？就是因为它的基本盘有消费做支撑。

人口红利在消费中爆发

有一组对比数字：

美国平均每人每年用掉15条毛巾，中国平均每人每年用掉2条毛巾；

美国人使用电动牙刷的比例为42%，中国仅为5%；

美国人使用漱口水的比例为56%，中国为6%；

美国人使用牙线的比例为72%，中国为1%；

……

这里面有两个信号：第一，我们的大消费时代还没爆发，很多产品品类还没有被普及；第二，中国的人口是美国的*N*倍，每个被普及的产品都将有巨大的人口红利。

今天的中国市场最大的优势是什么？就是人口的红利。未来十年，人口红利最能成就的，就是消费领域的公司。

据IDG（美国国际数据集团）统计，2005—2010年，中国私人消费对GDP（国内生产总值）的增长贡献率仅为32%，而在2010—2015年，这个数据已经攀升至41%。阿里研究院还发布了一组数据，预计未来5年中国投资和净出口在GDP增长中的贡献占比还将继续减少，私人消费占比却将不断增长，达到48%。

《大西洋月刊》曾联合高盛全球投资研究所发布了一份2015年《中国消费者新消费阶层崛起》的报告。报告称：中国城市中产消费者的人数已经过亿，约有1.46亿，他们的人均年收入在11 733美元。这1亿中产消费者连同另外2.36亿的城市大众消费者都"不再只会花钱去置办基本用品"。

在中国，中产消费者和城市大众消费者的数量已经接近4亿，这个群体将成为消费升级的主力群体。假设一下，如果这4亿人，每人每年使用的毛巾从2条变为15条，这将是多大的增量市场呢？

此前二三十年，制造业享受了中国的人口红利，后来互联网的发展也享受了中国的人口红利。我们认为，下一个可以享受人口红利的机会是大消费时代的到来，各种高品质消费品的生产者将迎来历史性的机遇。

所以，今天小米生态链已经布局进入多个消费领域。在这个过程中我们也会听到各种质疑声：小米越来越像一个百货市场，变得不专注了。

　　我们内心很清楚，我们进入的每个领域都是由生态链公司去做，小米仍然只专注于手机、路由器和电视三条产品线，每个生态链公司则专注于自己的领域。我们不会偏离雷总总结的互联网七字诀：专注，极致，口碑，快！

　　说到底，这个世界也很简单，做任何事情都是看透宏观现象，把握微观本质。我们今天做事的逻辑就是，一定要把大的图景先看好，在时代的主旋律下做事，这样做成的概率就会大一些。反观来看，小米最初的快速崛起与踩准了手机的换代潮密不可分。布局生态链就是希望踩准大消费时代的潮流。

　　踩准时代的旋律，心无旁骛地做好产品。在时代的主旋律里，如果我们运气够好，没有做错误的决策，同时万分努力，赌上十几年、二十几年，也许我们就能做成一家大公司，成就一番大事业。

第二节　蚂蚁市场

　　未来10年，中国市场的主旋律是消费，接下来让我们看看，中国消费领域的产业现状是什么样的，这其中又有什么机会。

要么贵，要么差，不存在中间状态

　　2013年年底，小米和青米的林海峰一起做插线板。在做产业分析时，我们发现了一个很有趣的现象。当时插线板产业第一名的企业是公牛，它是一个民营企业，在中国市场占有率是30%；第二名是突破电器，但当时它的市场占有率甚至不到3%。这个结果令人惊讶，市场占有率第一名和第二名之间的差距竟然如此之大。

　　更让人惊讶的是，整个插线板市场没有第三名。什么意思？就是说剩余的市场份额都被数以万计的小公司、小品牌甚至是大量的小作坊瓜分掉了。

　　我们当时就意识到，这种市场状态太特殊了！

　　因为放眼全球，成熟的市场模式其实是这样的：一个领域有两三家巨头服务于80%的用户，然后有很多小公司专注做细分市场的20%。

　　但在中国，很多市场并不是这样。后来我们又研究了很多消费领域的市场来验证，发现在国内类似于插线板的产业状态是普遍存在的。比如内衣，中国内衣行业是个销售额2 000多亿元的大市场，但最大的三家厂商加起来的市场份额都占不到15%，剩下的份额被数以万计年销售额不到1亿元的小厂商瓜分。

　　这样的市场被比喻为蚂蚁市场。就是说整个市场就像一块巨大的蛋糕，被无数小厂商分食了，这些小厂商就像是蚂蚁。被蚂蚁分食的市场里没有大象，也就是没有绝对领先的大企业。

蚂蚁市场的特点是门槛低，低价竞争激烈，它非常容易出现两个极端分化现象。

第一，出现大量廉价的次品：这类产品门槛低，上手容易，所以许多小厂都在做，你便宜，我可以更便宜，牺牲品质也在所不惜。

第二，优质的产品价格过高：个别几家厂商的产品质量好一些，因为占的市场份额太小，为了保持赢利，只能让产品保持高毛利。

所以蚂蚁市场里的产品要么贵，要么差，不存在中间状态。

耳机市场也是典型的蚂蚁市场。全球市场一年售出耳机大约39亿部，其中有10多亿部是手机的标配，跟手机一起销售，而另外20多亿部都是质量很差的山寨耳机。在谢冠宏看来，耳机市场大得不得了："我有潜力去改变那个市场的现状，成为占有市场份额最大的一家。"

打破惯性，走出舒适区

在消费的巨大浪潮下，蚂蚁市场"要么贵，要么差"的产品现状使消费者没有好的选择，巨大的需求无从释放。以中国的人口红利，哪怕是很多人觉得不值一提的毛巾，都具有培养出一个优衣库的市场潜能。

然而，这种红利现在却被数以万计的做廉价次品的小厂切分掉。中国制造业大发展的这些年，消耗同样的资源，产出大量劣质的产品，使价廉与质次捆绑。一些落后的产品过剩，制造企业产量大却未必赚钱，更无力为提高品质而持续投资。这是一种无奈的恶性循环，也是产业的悲哀。

硬件产品的好坏向来都是整个上下游一体的事。所以进入蚂蚁市场，已经固化的供应链是一道难以迈过去的坎。我们想享受消费升级的人口红利并不容易。

但是今天，小米生态链公司已经打入多个蚂蚁市场，我们做了移动电源、插线板、毛巾、枕头等等。为什么这些产品都能获得很大的成功？

首先，小米发展的这几年，我们积累了用互联网的方式梳理产业的经验，这为我们优化渠道、优化供应链打下了基础。我们尝试了很多不同方式，去突破旧的思维模式，改变行业旧有的产业链条，并帮助这些行业升级制造水平。

蚂蚁市场大多是成熟的市场，这些市场保持旧有模式的时间都在十年甚至二十年以上，很多年都没有变革，大家都活在舒适区里。

青米团队进入插线板领域时，插线板内部的静电电路长度与结构设计普遍超过50厘米，结构设计很不紧凑，这样的模式二三十年不曾变动过。为什么没有改变？因为过去的模式可以实现插线板的基本功能，安全性通过了检验，整个产业上下游对此也很熟悉，生产这种结构的插线板又快又便宜。纵然结构上它不是最紧凑、最合理的，但是这个产业并没有推动自己变革的动力。

大家都待在自己的产业舒适区里，都觉得没有必要改变。当我们进入这个领域的时候，愿意跟我们一起尝试革新的制造商非常少。而对我们来说，要改变一种旧的模式，就意味着我们要付出更多，重新研发，进行上万次的测试，不断改变既有的认知。

第一代革新者做一款产品的时间，往往是跟进者的50倍。看到了再做和想到了去做，要花费的成本截然不同。然而一旦我们找到了更好的解决方案，整个行业就可以跟进了。也就是说，我们在传统行业蹚出了一条全新的道路。

青米的技术总工程师刘永潮感慨道，青米插线板的内部结构里（见图5-1），除了弹簧的螺丝不是我们自己开发的，其他所有的器件都在按照0.1

毫米误差的标准进行调整。

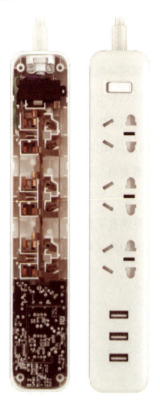

图5-1　小米插线板内部结构图

颠覆蚂蚁市场靠速度和规模

最后强调一点，颠覆蚂蚁市场，动作要快，短时间内扩大规模，才有机会吃到这个市场的红利。

传统的蚂蚁市场进入的门槛低，市场的特点是小而分散，企业往往很难在技术上积累优势。纵然我们今天有了创新，但对友商来讲，做这样的创新可能成本太高，他们不会主动去创新。不过，模仿这样的创新还是很容易的。

那么我们最终的核心竞争力在哪里？就是速度和规模。

用速度拉开距离，用规模降低成本、稳定供应链，用海量的销量和口碑获得品牌认可度。青米插线板一年卖出了几百万个，单一SKU（库存量单位）的销量在该领域更是史无前例。快速扩大规模就意味着上了"平流层"，从而拉开与"蚂蚁们"的距离。

硬件创业是件非常艰难的事。我们今天觉得自己足够幸运，蹚过了一些路，如果我们走过的路、思考过的事、付出的代价能为同行的人创造一点点价值，那么分享这件事就有了意义。

说到底，硬件创业的大浪潮尚未到来。我们期待与更多的人同行，共享红利的蛋糕。

讲 真

蚂蚁市场，让中国人太苦了

张峰　紫米创始人

小米生态链的硅胶枕头、床垫都卖得很好，为什么会这样？因为以前的用户太苦了。你们看市场上的硅胶枕头或是床垫，价格多贵呀！等生态链上的公司做了，我们就很清楚，你用最好的硅胶材料，真正的成本也就是这么低。

枕头、床垫市场也是典型的蚂蚁市场，这样的市场都能释放出巨大的空间，只要你做出足够好的产品。

南孚是中国电池市场的老大，它们的电池平均2.5元1节。我们现在采用的是全新的工艺，对生产线进行了改造，使用了很多先进的技术，防漏液和电池性能都比南孚要好很多。同时因为采用了新技术，改进了生产线，我们很好地控制了成本，我们的电池价格为0.99元1节。

中国每年大约有30亿节电池的总销量。如果我们不断推进，哪怕我们只占到30%的市场份额，1年下来，我们也能帮着我们的这些用户省下至少十几亿元。

第三节　品质消费

前面我们讲了两种趋势：未来十年是消费的十年，蚂蚁市场有着巨大的人口红利。这两种趋势叠加，我们就找到了产品的突破点——品质。

消费升级这个话题，相信大家今天并不陌生。很多人都认为消费升级是赚大钱的机会。但我们想说，消费升级的本质不是价格，而是品质。如果想把消费升级作为赚取暴利的机会，那么很可能就选错了道路。

海淘盛行透露消费新趋势

近些年海淘的盛行也都在透露重要的信号。第三方机构iiMedia（艾媒咨询）发布的《2016—2017中国跨境电商市场研究报告》显示，2016年中国跨境电商交易规模达到63 000亿元，是2013年的2倍多，海淘用户规模达到4 100万人次。艾媒咨询预计，2018年中国跨境电商交易规模将达到88 000亿元，海淘用户规模将达到7 400万人次。

为什么境外消费和海淘行为如此疯狂？显而易见的原因是国内外的价格差。不少商品是中国生产的，但价格在欧美比国内还低50%。产生这种价差的主要原因则是高税率、国内流通环节多导致成本高，以及国外品牌对华的高定价策略。

除了价格，引发境外购物潮的更为本质的原因是商品品质的差别。今天国人的眼光与要求已经提高，目前的国货已经无法满足国人对于高品质产品的要求。长期以来，国内消费者对国产品牌和产品不信任，多数人觉得国产品牌很低档、廉价、质量不够好。国产品牌和产品整体上跟不上中国消费者对产品品质的要求。

我们进一步分析一下近年来国人海外"爆买"的行为，假设你有机会打开他们的旅行箱看看，就会发现一些有趣的变化：奢侈品的比例减少，高品质、高性价比的日用消费品增多。

我们访谈了一些2016年去日本的朋友，发现大家对奢侈品的热情已经消退，却有三类东西很受欢迎：

第一类是各种化妆品和美容产品，有一些是国内并不知名的牌子，它们的共同点都是宣称成分天然、无添加；

第二类是日用产品，除了马桶盖还有各种保温杯及实用的小日用品；

第三类就是保健品。

这种购买产品类别的变化，又是一个值得我们关注的信号：品质消费的时代已经到来。

中产消费，而非中产阶级消费

在讲品质消费之前，我们先来看看另外两种消费类型：补缺消费和面子消费。

补缺消费解决的是从无到有的问题，类似于吃饱穿暖之类的问题，20世纪80年代的电视机、洗衣机、冰箱就属于此类。随着小康社会的到来，补缺消费已完成其历史使命。

面子消费则更加注重牌子，带点儿炫耀性色彩，一些消费者甚至走极端：只买贵的、不买对的，盲目购买国外的大品牌、奢侈品。面子消费一直都存在，是一种非理性消费。事实上，我们看到，消费者会通过各种渠道对比商品的质量和价格，对品牌的重视程度正在不断下降。

品质消费正好处于补缺消费和面子消费之间，是一个从有到优的过程，注重产品品质，但又不至于盲目崇拜大品牌和奢侈品。

日本的电饭煲也好、马桶盖也好，你仔细去拆、去琢磨的时候，发现产品真的做得很细致、考虑得也很周到。在品质上下功夫，的确有不少值得我们借鉴学习的地方。

我们不能低估消费者，他们对产品的品质具有很强的判断力，他们之所以从日本背回电饭煲、马桶盖，更多的是一种理性的选择。尤其是小米的用户，理工男占据最大的比例，他们对各种技术的理解力更强，不少人还会对商品的各种参数做细致的搜索比对，但对各品牌所谓高大上形象的塑造、各种情怀具有天生的免疫力。

消费升级本质就是要求今天的产品要足够好，解决从有到优的问题。

促进消费升级的一个被普遍认可的因素是中国中产阶级的崛起。那么，什么标准算是中产阶级？其实到今天仍没有一个定论。麦肯锡全球研究院的定义是，中国中产阶级是个人年收入在9万～36万元的群体；福布斯认为，个人年收入在1万～6万美元之间就算中产阶级；社会普遍意识里的中产阶级似乎应该有车、有房、有闲钱。划分的标准很多，根据不同标准计算的中国各阶层的数量就会存在差异。

衡量中产阶级的标准是拥有多少财富。但我们发现在中国有一个很有趣的现象：比如，一个刚建立的小家庭，夫妻都是上班族，两人加起来月入七八千元，按照社会意识的标准，可能达不到中产阶级的程度，但他们的消费能力非常强，完全具备了中产消费的能力。所以新一代的消费群体是物资并不匮乏的年代成长起来的消费群体，他们的消费习惯和理念与上一代人有所不同。他们可以做到"月光"，享受高品质的生活，收入也许不高，消费能力却很强。对于自己比较偏好的产品种类，愿意多花钱。

也许按收入划分阶层时，他们未必属于中产阶级，但在消费层面，他们已经具备了中产阶级的属性。这就是正在崛起的中产消费。

我们也要关注三、四、五线城市的消费群体，这是个数量庞大的用户群体。有了手机、有了移动互联网，其实他们获得的信息和一、二线城市几乎是完全相同的，无论对品牌还是产品，他们的认知水平接近一、二线城市，他们已经不能满足于山寨商品。三、四、五线城市没有这么多大型商场，大品牌也不愿意入驻小型商场，二、三线品牌对这些地方的用户来说越来越失去吸引力，他们会上网寻找自己心仪的品牌和高品质的商品。

还有一点要注意，我们提到中产消费，不能简单粗暴地认为是要将更贵的东西卖给所有人，中产消费不等于就是买贵的；通过提供更高品质的产品，进而提高大多数人的生活水平，增进用户的幸福感，这才是事情的本质。不要一味地考虑产品的利润、利润率，我们要换位思考，假设自己的口袋里没这么多钱，又想买到好东西，这时候会需要什么样的产品。

中产消费的特征是理性消费，每一分钱花得都超值，只为品质买单，为自己喜欢的产品买单，而不是盲目追随奢侈品。

所以，这个时代做产品，品质是最重要的标准。

中产阶级并不喜欢贵的产品

孙鹏　小米生态链产品总监

前一段时间有个内部讨论话题，有人问我们是要给中产阶级提供产品，还是面向低收入群体。其实问题背后是定价的问题，是把价格定得贵到只有中产阶级才能买得起，还是所有人都能买得起。

这既是一个好问题，又不完全是一个好问题。好的地方是提到了产品的定价对消费受众的影响，不好的地方是问题里面有个假设，把定价和受众收入水平的关系预设了，但是这个预设并不正确。

举一个大家都熟悉的例子，iPhone的定价是给中产阶级的吗？iPhone的定价确实偏高。iPhone的受众是中产阶级吗？其实并没有什么关系，是不是中产阶级是按照收入来定义的，但买不买iPhone是由消费者对手机的需求决定的。

再举一个例子，米家压力IH电饭煲。发布这个产品的时候，很多人都说价格高，说价格高的人里面有很多人用的是iPhone 6s。也就是说，这些人买得起5 000元的iPhone手机，却不舍得花1 000元买米家电饭煲。那这款电饭煲是定位给中产阶级的吗？其实并不是，我们统计发现很多用米家电饭煲的用户用的是红米手机。所以还是得出同样的结论：是否购买电饭煲是由消费者对于好吃的米饭的需求的强烈程度决定的。

几百块钱，甚至几千块钱的产品，从绝对收入上来说，几乎所有人都有能力购买，买不买就看是否认可这个产品的价值。

产品的价格由两个因素决定，一个是成本，另一个是用户的需求。成本决定了产品售价的下限，不能比这个低，不然厂商维持不下去。

用户的需求决定了价格的上限，很多产品在上市初期，市场上会出现涨价现象，就是因为用户的需求超出了产品的售价。而利润就是这两个因素之间的价格差。

如果你的产品购买者都是高收入的中产阶级，那只能说明一个问题，就是你的产品做得不够好，其价值没有被大众认可。如果你标榜自己的产品是为中产阶级设计的，从而给低销量找借口，那只是在欺骗自己而已。

比如曾经有一个做手环的公司，每个手环售价799元，我问这家公司的人，成本才100多元，为什么要卖这么贵，对方说是为了维持产品的高档次，防止人群泛化。其实是他自己知道产品不够好，即使卖低价，大众也不会接受，不如就卖贵一些，挣那些有钱人的钱，后来这款手环出现了很多质量问题，也证明了这个缘由。

所谓中产阶级，就是对生活有一定追求的人群，其收入水平可以满足自己的追求。这部分用户确实购买力强，但是并不是喜欢贵的产品，和所有消费者一样，大家都喜欢良心定价的产品。这样的产品不少，大多是国外的品牌，比如优衣库，比如宜家。无印良品在日本是这个定位，但是在中国定价好像不是良心价，价格一直在调整。

第六章

精准产品定义

方向错了，一切都没有意义。如果一个产品本身定义错了，那之后的努力都是徒劳。

创业大潮的兴起，激发出年轻人更多的创新热情，创新想法层出不穷。但我们也要看到创业失败率高的现状。创业成功率并不高，很多公司在融资到A轮、B轮后，还是会遇到各种各样的困难，难以为继。

无论是硬件项目，还是软件项目，创业失败的原因多种多样，在所有问题之中，有一个问题最可怕：方向性错误。

如果一个产品本身定义错了，出发时的方向选错了，那之后的努力都是徒劳。

和软件项目相比，硬件创业项目通常研发周期更长，投入更大，如各种模型、功能样机、模具，费用不菲。一旦方向出错，或者说产品定义不准，所有投入都可能打水漂，风险极大。

软件产品讲究的是小步快跑、快速迭代，硬件创业则无疑要做到"首战即决战"，争取一战取胜从而奠定公司的基本盘。如果不能一战而胜，投资者信心不足，极有可能造成资金链断裂的局面，也会导致团队士气低落。要做到一战而胜，精准的产品定义不可或缺。

那么，究竟什么样的产品定义才算精准呢？我们认为它包含以下几个方面：

第一，用户群精准；

第二，对用户群需求和人性的把握精准；

第三，功能设定精准；

第四，直指产业级痛点；

第五，品质把握精准；

第六，产品的定价精准；

第七，将公司的商业模式、战略精妙地寓于产品之中，是最高境界的精准。

如此广泛的产品定义，要如何做到定义精准呢？很简单，靠人。小米的产品经理在过去几年中一直在高密度地"打仗"，他们在各种产品研发中积累了丰富的经验。德哥有时会调侃我们，说经历这么高密度的硬件之仗，傻子都学会怎么打仗了。

是啊，小米生态链每年都要定义太多产品，这些产品并不都是成功的，也会有很多失败的例子。用户能看到的大多是经过层层选拔才敢放到市场上的产品，实际上有很多产品在定义阶段、设计阶段、生产阶段甚至内测阶段就被毙掉。我们最后筛选出来的产品定义都很精准，而在这个过程中我们付出了巨大的代价。

如今，我们很幸运，有一群中国硬件领域顶级聪明的产品经理，他们足够开放，又在高密度的作战中不断地总结着成功的经验和失败的教训。本章战地笔记就是我们"打仗"之中对产品定义领域的些许经验总结。

第一节　满足80%的用户80%的需求

我们说产品定义要精准，第一条就是精准地选择用户群体。这里需要注意的一点是，精准选择用户群体不能等同于选择细分的小众市场。事实上，无论是大众市场还是小众市场，你都可以精准地选择。

要做就做最大的市场

小米生态链一开始在定义产品时首选的是大众市场，这既和我们选择的产品类别有关，也与我们对整个时代发展的判断相关。

产品大体上可以分为两种，一种是标准化程度高、通用功能性强的产品，另一种是满足个性化需求、帮助人们彰显个体身份差异、强调情感化的产品。标准化程度高的、通用的功能性产品具有先天的效率优势，无疑更适合大市场，适合服务于大多数人。而小米生态链选择的产品品类恰恰都是这一类。

我们选择大市场的第二个理由是，消费升级是一个全民现象，所有人都在原先的生活条件基础上提升了生活品质，这就造就了一个庞大的、对高品质产品有强烈需求的市场。

第三个选择大市场的原因是互联网人口红利。正如我们之前的判断，互联网分为三个阶段，第一个是传统互联网阶段，第二个是移动互联网阶段，第三个是IoT阶段。我们看到，互联网大国都是人口大国，互联网是继制造业之后又一个可以享受人口红利的行业。毫无疑问，传统互联网享受了人口红利之后，移动互联网正在享受这个红利。接下来，IoT和智能硬件领域的人口红利刚刚开场。我们认为，这是一片比"蓝"还

"蓝"的海。

要做就做最大的市场，不是说小市场不好，而是因为如今的互联网时代让我们有机会去挑战大众市场，从大众市场分一杯羹出来，也给了我们机会去成就一家大公司。所以一定要做那些需求最广的大市场。

这就是我们的逻辑：认准趋势，找到大市场，和一众兄弟干一票大事，何其痛快淋漓！

另外，互联网作为一种思维方式，其实比较强调用低毛利甚至免费的产品迅速地获取海量用户，在海量用户的基础上，再做些高毛利的长尾产品。做大市场，获取海量用户，也是互联网思维的内在逻辑。

很多人都认为大市场肯定很难做，小市场则相对好做些。其实并非如此。从人才角度来讲，大众市场由于吸引了各色人等的进入，其实人才的平均水平反而更低，也就是说竞争反而没有想象中的激烈，只要你做得好一点儿，就能脱颖而出。而通常大家认为的小众市场中聚集了大量的极客和高手，人才的平均水平很高，你要切入这些市场反而难上加难。

聚焦刚需，反而简单

那么，到底什么是大市场？我们有一个简单的使用原则：80%—80%原则。也就是说，我们定义产品的时候，要着眼于80%的用户80%的需求。80%的用户指中国大多数的普通老百姓，80%的需求指相对集中、普遍的需求，即刚性需求。

消费者的需求的确是多样化、个性化的，是离散的，对于人性的把握似乎非常难。曾经有一个兄弟来问德哥，说通过做用户调研发现了几百个用户痛点，不知道怎么做选择。德哥说，其实很简单，当你用"80%的用户80%的需求"这条标准去筛选时，你会发现几百个痛点中能够留下来的就只有少数几个，一切就变得简单了。

举个例子，我们在定义华米的第一代手环时，有人希望待机时间久、有人追求外观时尚、有人希望屏幕亮、有人希望具备闹钟功能、有人希望做定制……需求数不胜数。但当我们运用80%—80%原则筛选后，其实刚需就陡然降为三个：计步、测睡眠、闹钟功能。所以在这样的指导原则下，我们定义产品的效率提高了，后续的研发工作也有了明确的目标。

在功能层面上，我们秉承的是宁减勿加。功能的增加，要考虑两点。

第一，它是否增加了不必要的成本。硬件每增加一个功能，都会直接体现在成本上，做大众市场，就不能让大众为小众的需求买单。

第二，即便在不增加成本的情况下，比如只在软件上增加了功能，我们也要考虑这会不会让用户的体验变得更复杂。如果不是刚需，又让用户感到复杂，我们绝不会增加这项功能。

绕开核心功能等于放弃大众市场

所谓"很特别"的功能往往不是"80%的用户80%的需求"。当创业公司绕开核心功能，专注于那些有噱头的功能时，从某种意义上也就放弃了大众市场的红利。

2012年，杨华的团队着力打造一款菜煲，这款菜煲以做菜为主，做饭为辅。这听起来很酷，毕竟市面上电饭煲很常见，但几乎没人见过电菜煲。杨华团队软硬件的开发能力都很强，早年曾为苹果公司做过很多款 HomeKit（苹果2014年发布的智能家居平台）产品。

这样一群人去做一款菜煲，无疑是一个听起来就很特别的事。实际上，他们做得也还不错：菜煲设计非常精致，众筹的1 000台很快售罄。他们创建了可以提供菜谱的App，至今仍有用户在上传菜谱。他们在那时候就研发了温度曲线，实时显示温度变化，他们甚至设计了人体感应功能，当有人靠近时，菜煲就可以自动激活屏幕，播放广告。可以说，他们为自己未来商业模式的拓展铺垫了很多，创造了很多可能性。

但是，当时菜煲这样的定义依然有它的尴尬之处。主要在于：你其实是把大众产品小众化了，在属性上把定义狭窄化了。这样的定义最大的问题是不符合大众认知，所以就会存在教育市场的成本，也因此不具备大规模生产的基础。规模生产对做硬件来讲非常重要，有了规模才能够真正降低成本，维系供应链，产生现金流，让团队能够继续研发和迭代产品。

还有一点，未来智能硬件商业模式延展的可能性也与有多少硬件铺到市场中密切相关。数量越多，商业延展的可能性越大。硬件是智能的触点，只有它铺设的范围足够广，与用户的接触足够近，智能才具备发展的可能性。

回首2013年，当时我们接触纯米团队的第一个问题就是，是否要放弃菜煲这样的小众产品，聚焦80%的用户80%的需求，做出一款焖饭功能强大的电饭煲。

非常幸运，在那个时间点，我们的理念得到了纯米老大杨华的认可，双方达成共识，于是才有了米家电饭煲这样口碑与销量的双高之作。

所以，在大众市场之中，不要回避核心需求。要坚定不移地解决80%的用户80%的需求。

第二节 守正方可出奇：回归产品核心功能

出奇制胜，容易走偏

说实话，在硬件领域，做大众产品的小公司真的很难。因为通常而言，大众产品领域汇聚了很多成熟的玩家，它们在资金、技术积淀、供应链资源领域都比小创业公司更具优势。

因此，我们常会看到，很多创业公司在选择做大众产品的时候都更倾向于走出奇制胜的路子，绕开主要的功能点，着力打造或添加一些自认为是噱头的卖点。当然，这样的思路是有一些道理的，因为产品主要的核心功能很难与大厂商竞争，所以就要试图侧面攻击，避实就虚，绕开核心功能上的实力悬殊，以添加"特别"的功能来博得一席之地。

很多创业公司都容易陷入这样的思路，并且不断地"催眠"自己：这些"特别"的功能真的很重要，是公司的机会和方向，是创新。然而这种思路的最大问题就是，这些"特别"的功能真的是广大用户最关心和最需要的吗？

很遗憾，有时候，大家费尽心思琢磨出来的所谓创新点，实际上只是在有意识地逃避那些产品最有价值的核心功能，而这些被绕开的核心功能恰恰才是大众用户最需要的。所以，当创业公司绕开核心功能，专注于那些有噱头的功能时，就已经走偏了。

正面迎战，不躲不闪

在创办小米的时候，雷总就说过：我们就是想做一部打电话非常好用的手机。没错，手机最核心的功能就是通话。当然，随着技术的发展，现在手机的定义已经不仅仅是通话工具，而是随身的"小电脑"，在通话之外，上网也变成了核心功能。

80%—80%原则的核心就是做大众市场，这一原则要求我们必须聚焦产品的核心功能，正面迎战大众市场的竞争。

大家可以看到，市场上曾经有很多空气净化器价格非常高，产品具有很多消费者搞不懂的功能，让消费者感觉非常尖端、技术超凡，高价一定是值得的。但从本质上来讲，用户购买空气净化器的核心初衷是更有效、更快速地净化室内空气。

在谈到核心功能的时候，我们还是讲一下电饭煲这个例子。我们投资做电饭煲的目的，就是想让中国人也可以在家里煲出香喷喷的米饭，口感不比日本人做的差。在做这款电饭煲的时候，我们用了几吨米去测试不同水质、不同米种、不同海拔等因素影响下，如何做出软硬适当且晶莹剔透的米饭。我们的注意力并没有放在那些用户搞不懂的名词或者噱头上。

很多企业都说自己如何进行创新，但它们的创新往往偏离了产品的核心功能，违背了产品的初衷。在做产品定义的时候，我们一定要时时刻刻提醒自己，这款产品要提供的核心功能是什么，让创新围绕核心功能展开，在核心功能方面有所突破，做到同类产品中的最好，不回避正面战场。

比如我们做电饭煲，要面对国内一线品牌的竞争，甚至不回避和日本一线品牌一较高下。日本电饭煲基本代表了全球最高水平，我们正面迎战，在核心功能上没有输给它们。

所以我们回到一个简单的问题：你是要在大众市场中做大众产品吗？你做好准备了吗？大众市场必定强手如林，但你必须正面迎击。因为当你放弃了正面迎战那些已存在的竞争对手、放弃了专注产品核心功能时，你也就失去了大众市场。

今天，小米生态链的选择是做大众产品。我们最想实现的就是让更多的人拥有更高品质的生活。正是这一点让我们这些产品人兴奋，我们的产品可以普惠，这事儿想想就让人热血沸腾。中国人可以和发达国家的民众一样，拥有一口可以蒸出好饭的锅、一台真正可以保护眼睛的LED灯、一台让室内空气变得清洁的空气净化器、一台让我们可以放心喝水的净水器。

好产品是稀缺的

与此同时，我们觉得非常幸运的一点是，当下的市场也给我们提供了做大众产品的巨大机遇。因为在中国的大众产品市场中，高品质且价格合理的产品非常稀缺，我们在市场上看到的产品要么是廉价低质的，要么是质量不错但价格大大超越价值的所谓"高档货"。

这样的市场事实上是对国人的消费权利的侵犯。要么你忍耐着凑合使用毫无品质的东西，要么多掏钱，虽然有点儿亏，但好歹产品有品质，再不然就是出国购买或是海淘。这些年国人被老外热嘲的"New money"（暴发户）的购物疯狂，其实不过是因为人们想拥有价格合理而又有品质的产品而已。

这是真实的、迫切的需求，而大众需求的迫切之处正是市场趋势所在。所以我们说我们今天是幸运的，能够在市场的大趋势之下实现我们对产品的理想。

讲真

先守正再出奇

刘新宇　小米生态链产品总监

每个品类都要有一两个关键的点。比如净化器，可能既要将空气净化得非常干净，同时它工作起来还要安静。一个品类往往至少要有一两个吸引人的点，因为用户对它的认知就基于这两个点。

守正方可出奇，我们不能回避正面的、基本的东西，不能老想着出奇制胜。我见过很多创业者本能地避开这些基本点。因为他们会假设，如果无法超越这个行业里比较强的对手，基于市场的残酷性，就本能地避开这些基本点，然后去叠加一些创新点。后来我们跟一些创业者讨论，其实如果不能在最核心的点上去推动产品进步的话，那些所谓的创新点往往也是别人能够考虑到的。

其实我们一直在寻找最认真、最有决心的推动行业进步的团队。比如我们在电动牙刷领域看了两年，基本上所有做电动牙刷的团队都找过我，很多创业者上来就讲这个市场如何好、机会如何好，我都不太在意，因为不是说市场好就是留给你的，关键是要讲清楚你跟一流大厂的差距在哪里、最大的技术难点在哪里、如何去克服。

一个真正能够讲清楚行业痛点并找到相应办法克服的团队，才是我们要找的团队。所以我们最看重的是在核心点上有机会突破的团队，然后再看一些别的点。

第三节　解决产业级痛点，做下一代产品

在小米生态链的投资逻辑里，我们曾经谈到过痛点的问题。我们选择投资领域，一定存在不足和痛点。痛点程度越深、出现频次越高，解决这些问题带来的产品势能就越大。小米生态链的体系下出现过很多爆款产品，基本盘就在于它们的核心功能切中了用户的痛点，而且痛点解决得足够好。

三个层次的痛点

深入一点儿来谈，其实痛点可以分三层。

第一层是产品级的痛点，指的是用户使用产品时碰到的问题，或是没有达到理想状态的情况。如何找到产品级的痛点？一个简单的办法是，在天猫、京东上看看同类产品的用户评价，尤其是差评的内容。可能看一两百条看不出什么端倪，但要是看了一两万条甚至更多，肯定就有感觉了。所有用户的意见都摆在那里，就看你怎么去挖掘、总结、筛选。找到痛点，解决好这些问题，这个产品至少能拿到八十分。

第二层是产业级的痛点，也就是产业普遍存在的没有解决的重要问题，解决了产业级痛点，才可以说做出了"下一代产品"，才有望成为行业的引领者。产业级的痛点之所以存在，一方面是由于技术的发展水平不够，无法解决眼前的问题，另一方面是由于大部分企业仍待在自己的舒适区里，对这些存在多年的痛点视而不见，而消费者有时候也容易把这种痛点当成理所当然的，能忍就忍了。

第三层是社会级的痛点，即整个社会普遍存在的问题，比如空气质量问题，这甚至成了全球性的社会问题。空气净化器就是针对这个社会痛点

热销起来的产品。再比如净水器，水质的问题也是全国都存在的难题，而且因为对生活品质的追求，近几年用户对净水的需求越来越大。净水器市场的爆发也是为了解决这一社会层面的痛点。

产业级的痛点是颠覆行业的机遇

在这三个层次的痛点中，产品级的痛点相对好理解，社会级的痛点可遇不可求，产业级的痛点是我们最容易抓住的颠覆行业的机遇。所以我们重点来谈一下产业级的痛点。

当我们决定与云米一起开发净水器时，我们发现当时市场上几乎所有的净水器都存在漏水的问题。当时在百度搜索"净水器漏水"，会出现1 000万条搜索结果，说明所有品牌或多或少都存在这个问题，这真是用户心中的痛。显然，这是一个典型的产业级的痛点。想进入这个产业，我们就必须攻破这个痛点。

解决漏水问题最重要的方法就是尽可能减少净水器的内部管路连接零件。其实几年前就有人提出过用集成水路的方式替代净水器管路连接的想法，但是几年过去，集成水路依然是整个行业悬而未决的难题，没有一家公司尝试采用集成水路方式。为什么？

首先，集成水路的开发难度大，需要设计材料、模具、流体力学、水化学、电化学等多方面的知识，对一个团队的人才结构要求很高。必须要有跨界的人才、有足够的决心才能去做这件事。很多传统的净水器公司研发人员通常习惯于依靠以往的经验对产品进行改良和改善，经验主义本身就在束缚他们的创新思维。

其次，集成水路开发的成本极高。传统的管路连接方式在开发层面已经成熟，有既有的模具、成熟的供应链支持。开发集成水路则要对原材料的搭配、工艺、模具等方面重新进行开发，可以说是一项颠覆性的创新。

技术创新是有风险的，没有明确的路径，就像在黑暗的环境中摸索，不知道结果会怎么样，但必须把大量资金投进去。这就是为什么痛点一直存在，但行业里的很多公司都对其"视而不见"。

在下决心要"搞定"这个行业痛点的初期，陈小平有种担心：因为是从零起步开发全新方案，团队成员都不知道什么样的技术路线可以取得成功。但一个产品切入市场的窗口期很短，云米不可能无限期地研发这个产品。

要赌，就赌一把大的。云米设计了三套方案，同时推进，平行试错！为了把一款产品做到极致，大家都没有退路，必须把它搞定，只是需要考虑选择什么样的路径、付出什么样的代价去搞定而已。

云米组成了一个跨行业的团队，网罗了开发集成水路的各领域的专业人才，从不同的思维和专业角度去突破这个难题，从三条技术路线同步探索。无疑，这样做意味着更大的资源投入，但我们可以在与时间的赛跑中获得先机。

"因为在时间上我们承担不起一个方案不行，再从头尝试另一个方案的风险。"陈小平下定决心的时候，心里一直有股信念，感觉这事儿一定能够做好。但在取得成功之后，他突然在一瞬间感到后怕："如果当时我们没有搞定，这个公司就挂了。"

这是一套非常复杂的工艺。有些公司看到我们的产品设计，买回去拆开来研究，想按照这个模式生产，它们做了模具，但就是做不出产品，后来只好放弃了。

其他公司是无法模仿成功的，这其中有两个原因：第一，小米净水器在设计的过程中生成了400多项专利，其中发明专利就有100多项，零部件的创新率达到90%以上；第二，云米是由几十个资深的、跨行业的工程师同时发力用3套方案试错的，把近20种原材料按照不同比例混合，前前后后调配出300多种材料，在3套模具中进行测试。

　　在这个过程中，模具有问题就更改模具，工艺有问题就更改工艺，材料有问题就重新调整材料，大家不断地摸索和迭代，铆足劲儿加班加点拼出了最佳方案（见图6-1和图6-2）。一般企业要是想自己研究出来，估计最少也得需要两三年时间。模仿者做出形状一样的模具不难，但要试出这个材料配方就太难了。

图6-1　云米团队在讨论方案时，用了100多页A0纸，密密麻麻排满两面墙，共需解决2 380项问题痛点

图6-2 陈小平(左)与雷军(右)

在下定决心和资源投入之外，这个案例还包含我们对方法和路径的思考。小米净水器这款产品的技术仍处于全球领先地位，很多公司都主动来寻求合作。甚至当我们开始研发第二代产品时，别的公司连第一代产品都没开发出来，这就使我们具备了领先势能。

如今，这一行业痛点已经被我们和云米解决，产品出来后一战成名，有了口碑。由于这个行业痛点已经不存在，其他公司想要超越，就不能在这个方面下功夫了，必然要再找其他可以颠覆的机会和方向。

我们承认，解决产业级的痛点要付出巨大的代价，还要面临极大的风险。所以目前国内很多产业级的痛点无法解决，其根本原因并不是我们不具备解决问题的能力，而是很多人缺乏破釜沉舟去解决问题的决心。

选择解决产业级的痛点，实际上也是我们价值观的体现：我们是否要挑战这些痛点？不要总是微调，甚至不改，不要只去追求更便宜的。我们要推进产业向前，实现自己的价值。

　　然而解决产业问题，不仅仅是价值观的问题。实际上，从硬件厂商的长远发展来讲，尝试解决产业级痛点具有巨大的价值。

　　云米研发成功的集成水路被誉为推动整个行业加速进步了五年的一次大革新。如今的云米无论是在拓展渠道客户，还是在对外合作方面，都具备了前所未有的竞争力。

　　所以我们认为，如果试图让一款产品在成熟的市场中占有较大的份额，痛点就不能局限在产品端。解决产业级的痛点事实上会为其在市场竞争中创造一定的时间优势，让产品在行业中的地位更稳固。即便我们后续会遇到其他厂商跟进甚至模仿，但差距始终都会存在。只有不断开拓、精益求精才是真正的王道，一款产品只有经得起专业的推敲才能走得更远。

讲 真

牢牢把握住行业发展方向

刘新宇　小米生态链产品总监

做一个产品，要跟这个产业的升级方向保持一致。我们作为创业团队，具有一项优势，就是没有包袱。不用去考虑那些低端产品的影响，只需要牢牢把握住行业未来的发展方向。

比如，我们做的电饭煲是一款中高端的产品，那整个行业在升级的时候一定会遇到我们，只是我们先走了一步。随着时间的推移，我们的优势一定会越来越明显。所以我们做产品的思路是，一定要做行业里的技术领先者，站在前面等大家。

第四节　大众产品高质化

前面我们讲了，一定要做最大的市场，聚焦80%的用户80%的需求，并且正面迎击，围绕用户刚需解决其痛点。那么在大众市场还有哪些定义产品的秘诀？

其实，我们可以换个角度思考，大众市场中的产品就是人人都需要的产品。那么在这样的品类中，什么样的产品最受大众欢迎？

答案就是我们要讲的下一条原则：大众产品高质化。

更挑剔的新一代消费者

大部分商家都会宣称自家的产品品质是最棒的，但对于什么是高品质产品，出生于不同年代的人有不同的标准，80后、90后对品质的要求明显高于六七十年代出生的人。

过去在物资匮乏的年代，人们的消费习惯是买到满足功能性需求的产品即可。比如，电饭煲能焖熟饭就好，热水壶能烧开水就好。因为物资匮乏，那是一个用"有"来对抗"无"的时代，解决实际需求即可。人们对产品质量、售后服务或是外观，都没有太高的要求。

而现在已经进入物质丰富甚至过剩的时代，人们在市场上可以有更多的选择，消费水平也在提升，随之更注重产品的品质。

还有一个重要因素，随着80后、90后逐渐成长起来，他们正在成为新一代主流消费者。这一代人普遍在物资丰富的环境中长大，生来就没有上一代人那种严重的物资匮乏感，他们的消费特征与上一代人完全不同。当你一出生面对的就是物资不紧缺，可以有很多选择，那么你自然而然地会追求品质。

其实，80后、90后对品质的需求并不取决于他们手中可支配财富的多少，而是因时代不同而形成了不同的消费观。这一代消费者对产品的美学品质、用户体验，还有产品指标，都会更加挑剔。

一方面是经济在快速发展，另一方面是这样一个新消费群体在成长，这使得如今的中国开始进入一个新阶段，即为高品质买单的消费阶段。

我们在定义产品的时候，就是要抓住这样的趋势，要对开发何种品质的产品做到心中有数，不要以上一代人对产品品质的要求来应对更加挑剔的新一代消费者。

高品质产品要么提高效率，要么带来更好的用户体验

究竟什么是高品质？我们可以列出很多高品质产品的具体表现，例如更美观的造型、更精湛的工艺、更可靠的功能、维护保养更方便等等。

这些高品质的特征大体上可以分为两大类。

第一类是提高效率。

例如米家扫地机器人，其主打特色是：扫地又干净又快，这其实就是一个典型的效率问题，好产品就是要让生活更简单，让人们从繁重的家务中解脱出来。空气净化器要更快地、更彻底地净化空气，而且通过远程控制可以提前开始工作，这也是效率问题。不用起床，只要用手机轻轻一点就可以关灯，也是效率问题，Yeelight智能灯就可以轻轻松松做到远端操控。戴森（Dyson）吸尘器的无集尘袋、免更换滤网等功能，让产品维护变得更简单、便捷，也是解决效率问题。

这些有点儿像我们平时说的"懒人经济"，其本质是提高生活效率。

第二类是更好的用户体验。

更美观的造型说的是用户体验，通过手环自动检测用户是否睡着来实现自动关灯也是一种用户体验。良好的用户体验会让用户在使用产品的过程中产生各种奇妙的心理感受。我们不仅要关注用户体验，还要致力于打造超预期的用户体验，只有超预期的用户体验才能带来好的口碑。雷总曾经讲过这样一件事：

我怀着无比崇敬的心情去了迪拜，一进入帆船酒店，就感觉金碧辉煌，好像墙上真的贴了金子，但现代人的审美不会觉得这是奢华，而是土。所以我觉得很失望，这难道是全球最好的酒店吗？我想是因为我的预期太高了。现在回想起来，帆船餐厅好得惊人，但是我的预期如此之高，所以我失望了。口碑的核心是超越用户的预期。帆船酒店的服务肯定比海底捞的服务要好，但是它没有超越用户的预期。海底捞的硬件设施一般，进去闹哄哄的，但是包括服务员的笑容在内的很多细节征服了大多数顾客，所以海底捞的口碑很好，脱颖而出。

我们做高品质产品，要紧紧抓住这两个发力点，要么极大地提高效率，使得效率能远胜于竞争对手，省去用户的麻烦、节省用户的时间和空间，要么设法带来超出用户预期的体验，给用户带来惊喜，也给用户一个可以分享给亲朋好友的好题材。

少做，才能做精

做高品质产品最大的诀窍是，少做产品，只做精品。

不少公司做产品喜欢用"机海战略"，直接做出数十款甚至上百款产品去覆盖市场，反正这么多款，总有一款适合消费者，经销商可以从中挑出自认为好卖的款式，用户也能找到真正适合自己的。"机海战略"背后的逻辑是不把鸡蛋放在一个篮子里，以试错法找出最适合市场的产品。这有点儿像我们前面讲过的传统战争的打法，不知道敌人在哪里，用100门大炮一阵狂轰滥炸，总能打下来。

"机海战略"的后果是公司有限的资源被分摊到数十款产品上面，很难做出真正意义上的精品。

事实上，对标准化程度高、通用的功能性产品而言，这种用多款产品覆盖市场的方法作用有限。没有精品，很难树立良好的口碑，很难引爆市场。

我们的打法是只做一款产品，精准打击，用所有的资源、人力，全力以赴做好一款。所有的希望都集中在一款产品上，可以说是置之死地而后生，全力出击，一击制胜。

对标全世界最好的产品

每一个去日本旅游回来的中国人，感触最深的一点就是日本的米饭好吃。这恐怕是80%的人最深刻的"日本印象"。电饭煲在中国普及20多年了，人们现在已经清楚地知道好米饭与差米饭之间的口感差别，所以我们看到去日本背回电饭煲的人越来越多。

对于电饭煲这样一种大众产品，我们在研发阶段直接对标国际最领先的技术方案，我们查找全世界的相关专利后，选择了压力IH技术方案，旨在提高国产电饭煲的品质。

实际上，要在中国做出一口好的电饭煲真的很难。在日本，当地大米的品种优良，并且种类少。而国内大米品种繁多，据不完全统计有1 000多种，南方与北方的大米味道和口感差别很大。北方是一年一季米，南方则是一年三季米，市场上还有为了提高亩产量而杂交创新的品种。同时，影响米饭口感的因素也非常多，除了不同的品种，还有不同的水质、不同的海拔高度、不同的大气压力、不同的升温速度，等等。我们计算过，大约有81个影响因素。即使我们采用了最先进的压力IH技术方案，国内的品种、水质、地理环境等因素也要比日本复杂百倍，所以我们只有进行海量的实验，才能真正做出一锅好吃的米饭。

那时候，我们在纯米的实验室里摆了十几个从日本带回来的各大品牌的电饭煲，与我们设计出来的电饭煲同时焖饭。每天都是一边对比，一边调整我们的硬件设计和软件设计。米家压力IH电饭煲发布之前，研发工作就用了一年多时间，并且用掉了好几吨大米反复进行实验。直到有一天，我们的电饭煲焖出来的米饭吃起来与日本电饭煲焖出来的不再有任何差别。

千万别说我们浪费粮食，因为不做这么多实验，不进行无数次的修改与调整，用户就无法吃到晶莹剔透、软糯可口的米饭。

很有意思，米家一代电饭煲做出来之后，竟然在日本国内引起不小的骚动。日本的电视台特意做了一次盲测，将用米家电饭煲焖好的米饭与日本电饭煲焖好的米饭一起端给消费者品尝，结果现场10个人中有6个人认为米家电饭煲做出来的米饭更好吃。这正是我们的心愿，做出一口好锅，不仅让中国人吃到好吃的米饭，还要把这个锅卖回日本去。

米家电饭煲、小米插线板、移动电源、LED灯，一款款在人们生活中已经习以为常的产品，通过我们大众产品高质化的策略，在提高用户生活品质的同时，也为我们自己打下了一大片市场。

第五节　小众产品大众化

"大众"是小米生态链关注的重心。它具有两层含义，一层是关注大众市场，另一层是将小众产品大众化。小米手环就是最典型的小众产品大众化的例子。接下来我们说一说，如何把小众产品变为大众产品。

用低价降低门槛，在功能上做减法

2013年年底，我们决定做智能手环的时候，这类产品已经是一个创业热点，不少创业公司正在这个领域打拼。这个行业的特点很明显：新兴的热门产品市场，参与竞争的品牌众多，行业处于起步阶段，用户量少，价格偏高。

那时候的国产手环价格大多在500～800元，进口手环的价格基本在800～1500元。智能手环对年轻人来说的确是一个新鲜事物——高科技、时尚、酷炫，但价格门槛摆在那里，阻断了不少年轻人的好奇心，很多年轻消费者因价格高而放弃了这个尝鲜的机会。这种困境使得手环市场增长缓慢，手环长期徘徊在小众市场中。

面对这种情况，我们决定用大众市场的逻辑去做小众市场，一定要把尝鲜的门槛降下来，让大众用户能以较低的价格、便捷的方式拥有这个产品。

在给小米手环下定义时，我们先把传统手环的痛点全都梳理了一遍，发现了近100个痛点，然后按照80%—80%的原则，找出重合度最高的痛点，最后总结出三个核心。

第一是价格高，门槛高。

第二是功能太多、太复杂。80%的功能基本用不上，这又产生了两个后果：一是用户体验不好，二是功能多就必然导致成本高，80%的用户用不到80%的功能，但他们要为这80%的功能付费。此外，当时手环普遍待机时间短，充电频率高，反而增加用户使用产品的负担。当然，待机时间短跟功能复杂也有关系。我们发现，每天必须充电就是苹果手表用户最集中的一个吐槽点。说明待机时间短是一个行业痛点。

第三是当时的手环没有用户黏性。很多用户不会长期佩戴手环，它是一个可有可无的配件，一旦过了新鲜期就会被闲置。

你会发现，导致手环徘徊在小众市场的几个痛点之间相互关联：功能多导致价格高，价格高导致门槛高，阻碍用户尝试，那么贵买来一个产品，待机时间短，又没有特别实用的功能，导致用户体验不好，无法在用户群体中形成口碑效应。如此恶性循环，无法突破小众范畴。

所以我们当时要精准定义，首先只保留80%的用户最看重的80%的功能，就是计步、监测睡眠、计算卡路里、来电提醒这几项刚需。其次彻底砍掉了那些用户基本用不到的功能，保留适合80%的用户的共性需求，这样做使得用户体验变得简单便捷，并且大大降低了成本。

用80%的用户的需求做完产品功能的减法后，我们开始思考一个非常重要的点，如何为它增加黏性？我们发掘了一个很酷的功能点：为手机解锁。2013年，手机的指纹解锁功能尚未普及，人们每天平均通过输入密码或图案解锁来开启手机的次数不低于100次。当小米手环靠近手机的时候，手机就可自动解锁。这个功能给米粉带来极大的便利，深受用户喜爱，我们通过这项技术手段将手环与手机紧紧地"黏"在一起。

雷总就是一个典型用户，有一天早上他出门时忘了戴手环，一整天都要不停地输入手机的解锁密码，后来实在无法忍受，只好请人回家帮他把手环取过来。

那么，小米手环的精准定义出来了：

第一，只卖79元，以极低的价格打破了用户尝鲜的门槛；

第二，聚焦少数几项核心功能，服务于用户的刚需；

第三，通过手机解锁功能创造黏性，让用户离不开这个产品。

这样定义出来的产品，结果正如大家所看到的，小米手环一代在两年内卖出2 000万个。同时，整个行业都效仿了我们的做法，不仅小米手环卖得好，很多品牌的手环销量也快速增长，使得手环从小众市场进入了大众市场。

别人不看好的产品，反倒有机会

当昌敬决定做扫地机器人的时候，投资人迎面泼来一盆盆凉水：不看好扫地机器人市场，更不看好由一直做软件的昌敬来做硬件项目。

在中国的创投圈子，有一批投资人是专门盯"人"的：投资，首要的是投人。昌敬有着在邀游、微软、腾讯的工作资历，之后创业。随着魔图被百度收购，昌敬进入百度。此时的昌敬，已经被诸多投资人盯上，时常有投资人找他"聊聊"。当听说他愿意再创业的时候，很多投资人"扑"了过来，但当听说他要做扫地机器人后，又都无奈地摇头离去。

"投资人家里都有保姆，他们根本看不到扫地机器人的使用场景。"

投资人并不看好扫地机器人市场，一方面是因为他们本身并不属于大众群体，另一方面是因为扫地机器人已经在市场上出现多年，但始终徘徊在小众市场。

昌敬为什么看好扫地机器人？这要从一个产品经理的方法论谈起。

昌敬做了多年的产品经理，判断一种产品是否有市场，他总结出四条筛选标准。

第一，痛点足够痛。就是要看这种产品能否解决用户的痛点。这种产品不一定是刚需，但没有这种东西，用户会有一种痛、不舒服。比如微信，并不是刚需，微信本身解决的是沟通的问题，以前用电话、短信也能解决沟通的问题，但每发一条短信都要收费，花钱对用户来说是一种痛。多人沟通、发视频、发照片，这些沟通方式很不方便，这也是用户的痛。微信刚好解决了这些痛点，所以它的需求被激发出来。所以，用户有痛点，就一定有需求。

第二，使用频次足够高。车、房是高消费、高利润的市场，但是用户操作频率低。微信解决了用户需要高频操作的沟通问题，才有机会在产品本身之外建立新的商业模式，寻找新的商业点。这也是互联网产品的特点。

第三，用户群足够大。微信解决的是用户的基本需求，所以用户量非常大。选产品方向的时候很重要的一个衡量因素是用户群体，如果只定位于老年人、女性、母婴，这都是细分市场，不够广。再看看扫地机器人，投资人不用扫地机器人，因为他们家里都有保姆，但绝大多数用户身上都存在清洁的痛点，同时又请不起保姆，这将是一个大众需求的市场。

第四，门槛足够低。产品有市场需求，但不能普及，一定存在制约因素，即门槛高。门槛高，一定会影响普及度。比如，操作非常复杂，或产品设计的用户体验不好。其中最常见的一个门槛就是价格。很多互联网产品可以快速普及，就是因为互联网产品免费，不存在价格门槛，如果用户体验好，瞬间就可以普及。从这一点上说，很多新品类的硬件长期维持高价，很难从小众市场走向大众市场。

从前三条来看，扫地机器人一定是市场需求大的产品，但是之前市场上已存在的产品门槛很高。第一是用户体验并不好，扫地扫得不干净，噪声大，遇到电线就容易卡住，容易被头发缠住。这样的产品，用户使用起来一点儿都不省心，人还得"伺候"机器，并没有比自己扫地提升多少效率。很多价格低的扫地机器人都是这种情况。第二就是价格问题，一些国外进口的扫地机器人的功能稍好一些，但价格很高，动辄四五千元，用户体验并没有超出预期，消费者感觉性价比不高。在这两种情况下，消费者多是持币观望的心态。

如果我们做一种产品，体验足够好，价格足够低，一定能像今天的洗衣机一样在用户中快速普及并被应用。

"从我的经验来看，这种产品应该是一个好的方向，我一定要做。同时，大家都不看好，我就更好做。"昌敬的话听上去有些执拗，难道创业只是为了证明别人的判断是错的？

当然不是，正是因为看好这个领域的人少，在这个领域没有特别强大的竞争者，所以这是一个几乎没有竞争的市场。这样的市场有两大特征。

一是竞争不充分，大家都没有动力把产品做到更好，产品的整体水平比较低。当时市场上无论是国产的还是进口的产品，都存在很多的痛点，不能很好地满足用户的需求，没有形成用户口碑效应。

二是这个市场还没有产生一家具有品牌优势的公司，他们完全有机会成就一家大公司。

昌敬发现，用户在网上搜索"扫地机器人"的时候，一般不会输入具体的品牌，而是搜这个品类。而成熟的产品品类，比如手机，用户在搜索的时候一般都会直接输入自己理想的手机品牌，比如小米、华为、苹果，甚至还会输入更具体的产品型号。

这说明还没有哪个品牌在这一品类的市场中具有压倒性优势，让人们觉得这个品牌就代表这个品类。如果有一个品牌已经占据用户的心，新品牌再想替代它是很难的。所以，那时候我们发现搜索"扫地机器人"品类名的结果条数远多于品牌名，说明这个品类是可做的。

后来昌敬团队在做机器人的过程中，只围绕两个核心：一是做一个扫地扫得好的机器人，去掉其他乱七八糟的噱头；二是定一个合理的价格。如果这两条都能做到，就打破了这个品类的门槛。

这里有个小插曲，昌敬团队初期设想，如果这款扫地机器人定价999元，一定能彻底打破价格门槛，所以团队最初希望将价格控制在1 000元以内。但后来怎么也控制不下来，为了产品的用户体验更好，所有的原材料都选用最好的。最后产品的上市价格为1 699元，这款产品的性价比赢得了用户的一致好评，使用体验远超市场上很多四五千元的产品。很多以前用过其他品牌扫地机器人的用户转向米家扫地机器人（见图6-3），而一些一直对这个产品持观望态度的用户终于出手了。

米家机器人从上线销售开始，几个月内一直处于供不应求的状态。为了参加"双十一"的活动，昌敬的团队与供应商加班加点，备了很多货，但还是被抢购一空。现在，昌敬的底气越来越足，"打破门槛，就可以成为这个市场的领先者。希望通过我们的努力，加速这个品类的普及"。

图6-3　米家扫地机器人

用国外大众市场影响国内小众市场

机缘巧合，骑记公司在2014年成为小米生态链的一分子。

在小米生态链上，骑记是一家专注于自行车行业的公司。创始人黄尉祥以前一直经营骑行俱乐部，还开发了骑行的App。虽然没有做硬件的经验，但他对骑行市场非常了解，并且通过App在全国各地结交了很多喜爱骑行运动的朋友。

刚刚加入小米生态链的时候，黄尉祥并没有想好要定义一款什么样的自行车。思考了几个月都没敢贸然出手的黄尉祥在2015年情人节有了一个意外收获：他在上海骑到了采用TMM（Torque Measurement Method，扭矩测量方法）力矩传感技术的原型自行车。脚轻轻踩上去，自行车自然放大踩踏力量，可以使骑行者轻松自在地穿梭于城市中——这就是电助力自行车。骑起来不像骑自行车那么累，又不像骑电动自行车那样毫无骑行的乐趣。

电助力自行车在国内还未普及，但在欧洲已经被消费者认可，作为一种城市短途交通工具，深受广大用户喜爱。这类产品大多在欧洲生产，生产成本高，销售价格更是高得离谱。黄尉祥试骑的这辆车价格是1 800欧元。

"这么好的自行车，中国还没有，是不是可以通过我们的努力把这种产品带给国内消费者呢？"骑记加入小米生态链后，第一款产品就定位为电助力自行车。

2016年6月，米家电助力自行车（见图6-4）面市。懂行的人都知道，2 999元的电助力自行车的性价比非常高，黄尉祥对这款自行车的销量非常满意。

但也有很多消费者不知道电助力是什么概念，以为2 999元就是一辆

图6-4　米家电助力自行车

普通的电动自行车，对这款产品的定位和定价都提出质疑。

电助力自行车在中国还处于发展初期阶段，需要做大量的市场培育工作。那么，这是不是应该算一个小众市场？

黄尉祥不这样认为："自行车是一个全球大市场。虽然现在国内用户认知度不够，但在国外市场的收获也能让我们在短期内受益。"

在黄尉祥看来，大众市场的定义不能局限于国内市场。

电助力自行车在欧洲已经被用户接受，而米家的这款车利用中国制造的优势，把成本控制得很好，做到欧洲当地品牌一半以下的价格，可以加快这类自行车在欧洲市场的普及。如果米家电助力自行车以低价格、高品质在欧洲市场大获成功，到时候，在海外市场取得成功的产品更容易被国内消费者所接受。

短期内，黄尉祥计划国际与国内销量的比例达到7∶3。随着国外市场逐渐成熟，国内市场也会快速升温。黄尉祥表示这个升温的过程会非常快，"预计两年内国内市场销量至少是现在的5倍"。

现在看似小众，但已经被国外消费者认可的产品可以先打入国际市场，然后利用在国际市场创下的口碑回攻国内市场。这两年左右的时间差，让这个品类在国内也将拥有大众市场。

创新扩散曲线变了

经历了小米促进手环从创新到普及的过程之后，我们复盘了这个过程。我们发现，在当今互联网完全成熟的条件下，技术普及的逻辑也发生了改变。

以前在科技界，一项新技术或是一款新产品出来，自然会有一条创新扩散曲线。创新型消费者是率先尝试新产品的一群人，其次是早期采用者，最后依次是早期多数消费者、晚期多数消费者及落后型消费者。

在以往的数据中，创新型消费者约占总消费人群的3%，早期采用者大约占13%，基数最大的早期多数消费者大约占34%。早期多数消费者会针对新产品的使用与否进行谨慎的思考，不过仍倾向于在一般大众使用新产品之后跟进。晚期多数消费者也大约占人群的34%，通常他们对新产品都抱有怀疑的态度，只有当这些新产品在市场上推出一段时间，并且厂家将所有产品缺点都改进以后，他们才会产生购买意愿。最后，大约占人群16%的落后型消费者是一群固守传统的人，不喜欢做出改变。

所以，一种创新产品被研制出来，通常会在很长一段时间内先被定高价，来满足尝鲜者的需求。那些尝鲜者对价格的敏感程度比较低，此时对产品来说是高利润期。随着时间的推移，做这款产品的门槛逐步降低，往周围渗透，产品开始降价，早期多数消费者、晚期多数消费者逐渐跟着购买，最后这种产品或者技术才得以普及。

这是过去做新技术产品的模式，我们可以看到一种产品普及的周期实际上是很漫长的。但到了移动互联网时代，人们获取信息的途径发生了根本改变，信息的传播不再是层层扩散，而是具有了瞬间扩散的能力。比如我们当年发布的一条介绍小米4的微博，最高纪录是两周内获得了14亿次的访问量，这几乎等同于全国大部分人都看了一遍我们的产品信息。

技术手段改变了，信息传播的速度和方式也改变了。我们可以重新考虑信息普及需要的时间逻辑。这个时代或许不再需要长期信息扩散的红利，信息的不对称性是一款产品从暴利到平价需要漫长历程的重要因素，而新的技术手段可以消除这种不对称性，并且使信息从创新者到早期采用者，到早期多数消费者，到晚期多数消费者，再到落后型消费者之间传递的速度迅猛加快！

所以我们要迎合这个时代信息传播的新规律，要面对一项技术从发明到普及的高效方式。因此定义产品要迅速做出决定，如果我们认为一种产品（技术）一定会普及，大众确实有刚需，我们就可以直接以大众的价格推动它的普及，在这一产品（技术）爆发的前夜迅速占领市场。

打破传统的创新扩散曲线后，我们又发现一件更美妙的事情，就是科技对于用户的普惠。小米有句口号是"人人都可享受科技的乐趣"。我们始终坚信，每个人都值得拥有更好的生活，拥有更有趣的人生，享受更优秀的产品。

很多小众的产品，比如酷玩类的无人机、平衡车都非常有趣，能够为人们生活增添乐趣。然而在新兴的技术领域，这些有意思的产品长期处于小众的状态。当它不够大众的时候，实际上新技术也是很难继续发展的。小米生态链希望自己可以像一个放大器，进入这些领域，大大降低产品的成本，把它们大众化，推动这些产品（技术）的普及，让更多的人能够享受新科技带来的乐趣。而只有产品大众化了，这些领域才能真正实现质的变化和飞跃。

今天的小米，很幸运地拥有了一群信赖我们的用户。小米是一家年轻的公司，我们不能说我们的能力已经可以始终扮演技术及生活方式普及的先驱者，但我们正在竭尽所能地进行这种尝试：让国人能够享受科技带来的乐趣，能够拥抱有价值的新的生活方式。

第六节　诚实定价

产品定义之中，绝对不能忽视的维度就是定价。即便是一款好产品，如果定价过高，销量也会成问题。若你发现很多用户在电商平台上收藏了你的产品而没有直接下单，那就是定价过高的信号。

注重性价比是人的本性

我们在给产品定价的时候，发现了一个有趣的现象，就是当你把价格从200元降为99元的时候，用户数量不是简单地翻倍，而是呈5倍甚至10倍的增长，增长趋势是井喷式的。

云米的陈小平特别细心，他观察到，有一次粉丝活动结束后，有个领10元优惠券的环节，队伍排得特别长，这也从另一个侧面证明了目前的用户群体对于价格非常敏感。

其实不仅仅是小米的用户群体，全世界的消费者都是非常讲求性价比的。

我们老觉得中国消费者讲求性价比，只是因为中国人口基数大，所以这个问题突显出来了。放眼全世界，你会发现全世界的消费者都是很讲求性价比的，不仅发展中国家的消费者注重性价比，发达国家的消费者也很注重性价比，你可以看到在美国的超市里人们同样是挑来挑去、反复比价。

追求性价比是人的本性，认识到这一点很重要。这样的话，我们就不会觉得追求性价比是一个水准很低的商业策略，相反，它是一个很高级的商业策略。

低效率导致商品定倍率过高

在消费领域有一个术语叫"定倍率"，就是定价的倍数。比如一部手机生产成本为1 000元，销售价格为3 000元，定倍率为3倍。人们买到的商品都是按定倍率来计算的。比如，一双鞋子定倍率基本上是5～10倍，一件衬衫的定倍率基本上是10～15倍。也就是说制作一件质量非常好的衬衫，成本在110～120元，就已经是高档衬衫了。这样的衬衫在市场上大概定价为1 500元。

很多商学院教授都告诉学生，毛利率越高的企业经营状况越好，所以我们看到市场上商品的定倍率越来越高，人们在商场里看到的东西都贵得离谱。

如此离谱的定倍率的背后，真实的原因是什么？是我们整个工业界的流通效率非常低，一件商品从生产制造到消费者手中的中间环节过多，而且每个环节的成本都很高，每个环节都要给自己留下足够多的利润，被中间商层层盘剥之后，导致消费者最终买到的商品价格较高。

事实上，中国消费者的购买力有限，而且非常注重性价比。那么，如何将产品以消费者能承受的价格卖给他们，还能维持比较高的定倍率呢？很多厂商采取的做法就是偷工减料、粗制滥造。

比如，一件便宜的衬衫，15元成本就可以搞定，在市场上的售价高达三五百元。这是消费者很容易接受的价格，但消费者往往不知道它的定倍率达到10～20倍。衬衫厂商怎么粗制滥造、降低成本呢？比如一般的衬衫要有一定的袖长、一定的下摆长度，但是15元成本的衬衫怎么做呢？他们就把袖子做短一点儿，把衬衫的下摆做短一点儿，其实也能穿，就是穿起来不舒服，比如坐地铁的时候，手向上一伸，衣服下摆就带出来了。

拒绝暴利，不赚快钱

定倍率过高，或者质次价廉，都会引发消费者对商家的不信任。信任问题是个大问题，没有基本的信任，就谈不上客户忠诚度。我们要改变这种现状。

实际上，我们在定价方面也摸索过，小米追求的是成本定价，小米生态链上的米家系列产品遵循一个朴素的原则，就是诚实定价。所谓诚实定价，即首先保证产品质量做到最好，然后在成本的基础上加上合理的利润，拒绝暴利，不赚快钱。小米生态链上的77家公司都会在理念上认可一件事，那就是要做好产品，同时控制贪念，拒绝暴利。

有时候我们公司内部会开玩笑，说我们做的是卖白菜的生意，需要精打细算，不能像其他高利润行业一样，我们要放弃暴利心态。

需要再强调一点，诚实定价的前提是先生产出高品质的产品。小米永远不会为低价竞争而牺牲产品的品质。诚实定价是小米的理念。我们认为，你也许没有很高的收入，但你有权利拥有高品质的生活。

对于小米的定价模式，目前社会上还有不少质疑的声音。我们希望通过持续的努力和坚持，5年、10年、15年之后，有一天消费者只要进入小米的门店，不用挑、不用看价钱，只要闭着眼睛买即可，这是我们追求的理想境界。

高效率是诚实定价的前提

其实我们也知道，外界一直都很好奇我们的定价模式。因为在外界看来，小米始终在提供价值远远超出价格的高品质产品。有些人问这样公司还能赚钱吗，甚至也有人怀疑价格这么低是不是有什么问题，人们通常认为无商不奸。

小米的诚实定价，在一些行业外的人看来，似乎并不赚钱，所以他们对我们的模式产生各种质疑。前面我们讲过，效率是小米的核心竞争力，用效率解决传统商业的不合理环节，可以大大降低成本。

举个例子，小米移动电源在上市初期每卖一个要赔8元。如果按照当时的配置，其他厂商做下来可能赔28元、38元都不止。当时市场上低质电芯制造的移动电源都要一二百元，而我们采用最高端的进口电芯，定价却只有69元。后来随着我们的产品销量越来越大，成为上游零部件的最大采购商，也就相应拿到了业内最优的供货价格。之后通过我们与供应商的密切合作，保证平稳生产，我们很快就把成本进一步拉低。这一系列举措使得小米移动电源在69元的价格档位上还能有微利空间。其实到现在，行业里其他厂商也做不到我们这样低的成本，除非它们牺牲产品品质。

如何做到高效？其实效率隐藏于运营的每个环节，比如我们理念一致、执行力和战斗力强、机制合理、流程合理、产品定义精准，都可以提升效率，就看你用什么手段把效率从每个环节中"抠"出来。

举几个简单的例子。比如小米生态链的孵化模式其实就是把小米的很多优势资源拿出来共享，然后每个团队发挥自己的特长，这种竹林效应就是一种高效的成长模式。再比如，我们这支团队有着非常丰富的战斗经验，也蹚过很多坑，而我们蹚过每个坑积累的经验都可以分享给下一个生态链公司，避免它们再走弯路。

大家都知道，创业的成功率很低，硬件创业的成功率尤其低。但正是小米这种模式将效率发挥到极致，可以帮助我们这几十家公司在短时间内在各自的领域站稳脚跟，打下基本盘。

因为效率，我们可以做到诚实定价。

说实话，我们这群工程师做东西其实还是带有一点儿理想主义，没有那么浓的商业味。我们希望自己做出来的产品首先自己喜欢，然后用户也能喜欢。当然，我们也不能不赚钱，不赚钱的公司怎么运作下去?

所以，我们的做法是先竭尽所能做出好的产品，再通过提升效率做到成本相对较低，然后以一个良心价格卖给用户。我们可以保证，我们的产品一定值这个钱，保证不蒙人，用户在米家一定能买到比平时购买的更便宜且质量更好的产品。我们绝不会去走畸形渠道、畸形价格体系的老路。

当然，这里面要允许我们有合理的商业利润。我们都知道，传统的定价策略一般都是按照成本价的4~6倍定价，但小米的产品（包括手机、电视机等小米公司自有的产品）一般都是按成本定价。米家产品定位于更高品质的生活，追求的是诚实定价，产品一般都是10%~30%的毛利率。现在，相信大家能够理解为什么我们比别家产品的价格低这么多了吧。

我们在商业与用户的满意度中寻找平衡，我们可以获益，用户获得了高品质的产品、诚实的价格，也可以获益。只有各方利益统一，这个模式才能长久——这就是诚实定价的意义所在。

选择一流供应商反而便宜

小米空气净化器2上市的时候，一度有人质疑699元的价格不能覆盖全部成本，认为我们在赔本赚吆喝。

如果你了解小米净化器的配置，就不难理解为什么会有这种疑问了。空气净化器的核心零部件是滤芯、风机和传感器，这几样零部件的成本最高。小米空气净化器选用了与美国前三大空气净化器品牌相同的滤芯供应商，其一体化桶形滤芯可以三层净化。其中，第二层为日本东丽生产的高效过滤器。另外，电机定制的是全球最大直流无刷电机品牌日本Nidec（日本电产株式会社）的产品，功耗可以降低58%；同时采用了日本神荣公司的传感器来进行空气质量检测，并采用瑞士盛思锐传感器来检测温湿度。除了核心零部件，小米空气净化器2的配件也出身名门，比如三星或LG（韩国大型国际性企业集团）的塑胶件、豪利时的电源线等，甚至螺丝等小零部件也是采购自苹果的供应商。

如此豪华的配置，699元的定价不赔钱吗？

这里有一个很大的误区，很多厂商都认为一流供应商的产品价格一定很高，其实不然。

大家可能会觉得这个结论不对，超一流供应商的设备好、员工工资高，处于制造业的顶端，也一定会追求高利润，如何解决成本问题呢？其实这就是小米生态链的优势，我们用两个方法来解决这个问题。

第一，用大量、稳定的订单帮助超一流供应商提高效率，降低其人员和设备的分摊费用。供应商最怕的不是没有订单，而是数量不稳定的订单。这个月生产100万个产品，需要招工人，安排生产，下个月没有订单，工人怎么办？我们的订单不仅总量大，而且尽量保持平稳，避免了大起大落。

第二，用长期的、全方位的合作来降低供应商对一款产品的毛利率的要求。虽然这款产品的毛利率降低了，但是整个小米生态链有全系列的产品跟你合作，你全年利润的总额就可以最大化。

价格不超过一顿饭钱的小米智能硬件

孙鹏　小米生态链产品总监

　　大家如果去小米商城的智能硬件专区，可以看到很多设备的价格在100元上下。销量最多的路由器是129元和79元的、摄像头129元、体重秤99元、手环69元、插座59元，以后还会有更多这类价格的产品。前段时间在小米智能家庭里面众筹的网络收音机，其实是一个Wi-Fi音箱，定价为99元。

　　定这个价格是有原因的。100元上下的产品，特别适合小米来做。为什么呢？这和产品的基本属性有关系，听我细细道来。

　　（1）渠道费用。渠道费用并不是按照比例来收的，越是价格低的产品，渠道费用比例越高，因为单价低。小米的直销模式，最大可能地去掉了渠道费用，这样才能做到以接近成本价销售，可以达到最佳性价比。由于小米的强势品牌地位，小米的产品即使放到其他电商平台销售，需要付的渠道费用也比其他品牌低得多。当然有的电商平台直接采购然后加价销售，那就不在小米可以控制的范围内了。

　　（2）品质控制。现在硬件生产领域的代工体系非常健全，品质控制其实并没有秘密，就是看你舍得花多少钱。单价低的产品，如果销量很低，分摊的模具费用比例会很高，所以很多厂商不舍得花钱做高精度的模具。小米的优势是做爆款产品，分摊的模具费用就很少了。这个销量门槛大概是100万，对小米来说不难，但是对那些产品库存量大、单款销量很低的厂商来说就难了。

　　（3）智能化的成本。现在所谓的智能硬件，一般都是指基于蓝牙或者Wi-Fi连接的设备。蓝牙的成本已经比较低，如果功耗要求不高的话，成本不到1美元。Wi-Fi的成本相比蓝牙要高很多。小米的优势是可以集中采购，甚至找芯片厂商定制，从而降低成本。开始的时候Wi-Fi模组的成本在20多元，2016年可做到15元，2017年可以做到10元以内。这样100元上下的产品才有可能普及Wi-Fi连接功能。

　　智能硬件的定价是否可以做到不超过一顿饭的价格？我们楼上五彩城区域的饭馆，人均消费在百元上下的有很多家，估计整个区域内至少三分之一的饭馆都是如此。这也是产品畅销的原因之一。

讲真

我为什么偏爱一流供应商

张峰　紫米创始人

根据多年与供应商合作的经验，我认为超一流供应商是最便宜的。

第一，超一流供应商有巨大的采购量，材料的采购成本相对更低。

第二，超一流供应商有先进的产品、先进的技术，所以产品的良品率高、浪费少。

第三，超一流供应商生产优化好，相对成本低，效率更高，别人需要20个人做，它可能10个人就可以完成。

第四，超一流供应商的信用度很高，财务成本较低，银行提供给它贷款或是其他服务的成本也低。

第七节　跳出产品看产品

最高境界的精准定义产品是将公司的商业模式、战略，精妙地寓于产品之中，这就是我们所说的要跳出产品本身看产品。

小米生态链这几年打造了不少爆款产品，但我们想说，爆品并不是我们追求的终极境界，爆品只是进入一个行业的敲门砖。

战略寓于产品之中

定义产品的时候，我们要有战略上的考量，产品是实现战略的最佳载体。

首先，我们要通过产品找准自身在行业中的位置。毫无疑问，每家小米生态链公司都要力争占据本品类市场占有率前两名的位置。而要想做到本行业的前两名，我们就要反过来思考我们要做什么水准的产品，我们能否通过把产品做到最优解而拥有近乎垄断的地位？或者我们能否通过解决产业共同的问题占领行业制高点？

纳恩博在收购了全球平衡车鼻祖Segway之后，拥有了99%的自平衡类核心专利，这使得它的市场竞争力具有绝对优势。我们在推出九号平衡车时，如果定价2 999元或是2 499元，就可以有一点儿利润。但我们选择定价1 999元，这是一个接近把自己"逼疯"的价格，为什么？

虽然我们的专利是受保护的，但如果真的打起专利官司来，需要很长的时间。如果我们定价2 999元，其他公司还是可以效仿，甚至不惜冒着侵权的风险效仿。专利是我们长期竞争的武器，短期之内还是要靠市场手段。1 999元的零售价格一出，就可以达到独步天下的状态，其他品牌的产品根本无法与我们竞争。我们内部称为"净空",这种方式使得我们在产品投放的市场中不会受到太多干扰,接下来就可以专心做其他布局。

其次,如果把目光从单个产品扩展到后续可能出现的衍生品上,就要考虑产品的可延展性。看看能否通过海量的产品销售带动周边产品和服务的销售,或者是产品与用户可以"强连接",进而衍生出新的商业模式。

比如乐高积木,产品销售出去,只是与用户发生连接的开始,成千上万的乐高迷组建起自己的线上社区,同时会自发地组织各种线下交流活动。因为有了这种近乎垄断性的地位和与用户的持续性交互,就出现了触发一连串新商业机会的可能。

再比如吉列剃须刀和惠普打印机,这两个品类都是经典的商业案例。它们都是一个品类的杀手,但主产品并不赚钱,真正使其获得高利润的是用户随后源源不断的耗材购买需求。

小米移动电源也是这样一个典型的例子。在开发移动电源的时候,全公司全情投入,就是要把这么一款小产品做到极致。尽管我们前期的投入非常大,可一旦找到产品的最优解,定出一个别人根本达不到的市场价格,这款产品就深深地扎根于市场了。

这种做法有两个好处:一是竞争对手觉得根本无法超越,无论是品质还是价格,索性就绕着你走;二是没有竞争对手干扰,产品可以做到极致,我们也不需要反复更换方案,可以腾出时间和空间去攻周边产品,迅速培育周边产品的竞争力。

小米移动电源初期是赔钱的,后来产量达到1 000万个之后,成本下降,基本上有了微薄的利润,但也几乎是不赚钱的。那么,一个产品不赚钱怎么能够长远发展?我们采用了"小费模式"。

在小米移动电源的基础上,我们设计了配套的保护套,设计了能够插在移动电源上的LED灯和小电扇，这些小产品非常精致、有趣，很多买了移动电源的用户都乐于顺手再买几个这样的小东西，这就是用户给我们的"小费"。

移动电源本身利润极低，而这些附加的小产品都有比较合理的利润空间。我们每个月卖出几百万个移动电源，总能顺便卖掉几十万个小配件，每个只赚几块钱，也有几百万的利润。

保持低毛利是我们的价值观之一。不贪暴利、不赚快钱，做一家低毛利的公司，保持战斗力。

我们可以把移动电源称为"战略型产品"，它和一般意义上的爆品不太一样，具有更强的连接性和衍生性。

生态的源头：元产品

我们认为产品的最高境界是元产品，元产品有点儿哲学和智慧的意味。老子说过：道生一，一生二，二生三，三生万物。元产品就是这个"一"。

我们总是在说生态，生态不是凭空而来的，要有这个"一"，在"一"的周围慢慢生长出新的产品、新的商业模式。元产品的一侧能聚拢海量用户，另一侧能吸引众多的产品和服务。从一种元产品开始，能够形成生生不息的生态系统，就能实现"一生二，二生三，三生万物"。

苹果手机就是最典型的元产品。在做手机之前，苹果做过笔记本电脑，也做过iPod，但那些只能算是爆品，直到iPhone出现，苹果的生态链才开始繁衍。

为什么诺基亚会在一日之内倒下，而苹果就不会？就是因为诺基亚手机产品的周边没有生态，没有新陈代谢。手机市场真的很有趣，巨头们各领风骚三五年，现在更迭的速度更快，一两年就会换一个新霸主。即使大家都在质疑苹果持续创新的能力，但没有人可以动摇苹果的市场地位。反观很多中国手机厂商，卖的只是手机，而没有在手机周围形成生态。

元产品一般会形成三个正反馈回路，这三个正反馈回路促进了生态的成形。

第一个正反馈回路：用户和用户相互增强。第一批用户的评价很高，产生了非常好的口碑效应，继而带来更多新用户。只要一个用户平均推荐多于一人，就会形成用户群的指数型增长趋势。

第二个正反馈回路：产品与产品的相互增强。一个产品卖得很好，取得了商业上的成功，也会吸引更多产品和服务不断入驻，口碑在产品和服务中也会呈指数型趋势放大。

第三个正反馈回路：用户越多，产品离用户越近，越能积累用户的数据和信息，也就越容易挖掘、发现用户的新需求。这种新需求可以吸引更多的产品和服务，为用户提供更丰富、更完整的体验，从而吸引更多的用户群体。

在小米的生态系统里，小米手机就是元产品。小米手机聚拢了第一批用户，慢慢向这些用户提供更多、更丰富的产品和服务，包括MIUI、游戏、云服务、生态链的智能硬件产品等等。小米的生态链上，已经拥有29个用户过亿的App，小米商城上的硬件产品已经超过百款，新的产品和服务持续不断地为小米带来新增用户，这就形成了正反馈回路。从"一生二，二生三，三生万物"来看，小米的生态系统尽管还不够大，但已经有了基本形态。

第七章

追求设计的
最优解

做设计，要讲道理。我们的设计中，有70%的理性、30%的感性。

今天，小米和小米生态链旗下的产品已有数百款。这些产品在设计的核心理念上一脉相承，于是在不同的产品形态上才能实现调性的完美统一。

那么我们到底在本着什么样的本源逻辑做设计？

我们认为，做设计，最本质的在于判断若干年后一款产品的终极模样是什么，然后以此为方向，不断向着终结一切设计的最优解迈进。

比如手机，若干年后它的终极模样会是什么样的？它很可能正面完全就是一个屏幕，也有可能所有的键都在触摸状态，还有可能所有的孔都消失了。它就是一个有一定厚度的玻璃片，也许这是手机的终极状态。

所以当你知道了手机的终极状态，或至少模糊地知道手机终极状态的时候，你每一次做手机的设计，都会尽可能向这个终极状态走近一步。这就是为什么小米MIX手机出来的时候吸引了大家的广泛关注，因为它不像其他手机产品那样在盘旋着走弯路，今天做金属壳，明天做塑料壳，后天做双曲面，这些其实都不是最直接的路。MIX的正面是91.3%的屏占比，实际上它是向手机的终极状态走近了一步。

这是设计上非常有趣的一个调子，一旦知道这个以后，你在设计的过程中，在手机研发迭代推广的过程中，就不会再徘徊，以后每一次都向这个终极目标走近一步，这是今天指导我们在研发和设计推进时最好的本源逻辑。在这个世界上，我们做任何事，如果理论基础不导通，就很可能迷失在路上，我们做设计就是要每一代都向终极目标走近一步，向产品的最优解走近一步。

在本源逻辑"追求设计的最优解"的指导下，小米生态链发展初期这三年，我们也在不断地总结和摸索设计的指导原则。本章，我们会将摸索出来的经验分享给大家。

第一节　合理性的最大化

熟悉小米产品的人应该都会发现，小米生态链公司的产品风格之一就是从来都不会有特别怪异或者违背硬件设计原则的造型语言。我们设计的第一原则就是合理性的最大化。

设计要"讲理"

小米生态链的主要产品都是智能硬件，有着长期消费电子产品经验的我们深知，硬件设计的合理性与后期的生产制造、产品美感和用户体验都息息相关。我们在做产品设计的时候，很自然就会想到不能违背硬件的设计原则，同时会考虑设计能否帮助后面的环节提高效率。

ID团队的总监李宁宁一直和自己的团队强调，设计要"讲理"：为什么是这个造型？为什么电子器件要这样堆放？为什么是这个颜色而不是其他？我们相当理性。硬件的设计，绝对不能像纯艺术品那样，只考虑造型的美感，不考虑生产、使用等因素。所以，我们的设计中，有70%的理性、30%的感性。

设计的合理性，首先要求造型与技术相匹配。

米家LED智能台灯的立杆是一个圆柱形，但是在灯臂部分我们设计成略扁些的跑道形拉伸体（见图7–1）。很多人会问，为什么灯臂部分不延续圆柱形？

因为如果是圆的，透镜部分就会有一段弧面，灯光打出来就会直射到用户的眼睛，产生眩光。我们设计的灯臂不仅是扁平的，在透镜部分还微微向里推进去一点儿，这样灯光就完全不会直射到眼睛，可以保护用户的

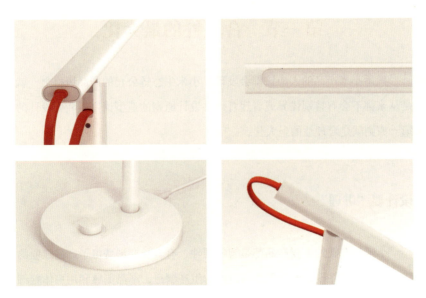

图7-1　灯臂为略扁的跑道形拉伸体的米家LED台灯

眼睛。

大家在市场上可以看到很多台灯的灯面都是圆弧形，甚至一些所谓的护眼灯产品都是这样的设计，其实这样是做不到真正护眼的。米家智能台灯的设计体现了设计美学与技术相匹配的原则。

在设计的时候，ID团队更希望产品的造型美观一些，而工程师考虑的是功能性更强一些，造型与技术之间是需要平衡的。比如扫地机器人，如果只从工业设计美观的角度考虑，一定是弧面的外形最漂亮。但我们在对市场上大量的机器进行研究时发现，弧面的设计导致机器很容易被卡住：在进入一些低矮的空间时，扫地机是一点点进去——能进去，但是不易出来，经常需要使用者把它抬出来。为此，我们忍痛放弃更漂亮的弧面设计，转而在平面设计上用尽心思，尽量在技术合理的前提下把产品做得漂亮一些。

但是在做细节设计的时候，再次遇到了问题：机器表面有一个盖子，会把尘盒盖住。工程师担心它的可靠性不好，一再要求把盖子改小。但改小的话，表面就会多出一个线条，显得不够简洁。这个问题僵持了很久都没有被解决，工程师一直尝试用各种方法提高可靠性，比如加磁铁或是按压开关，但都无效，最后我们还是在表面保留了一个线条。说实话，在ID团队看来，这并不完美，但合理性就是需要做出平衡。

其次，设计的合理性还要求可靠性与美学相匹配。

同样是米家LED智能台灯，可能也存在一个大家都没有注意到的细节，在立杆与灯臂的连接处，有一个看上去非常精细、小巧的转轴。如果大家去商场里转转就会发现，很多台灯的转轴都是又粗又笨，并且很难稳定住，摇摇晃晃。米家台灯转轴的设计确实费了很多心思，我们选用的是笔记本电脑用的连接轴，里面有十几个元件环扣在一起。你会觉得笔记本电脑的连接轴笨拙吗？当然不会，这个灯要的就是这个效果。产品做出来之后，可以看到转轴非常精巧，而且像笔记本电脑一样，你可以将灯臂停留在任意角度，绝对不会晃动（见图7–2）。

图7–2　转轴与笔记本连接轴媲美的米家LED台灯

以前在灯具行业里，最好的灯只要求这种轴的使用寿命在两三千次，而我们要求这个轴的使用寿命不得低于1万次，是业界标准的好几倍。

最后，对于设计的合理性，我们还要求设计与使用场景相匹配。

小米和米家的很多产品的设计都是以白色哑光为主，因为使用顶尖的材料，可使这种白色哑光非常有质感。但细心的用户一定发现了，米家的第一款产品——电饭煲，做成了白色高光，没有采用哑光的设计。

从设计师的角度来说，我们超喜欢哑光那种很文艺、小清新的感觉。但有一个我们不得不面对的现实，中国家庭的厨房是重油环境，我们没有办法做成哑光，因为用户打理起来会很不方便。所以从场景的合理性来考虑，我们选择了高光的设计。

相由心生

当然，在合理性的基础上，我们还要追求产品的美感。什么样的产品会让用户觉得美？相由心生。技术美学是"相"，硬件合理性是"心"。设计要符合硬件产品的合理性，并把这种合理性用技术美学的方式展现出来。这就是小米追求的合理性最大化。

米家LED智能灯发布之后，为小米赢得了非常好的口碑，好评率几乎达到了99%以上，其中美观的外形设计功不可没。为了让用户过目不忘，看到就会兴奋得尖叫，我们把灯臂做得又细又薄，在国家安全标准的范围内做到了极限，不可能再薄了。

米家LED台灯是市场上第一款把LED做到如此纤薄的产品，挑战了产品的设计极限，也刺激了用户感观，让用户一看到就会感觉"这东西太牛了"。就好像用户都会追求手机的轻薄，当他们看到两部手机一个薄一个厚，自然会觉得薄的那个更美观，生产工艺更优。

　　在小米无人机面市之前，市面上几乎所有无人机的云台都是方的，连这个行业的老大——大疆，也是采用方形云台。我们在设计无人机时总觉得方形不好看，无人机升到空中后，云台转动起来，从不同角度看到的形状不一样。于是我们大胆且冒险地设计了圆形云台。

　　这个想法虽好，但是实现起来其实非常难，需要我们的团队成员有很强的结构开发能力。这个云台的设计过程颇费周折，也花费了设计团队大量的时间和精力。但产品做出来之后，整个行业都认为这是最合理、最美观的设计。无论云台怎么转，用户从任何方向看到的都是圆的，感受都是一致的。而且，圆形的设计比方形更符合流体力学，使无人机的稳定性也有所提高。

　　在无人机和LED台灯的设计上，体现出我们的产品在追求合理性的同时还要呈现出技术美学，也就是在设计中要讲究相由心生。

被逼出最优解

　　有时候为了追求设计的合理性，我们也会陷入瓶颈。2014年我们就启动了小米无人机的设计，但遇到一个巨大的阻碍：作为行业的领跑者，大疆无人机的设计采用的是十字交叉形，这个设计是极具合理性的基础架构：中心对称，十字交叉，可以做到每个翼都相对更短，短就意味着轻，而配重正是无人机设计中的决定性因素之一。

　　客观上讲，大疆的设计几乎做到了最优解，我们非常佩服。但摆在我们面前的困难也很明显，因为大疆申请了很多专利，我们不想冒侵犯专利权的风险。但如果我们不用这种设计，在它已经接近最优解之后，我们真的很难再找出一个更佳的方案。

　　其实，在最优解面前往往就会遇到这样的困难，所以也不难理解，为什么在手机领域这五六年来专利官司始终不断，很多公司在这上面吃了大亏，甚至一蹶不振。在锤子发布最新一代手机时，罗永浩甚至自嘲这是一款与苹果长得很像的手机。

为了绕开大疆的设计专利，规避风险，小米无人机的ID团队整整用了两年时间，废掉了两代模具。要知道一套模具就是几百万，损失的确不少。

虽然我们丧失了一些市场机会，比原定计划晚了一年多才进入无人机市场，但从最后的结果来看，达到了两个效果：一是完美地避开了大疆的专利，倒逼我们设计出新的最优解；二是我们设计的完整度非常高，遥控器、手柄都是内部集成，手机支架部分也是可以伸缩的，这使得生产效率更高，产品看上去也更简洁、一体化（见图7-3）。

图7-3　小米无人机

设计逻辑完全不一样

李宁宁　小米生态链设计总监

小米走极简，MUJI（无印良品）也很极简。如果仔细观察这两家公司产品线的语言，你会发现其实这两个产品线的极简模式是不一样的。MUJI的设计，包括电器的极简，我觉得更温润、更低调一些，它更符合日系审美。MUJI并不追求高科技，你会发现它的电饭煲是利用第一代技术的电脑盘加热的，不要谈压力IH了，它连IH都不是。

MUJI电水壶里的内胆是塑料的。我个人非常喜欢那个电水壶，我是愿意为那个设计溢价买单的人，但我没有买那个水壶，因为我认为它不安全。其实，中国消费者几乎不能接受塑料内胆的电水壶，所以米家设计电水壶的时候，里面全采用不锈钢内胆。MUJI产品的容量一般都是针对一两个人使用的，但我们做设计的时候要考虑中国市场的主流容量，中国人还习惯用保温瓶，烧完这一壶要正好能灌满一个保温瓶才比较合理。

所以，设计和产品定义其实是休戚相关的，我们在做这些东西的时候，要全方位地为中国消费者考虑，为中国用户的使用场景考虑一些定制化的东西。虽然有人说我们是抄MUJI的，可是仔细想想，我们背后很多产品的设计逻辑完全不一样。

小米思考的都是中国人的产品使用方式。无论是水壶容积还是使用环境，都有差异化的地方。

第二节 极简,少即是多

走进小米之家,你会看到250平方米的店面陈列着上百种不同的产品,它们仿佛有着同样的基因,外表看上去那么统一、协调。品类繁多,却不凌乱。没错,一看就知道它们是"一家人",它们的基因就是"极简"。在合理性之下,我们设计产品的另一个重要原则就是极简。

极简是硬件设计大趋势

极简的第一个原因是普适。

我们做产品定义的时候,选择的是80%的大众用户群体,设计首先要考虑的因素是能够被大多数人所接受。有些极个别的功能或是造型,我们的设计师可能会喜欢,但我们会权衡是80%的大众群体还是20%的小众群体会喜爱它?如果是20%的小众群体的偏爱,设计师们就会咬牙舍弃。

极简的第二个原因是为了保证后期的生产效率。我们在设计之初就要考虑生产线上的难易程度,不能为了追求一些特殊的效果给后期的生产造成很大的困难。

极简并不是小米独有的特色,硬件极简化逐渐成为新的潮流,减少一些刻意的雕饰,砍掉古怪的造型,对生产制造的良品率和成本控制都是非常有利的。

极简的第三个原因是为了风格的协调统一。未来小米生态链上的产品会不断丰富,一个一个进入用户的生活。我们会比较有耐心,让每个产品都不那么出挑。当进入家庭的米家产品越来越多时,用户会感觉到这种统一、简洁设计的好处。如果每个产品都极具个性，这个家庭的风格就会凌乱。

很多消费者走进家电卖场，会看到各种电饭煲极其夸张的造型。不可否认，这与销售模式有关，绝大多数产品是在线下的大卖场里销售，并且与其他厂家的电饭煲摆放在一起。只有造型突出、颜色亮眼，才容易吸引消费者的眼球，不是吗？但当用户把这个产品搬回家、搬进厨房后，恐怕就会感觉不那么搭了！

米家电饭煲的外观设计就极为简单（见图7-4），简单到如果放到家电卖场里，跟其他电饭煲摆在一起都很难引起消费者的注意。在这款电饭

图7-4　小巧简洁，融入家庭厨房环境的米家电饭煲

煲的设计上，我们用接近手机堆叠电子元器件的方式去堆叠家电产品的元器件，因而将电饭煲的体积做到很小，既不会占用厨房台面太多的空间，也非常方便收纳。一个小巧的、白色的电饭煲，就那样安静地躲在厨房的角落里，根本不会引起用户的任何不适。

我们认为，小也是一种极简风格。所以，在米家的一些家电类产品里，我们都会采用3C的标准设计产品，做到更小、更美、更实用。

极简的第四个原因是为了方便用户。仍以电饭煲为例，我们看到市面上的电饭煲的操作界面都非常烦琐，不大的锅盖上布满各种按钮，用户拿回家要对着说明书研究好久。年轻人还好，摸索一段时间就可以上手了，但老年人面对天书一般的说明书就会觉得格外吃力。

其实，电饭煲的核心功能就是焖饭，我们直接默认的菜单就是焖饭，如果需要更复杂的操作，在手机里下载一个App，按照App的指引很容易操作，完全不需要说明书。

为了追求极简风格，我们甚至在屏幕的处理上都尽量淡化用户的感知。平时不通电的时候，那块屏幕与锅盖的颜色浑然一体，根本感觉不到。只有在做饭的时候，这块屏幕才会亮起，显示操作菜单。

当然，还有第五个原因，就是美学。少即是多的理念在设计界流行已久，最早是由建筑大师路德维希·密斯·凡德罗提出的："Less is more."（少即是多。）少并不是没有设计，空洞无物，而是设计领域的一种新主张，是各个细节精简到不能再精简的绝对境界，这样的产品出来之后，反而可以给观者以高贵、雅致的美感。

这里还要再说一下小米插线板。它的外观非常简单，看上去就是均匀分配的插孔和凸显质感的白色主体，而就是这样的简洁设计，使得这款插线板可以像艺术品一样摆在桌面上。

可做可不做的，一定不做

扫地机器人是一个被"做烂了"的领域。扫地机器人在市场上已经存在好几年，但普及率并不是很高，就是因为用户体验非常不好。许多家庭抱着极大的期望买回一个扫地机器人，用了两三次之后，就让它躺在墙角，再也不愿意用了。正如我们前面讲到的，这个产品有两个门槛：一是用户体验不好，二是价格过高。

产品经理出身的昌敬与夏勇峰在产品定义方面的思路非常一致：可做可不做的东西，一定不做。一款产品要做到极致，一定要做少，不能做多。

举个例子，几乎所有的国产扫地机器人都有一个拖地的功能，就是在机器的后面加一块抹布。我们认为那只是一个噱头。我们都知道，拖地是需要在地上用力蹭，才能达到清洁效果。现在的扫地机器人都是在后面加一块抹布，机器人的重心都在前面（因为电池在前面），这块抹布在后面重力较小，就是在地面上轻轻拂过，把地面打湿，根本起不到拖地的作用。

没用过扫地机器人的用户都觉得买一个机器可以扫地又可以擦地，一机两用，多值啊！但买回去后发现根本不好用，而且还多了一个麻烦：得经常清洗抹布。

这种功能完全是按照消费者的心理感受去设计的，设计的初衷不是产品本身，而是消费者更容易被什么诱导消费。扫地机器人这个品类里存在很多噱头，比如杀菌，在机器上装个紫外线灯，说能杀菌，效果怎么样想想都知道。有的机器人装个摄像头，说可以摄像；有的装个灯，说可以生成负氧离子；有的扫地机器人甚至说可以净化空气……

当我们决定做扫地机器人的时候，产品定义非常明确：凡是与把地扫好有关的功能，我们都做，与扫地无关的功能，我们一律不做。

我们定义产品的时候，就集中在四个特性：

第一，清扫能力强，机器扫过的地方，一次性清扫干净；

第二，覆盖面广，争取把用户家里的每个角落都扫到；

第三，扫得快，效率要高；

第四，用起来省心，老人和孩子都可以轻松操作。

聚焦这四个特性，目的就一个：做出一个扫地扫得非常好的机器人。只有做好这四条，才能改变扫地机器人被闲置在角落的命运。

扫得干净，这个要求看上去是不是太简单了？事实上，以前用过扫地机器人的用户大多感到非常失望。为什么扫地机器人连最基本的要求都达不到？因为影响它的因素太多，设计起来非常复杂。

扫得干净主要是依靠清洁系统，它是由风机、风道和主刷组成的。刷子的形状和刷毛的粗细，以及风道开口的大小，这些都会影响清扫的效果。最难的是风道的设计，影响因素太多，完全靠理论计算是算不出来的。风道如果设计得不够好，不仅影响吸力，还会产生噪声。

那么该怎么办？我们采取了基于一定理论的穷举法，打了100多组样，才找到理想的模型。这些工作不仅需要时间，也需要资金！这个过程其实很痛苦，你要一个个去试。尝试过以后，我们才明白为什么以前那些公司都不去认真地解决这个基本的问题。

覆盖面要广，这主要是软件的问题。以前市场上的机器，多是碰撞式的，扫起地来没有规划，有些地方反复清扫，而有些地方就是扫不到。于是，我们采用了软件规划路径的算法。以前，行业内鲜有公司这么做，因为太难了。比起硬件的设计，这个软件的设计我们整整做了26个月，把机器人放到各种复杂的家庭环境中去模拟，不断测试，不断调整。

我们对于清扫效率有两个要求：一是行进速度要和清洁度达成一个平

衡，不能反复清扫，一次经过的情况下，要清扫到最干净；二是机器人在扫地的过程中会有很多动作的切换，我们要把这些动作调试得如行云流水般顺畅，不要有卡顿。动作不连贯往往会影响效率。我们看到以前其他品牌的扫地机器人经常是走到一个地方停下来调整半天，才能开始下一个动作。我们在软件上做了很多设计，让机器人走到一个地方，不用思考就可以继续进行调整。

以前很多国产扫地机器人在使用过程中经常卡住或是出现故障，离不开人的"帮助"，这也是用户不喜欢这类产品的主要原因：买机器人，就是图个省心省力，结果使用起来反而更麻烦了。我们定义这款产品的时候，出发点就是尽可能不让用户干预，让用户用起来省心。

最理想的状态是：扫地机器人放在家里，你完全感知不到它的存在。你出门上班了，它出来工作，等你下班回家，看到一个干干净净的家。

当然，我们现在还不能完全实现用户零干预，每周还是需要用户给扫地机器人倒一次垃圾。其他功能基本上都已经实现。

如果扫地机器人，真的具备了上面这四个特性，是不是才能称得上扫地机器人？杀菌、净化、负氧离子，与它何干？去掉那些无厘头的噱头吧！

极简也是人生理念

硬件的极简化其实是一种趋势，比如手机的多个按键用一个Home键代替。从硬件量产的角度来看，我们会更愿意去除一些多余的装饰，这样的话，就不必花费更多成本在装饰方面，这对产品良品率、成本控制都是有利的。所以从方方面面来考量，它都会形成现在你们看到的极简的产品设计风格。

其实，少即是多已经不局限于设计的范畴，而是成为一种人生理念。日本人从一本《断舍离》开始，提倡回归生活的本真，追求极简。在《断舍离》之后，日本作家本田直之出版的《少即是多》更是引起巨大的反响，一种新的朴素的生活理念从日本向全球蔓延。这本书里有几句话，我们非常赞同，也帮助我们在设计上做到更贴近现在的消费潮流：

1. 从物质中获得幸福的时代已经结束；

2. 不被常识束缚，感受幸福需要自由；

3. 从加法时代来到减法时代；

4. 降低满足"阈值"，只选择自己需要的东西；

5. 生活在多元化时代，不必被他人的价值观左右；

6. 比起金钱，更重要的是精神层面的充实感；

7. 找到对自己来说最重要的东西。

当你们读到这些观点的时候，是不是非常认同？

米家产品整体风格调性的生成当然与"槽王"李宁宁分不开，她每年都会去一次日本，逐渐发现日本社会发展到一定程度后，人们根本不需要靠物质来标榜自己，所以极简设计更是一种精神层面的追求。而在中国社会，全民正在向理性消费转变，因而《断舍离》《少即是多》里面的观点正在被中国消费者广泛接受。

极简，要有度

极简会引发另一个问题：简到什么程度合适？

有一次，小米商城做了一张海报，把大部分产品放在一起。看到那张海报时，李宁宁愣了一下，这些是自己的作品吗？

每件产品从我们手里出去的时候都像艺术品，但是最后全部摆放在一起为什么会感觉有点儿硬朗，甚至会觉得有一点点侵略性？李宁宁这次将枪口对准自己开始吐槽：设计语言要改得更柔和一点儿，抹掉棱角部分。当我们全速往前跑的时候，可能根本不关注这些，但有时需要停下来看一看，设计风格不应该一成不变，现在是时候稍微增加一点儿亲和力了。

还有一个故事要与大家分享。在定义小米手环一代的时候，关于是否保留电子屏幕，我们内部两位"老大"产生了很大的意见冲突。教主（夏勇峰）是一个极简主义者，坚决反对在手环上加一块屏幕。皮总（孙鹏）则认定，看时间是用户的刚需，没有屏幕就无法满足这个刚需。两个人反复争论，僵持不下。

最后教主拍案而起："要是加这块屏幕，我就不干了。"恰好，那天皮总心情很好，抬头看了看教主，淡然一笑："那好吧！"

后来我们在复盘时，也无法判断加屏更好还是不加屏更好，谁也无法确定加了屏就一定卖不动。但恰好那天皮总心情好，小米手环就做成没有屏的样子了。可如果那天恰好皮总心情不好呢？

第三节　自然，不突兀

我们设计完小米空气净化器之后，每个人都非常满意，不仅因为它在很多技术方面都处于领先地位，还因为它拥有小巧精致的外形，仅占一张A4纸大小的面积，以及哑光而有质感的表层材料。

这款净化器的边角采用了方形圆角设计，与墙角非常贴合。净化器的表层，由实面和多孔面结合而成，孔洞形成灰色与白色的对比，孔洞与实面之间的变化让产品看上去简洁但又不冷冰冰。下面的底座则让这款产品有了一点儿悬空感。

整个净化器能看到的设计元素非常少，但每个元素都经得起仔细推敲。内测的同事把这个小东西搬回家后发现，它一点儿都不占空间，也不抢眼，非常自然地与家具融为一体（见图7-5）。

图7-5　与家居环境百搭的小米空气净化器2

　　要知道，中国人的装修风格差异极大，一款新的家电产品入驻，与装修风格百搭很重要。而这款净化器放在任何一个环境里都不会显得突兀。

　　我们说过，智能家居是个伪命题，除非家里进行大规模装修，才有可能一次性完成智能家电的布局和设置。但在现实生活中，更多的情况是家电一个一个逐渐走进家中。你的房子有原有的装修风格，有旧家具，也有旧家电。那么，新进入房间的这个家伙最好低调点儿。

　　这就是极简的原因，低调、自然、不突兀，以满足大多数用户的需求，力求在每种装修风格中做到百搭。

　　戴森是我们非常尊敬的一家公司，它们的产品风格都非常酷，风扇不像风扇，吸尘器的外形也不像吸尘器。每个产品看起来都是那么与众不同。它们的设计征服了相当一部分追求新奇的用户，也在全世界范围内受到追求个性的用户的追捧。当然，其产品的定位也非常高端，注定不是大众市场的选择，所以戴森可以在设计风格上多一些任性。

　　但那不是小米要的风格，我们就是要让产品回归其原本该有的模样，不出挑、不出奇。用我们日常提醒自己的原话就是："让产品长成它本该长成的样子，我们绝不做视觉的杀马特。"

　　一款产品，需要做到自然、不突兀，看上去自然而然地融入环境，就像一个低调又听话的乖孩子，悄悄地做着该做的一切。

　　大家还有可能会问，为什么小米的产品以白色为主？很简单，白色最简单、最低调，符合我们的设计风格。而且，现在的家居风格基本都是以白色墙为主，小米生态链的产品进入用户家中，可很自然地与白墙相融合。

　　其实，这几年在中国也很流行金色，一部米金色的手机可能会很好卖，一辆金色的汽车也会很好看。但我们绝不会做这样的选择，因为金色与白墙不搭，与其他家具也很难搭配。不能融入环境的设计，不是我们要的设计。

第四节　"性冷淡里带点儿骚"

米家LED台灯的设计是我们非常满意的作品之一，但并没有想到在上市之后能够收获几乎百分之百的好评，这是我们有史以来获得评价最高的一款产品。更令我们意想不到的是，很多设计师朋友托人到小米来买这款产品，因为初期产能爬坡，LED台灯很长时间供不应求，他们迫不及待地走起了后门。

给它一点儿"维生素C"

见过这款台灯的朋友都知道，最让用户赞不绝口、打动很多设计师同行的，就是在灯臂与柱杆之间，被甩在外面的那"一抹红"（见图7-6）。

图7-6　米家LED台灯的"一抹红"

由于灯臂的尾端有一小段电线，在硬件的设计方面，我们不得不把这段电线露在外面，甩在连接处。我们试了很多方案，灰线、白线，但是从视觉平衡的角度来看，总觉得不是很舒服。后来我们又试了一下红色，天哪，太美了！

灯的整体是白色，只有连接处的一小段红色电线跳出，红色的比例恰到好处。如果我们把整个电源线或是整个柱杆换成红色，绝对没有这样自然的感觉，会让人觉得太愣了。但如果把这一小段线也统一为白色，就会感觉那段电线是多余的。

这就是设计的一个原则：给它一点儿"维生素C"。在简洁的设计中，增加一点点活跃的小元素，使得整个产品有了精气神，有了灵气。

后来，我们开玩笑，说这"一抹红"是"性冷淡里带点儿骚"。这样的设计，不是我们一拍脑门想出来的，也不是我们一两个人的审美观造就的，而是因为它真正符合设计美学，才会让几乎所有的人都爱上这个设计。

八分目

"饭吃八分饱"不仅有益健康，更隐含了深刻的哲理，它是指将生活中对于物质的满足感从100%减少到80%，并将已膨胀过剩的欲望调整至适当的状态，进而产生更多愉悦的感受。

无印良品的"八分目"就是出自这个道理，在设计中注重"适量"的重要性，从各个角度检视，不断反思两个问题：这是不是多余的？这是否太过分了？日本的很多设计审美领域讲究和、静、清、寂，可能这种观念已经深入人心。因为其不断自省以上两个问题，以达到一种合理的平衡，避免过于简单而导致乏味。

我们的设计风格也是追求极简，去掉一切多余的部分。加上纯白色的调性，如果没有一点儿变化，确实容易给人性冷淡的感觉。我们的用户群体是"追求美好品质的大多数人"，属性是"年轻人为主"，所以在我们简洁的设计基础上，需要增加一点点活泼的元素，作为点睛之笔。

在智能LED台灯之后，又一个引起消费者极大好评的设计就是小米生态链公司石头科技的扫地机器人，这款产品整个机身都是白色，顶部的360°激光扫描部分则是红色。有趣的是，它并没有让整个红色露在外面，而是躲在一个透明的罩子里。当这个扫地机器人在地板上辛勤地转动、工作的时候，用户会从不同的角度看到罩子里那若隐若现的一抹红光，仿佛一个冷冰冰的机器人却带有一颗骚红的心（见图7-7）。

图7-7　扫地机器人"骚红的心"

我们设计这颗"红心"的时候，想到的不仅是骚，还有科技。这款扫地机器人是米家至今最复杂、最智能的一款产品，我们希望用户在使用中感受到科技的魅力，而且一看到它就能感受到那种力量，觉得它是充满智慧的。

　　小米公司的属性就是一家科技公司，我们在设计中一定要带有这种科技感。红色、橘红色是很年轻的颜色，有一点点运动感、一点点活力，所以我们在白色的设计里喜欢加上一点儿红色或是橘红色。

　　同时，平衡、协调也非常重要，我们要保持这个小小的灵魂元素不超过5%的比例，并且不会放在非常抢眼的位置，所以机器人的红色的心一定要放在罩子里，而不是突兀地顶在头顶。

第五节　不自嗨，不炫技

在我们设计的过程中还有一个原则：如果遇到不成熟的新技术，或是会给用户造成困扰、增加麻烦的新功能，我们会果断砍掉，甚至整个项目都停掉。我们的产品是用来解决问题的，而不是为用户带来困扰的。

不成熟的绝不强加给用户

在设计体重秤的时候，我们原计划做出一款可以测量体脂的体重秤。但后来放弃了。为什么？因为当时市场上流行的测量体脂的技术是ITO（一种N型氧化物半导体）镀膜，就是在玻璃上镀一层膜，人站上去之后就可以测量体脂率。

这种功能想想都觉得挺不可思议的，一层镀膜，人站上去就能知道真正的体脂情况？我们不是这方面的专家，但总觉得这个技术有点儿玄乎。

后来经过大量的调研，我们发现这种镀膜很贵，如果加在秤上，成本就太高了。当然，贵还不是最主要的问题，核心问题在于它并不准，它给出的只是一个参考值，并非精准测量值。

那么，我们有必要让消费者为一个参考值买单吗？为一种还不成熟的技术买单？

这就是我们设计的另一个原则：不自嗨，不炫技，不会为了追求所谓的最新、最酷，而不考虑用户的实际使用效果，更不会为了追求所谓的新技术将成本强加给用户。

对于这个体重秤的设计，我们花费了非常多的心思，最终出来的是一款颜值非常高的产品，定价只有99元。砍掉了测量体脂这个噱头，这款产品的销售也非常好。事实证明，不靠炫技，靠颜值也能成就一个爆款。

要用最适合的，而不是最顶尖的

再说说智能家居，到底智能到什么程度合适呢？在手机行业，大家流行飙配置，动不动就用评测软件跑个分。因为手机已经成为每个人都离不开的工具，应用越来越多，功能越来越复杂，对性能的要求当然也越来越高。但追求高配置，在智能家居领域并不适用。

米家电饭煲采用的Wi-Fi模块芯片只有5只管脚，而纯米以前做菜煲用的是100多只管脚的芯片。管脚越多，意味着芯片越高端，数据传输能力越强。但事实上，电饭煲传输的数据很少，几KB的带宽就够了。现在市场上随便一个Wi-Fi模块芯片都是百兆水平，100多只管脚的芯片比5只管脚的芯片要贵不止一倍，但它的功能是多余的，用户根本用不到。

从做菜煲到做饭煲，杨华悟出了一个道理：要用最适合的，而不是最顶尖的。不能为了炫技，让用户去承担多余的成本。

总结来看，选用成熟技术、通用零部件的理由有三个。

第一，设计是从用户出发，而不是工程师。大众产品是要给用户提供便利，而不是造成困扰。好用、实用、稳定比拥有一堆用户搞不懂的新功能更有价值。

第二，不能让80%的用户为20%的需求买单。很多所谓的新功能、新技术，用户根本用不到，但这往往是成本最高的部分。

第三，为了保证量产的稳定性，越成熟的技术及工业化的零部件，越能保证生产的平稳性，对供应链企业也有益处。

不做"脑白金"公司

有些事情，虽然我们做了，但我们也不会过度宣传，避免自己成为一家"脑白金"式的公司。

比如照明领域，绝对不是遥控开关、定时功能、灯光可变这么简单。我们看重这个领域，是因为未来这是一个涉及光健康的巨大产业。什么样的灯光对人有什么样的影响，学习时与喝咖啡时的灯光效果就应该是不一样的。无论是从品质生活，还是从眼睛健康方面来思考，这里面都有很大的学问。

有关健康的研究在全世界已经不是新鲜事，但还无法做到准确验证什么样的光会起到什么样的健康效果，国际上这方面的论文也非常少。Yeelight的团队用了一年多时间，拜访了业界顶尖的光健康专家，请来一些顾问，在这个领域内深入研究。所以，这款极受欢迎的LED灯，融入了一些有益健康的设计理念。

但是我们并不会刻意宣传一些光健康方面的设计理念，免得让用户觉得又是噱头。只要他能实实在在感受到使用时灯光的舒适度，就可以了，我们没必要去说一堆用户听不懂的名词。

讲 真

智能，避免走火入魔

夏勇峰 小米生态链产品总监

我喜欢做减法，砍掉可有可无的东西。谈智能要避免走火入魔，我们不是为了智能而智能，如果智能给用户带来了麻烦，而不是方便，我们应该把智能去掉，因为用户的方便是更重要的。

在现在的环境中，我们应该提供有限的资源，进行单点突破。在产品定义上，只需要想一两个制高点，然后在其他地方使用标准化要求和成熟的技术。大幅地复用目前成熟的技术和零部件，整个产品的风险也会比较小。但前提是，一定要有足够的、一两个制高点。一代产品的创新点最好就一两个，创新点太多，我觉得并不是一件好事。

要想在竞争中获胜，靠创新是不够的，必须提高效率。做产品的时候，我们会在很多地方纠结。确认不必要的、所谓的创新，你就更明确产品的定义，明确之后才能提高效率。

第六节　干掉说明书

简单易用，轻松上手，3岁的孩子和60岁的老人看到这个产品就会使用，不需要查阅说明书，这也是我们的设计目标。

技术解放人性

苹果手机就是做到了这一点，小孩不需要学习，拿起来就能玩，我们经常可以看到三四岁的孩子玩手机、iPad非常熟练。一个更神奇的现象是，苹果手机开始流行之后，很多三四岁的孩子比父母玩手机玩得还顺溜。为什么一个没有任何认知、没有学习过操作的孩子会比有知识的父母更容易上手？

这在设计中被称为"直觉化设计"。科技水平的提高是为了给人们的生活提供便利，而不是制造麻烦。技术虽然越来越先进，但应该设计更傻瓜式的应用方式。所以我们在设计产品的时候，都是默认用户不会看说明书，而是从设计的语义引导上让消费者一看就明白怎么操作，产品有可能具备什么功能。

举个例子，我们在设计移动电源的时候，移动电源行业普遍会遇到宕机的问题，也就是用户有时候发现移动电源不工作了。我们在移动电源的开关上增加了一项硬重启的功能，一般情况下，用户发现移动电源不工作时就会下意识地去按开关键，正好无形中重启了电源。所以根本不需要教给用户，让他在很自然的动作中解决问题。

以前使用空气净化器和净水器的用户都有一个非常大的苦恼：不知道什么时候该换滤芯。一般产品说明书都会告诉你一年更换或是两年更换，但这样的提示非常不科学，因为每个用户的使用频率不一样，怎么能同一时间更换呢？更麻烦的是，用户需要拿个小本记下这次更换滤芯的时间，以防忘记。

我们对滤芯的更换方式做了革命式的颠覆。在手机的App上，时刻可以看到你的滤芯使用到什么程度了。如果滤芯使用率超过85%，App就会提醒你准备更换滤芯。同时，可以在这个App上直接下单购买！在手机上轻点几下，滤芯很快就会被送上门。

干掉说明书的本质是，通过技术解放人性。让人以最自然的方式使用科技产品，产品带来的便利又会将人带入最自然的状态。

用最自然的方式使用产品

每个人的背景不一样，对产品的认知差别也非常大。所以我们在产品设计完成之后都会进行盲测，就是不提供任何说明，让测试者拿到产品，按照自己的理解、自己的习惯去使用。我们会观察他是怎么操作的，在没有提示的情况下发现多少产品功能。

如果我们发现用户盲测的时候会遇到使用障碍，或是没有提示根本不知道产品都有哪些功能，我们会想办法做一些快速引导，使用户在打开产品包装的第一时间就能够简单明了地看到最重要的信息，并且是一看就懂。

比如LED灯有一项定时的设计，这项设计的出发点是为了用户的身体健康，他可以设定一个工作时长，比如40分钟，灯每隔40分钟会自动熄灭，"强迫"用户休息，让他可以用眼睛看看远方或站起来走走。这个设计非常人性化，但如果不提示，用户根本想不到。所以我们在灯底座的面板上，贴了一层膜，膜上印有快速引导语，用户把灯从包装里拿出来的第一眼就会看到这个引导语，很容易就明白其中的玄机。

此外，我们将很多智能的应用放到App中，降低机器本身的操作复杂性。因为App更直观，交互性更强，操作起来更方便。比如，电饭煲，如果你只想焖饭，在电饭煲上轻轻按一下就搞定。但如果你想玩点儿花样，调节一下米饭的软硬度、焖一锅排骨饭，或是想吃"发芽"的米饭，打开App，非常容易就可以实现。

干掉说明书并不是说不提供说明书，而是要尽量减少用户在使用过程中的麻烦，这提出了以下要求。

首先，在设计上尽量采用直觉化设计，让产品使用符合人性的特点。

其次，通过一些快速引导语帮助用户在最短的时间内了解产品。

最后，无论我们自认为产品已经设计得多么直观，为了所有的用户考虑，我们还是会奉上一本说明书。但在说明书的设计上我们也颇费心思，让用户通过最简单的图文彻底了解这个产品。所以，我们很多产品的说明书都会是出厂前的一个"瓶颈"，因为要经过反复修改。记得九号平衡车的说明书，我们修改了20多个版本。

第八章

关乎品质，绝不妥协

"产品品质是我们的生命线，品质管理再精细也不为过。"

　　我们常说一句话：不是对成本负责，而要对品质负责。小米永远不会在品质上妥协。产品品质是我们的生命线，品质管理再精细也不为过。追求产品品质是小米创业的初衷，这个初衷对小米生态链上的每家公司都适用。因为我们共用一个品牌，大家的关系是一荣俱荣、一损俱损。在生态链篇章里我们曾经讲过，生态链的模式还是非常先进的，而这个模式最大的风险就在于能不能保证每个产品的品质。

　　小米和米家的品牌是靠一个又一个高品质的产品换来的，这就要求所有生态链公司共同守护品质这条生命线。如果有一个产品的品质出问题，就是对小米和米家品牌的透支、减分。

　　雷总曾经说，小米虽然给予生态链公司很多方面的帮助，包括投资、渠道、市场、供应链，但在所有的付出当中，最重要的一条就是小米品牌的背书。这个背书的风险有多大？大家可以想象一下，如果移动电源爆炸了，如果平衡车把人摔伤了，如果带手环过敏了，所有的问题都会与小米的品牌联系起来。"小米付出最多的，同时也是让我睡不着觉的，就是这77家公司中任何一家干砸了，对小米及生态链上的每一位，都是致命打击。"雷总反复强调，"品质是重中之重，用户满意度是重中之重，用户口碑是重中之重。"

　　所以，品质是小米生态链模式走下来的根本保障。

　　此外，品质也是一种效率。

　　我们之前也讲过，小米模式的核心就是效率，而提升品质本身也是对效率的一种提升。把产品做到最好，营销不愁，口碑就可以起到很好的传播效果；口碑好销量就大，量大就可以很好地控制成本；品质好还可以省去很多售后不必要的麻烦，减少维修，减少退换货，减少产品召回。这一切，都是效率的体现。

　　一路走来，为了保证产品的品质，我们付出了很大的代价。在本书的最后一章，我们有必要单独把品质的话题拿出来说一说，把我们踩过的坑一一告诉大家。

第一节　死磕细节

再减掉2毫米

小米插线板是220V电压，而日本的标准电压是110V，日本人在国内根本用不到这个产品。但当我们把这个插线板送去参加设计大赛评选的时候，却引起了评委们的极大兴趣。

一个日本消费者根本不会用到的小米插线板却在日本获得了G-Mark设计奖，因为这款插线板上有三个消费者根本不会买单的消费细节被G-Mark的评委注意到了。

第一个小细节是插线板上的三合一开关。在过去20多年里，整个行业都在沿用一种又大、又笨、又丑的开关。大家看看自己家里的插线板，是不是有一个半透明的大大的按钮？这个设计在过去20多年来从未改变过，似乎已经成为行业共识："我们一直就这么干呀。"这是一个行业的标准定制件，哪家拿来都能用，因为用得很好，于是大家就在舒适区里混了20多年。

我们为了让插线板尽量薄一点儿、小一点儿，看起来更轻巧一点儿，必须要把这个沿用了20多年的开关"干掉"。而要把三合一开关做到如此精巧，对硬件研发者来说是一件非常痛苦的事情。它意味着重新设计、重新开模具、重新进行复杂的验证工作。这不仅仅是研发人员和设计师改方案就能解决的事，更需要整个产业链条上各个环节共同努力完成。幸运的是，我们找到了愿意改变的"少数派"。

评委们注意到的第二个细节是，小米插线板的表面为什么会有微微的隆起？这要从雷总说起。插线板是小米生态链最早的项目之一，把插线板做成艺术品，可以说是他多年来的一个情结。雷总自始至终都在亲自过问这个项目，当我们经过反复修改，把一个自认为非常理想的设计交给雷总后，他坚持让我们的设计人员再减掉两毫米。要知道，我们的插线板已经比其他同类产品小了三分之一以上，两毫米的差距其实用户感觉并不会很明显，但是雷总就是咬着不放。

雷总的坚持促使我们在设计上极尽一切可能地做小，甚至采用了手机设计领域常见的小手段："偷厚度"。很多手机产品在设计的时候，为了让用户看上去觉得很薄，会把棱角边缘做得更薄，中间部分则会微微地隆起。人们往往看到纤薄的边缘，就会认为产品的厚度就是如此，而忽略了中间的隆起。小米插线板就有这样一个微微的隆起，比起棱角边缘"偷"了不到一毫米的厚度（见图8-1）。

普通用户不会注意到这个细节，只会感到这个插线板太小巧了。恰好我们的用心被评委注意到，成为评选中加分的亮点。

最让我们感动的是，评委居然发现了尾部露出电线的那个圆形小孔的与众不同（见图8-2）。一般的插线板在尾端走出电线的孔都是火山形，在组装的时候可以直接安装上。而雷总的"洁癖"令人发指，说这样不美观，一定要做成非常小的圆孔，这无疑会给组装增加麻烦：我们要先把电线插进孔洞，再从底下把零件装配上去。从量产来讲，这样会增加一道工序，时间上不说，产品成本也会因此增加两三角钱。

评委注意到的这几个小细节，当初设计时真的花费了我们很多心思和时间。其实我们也清楚，这些是我们自己的苛求，消费者未必会为此买单。有多少消费者会注意到那个孔是圆形的还是火山形的呢？当我们决定要做一个桌面上的艺术品的时候，即使消费者不会为某些细节买单，我们也不能放过。

在小米插线板面市以后，如果单纯在网页上看小米插线板，根本看不出跟其他插线板有太大的区别。若将小米插线板与其他品牌的插线板放在

图8-1　小米插线板棱角边缘的"偷厚度"设计

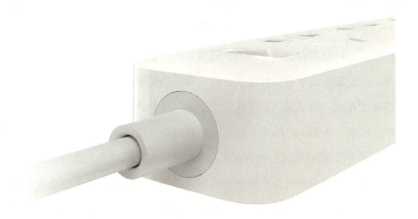

图8-2　被G-Mark设计奖的评委大为赞赏的插线板尾部圆形小孔设计

一起对比，差别就非常明显了，而且其他插线板的拔模角也比小米的大很多。把拔模角做小（接近零度），对生产工艺的要求更严格，可我们偏要

追求这种精致感。整个插线板的设计，我们在国际标准能容忍的基础上做到最薄、最轻、最小。从此，插线板不再是扔在桌底、踹在脚下的一个工具，而是可以摆上桌面的"艺术品"。

小米插线板面市后，相信大家都看到了市场上其他同类产品的变化。时隔两年，现在再去看市场上的插线板，已经跟小米插线板越来越像，但依然达不到像我们的这么精小。

有一个杂点就是不合格

Yeelight的LED灯在制造过程中曾遇到一个大难题：铝合金的灯杆要喷成非常均匀的白色。由于我们对均匀的要求过高，有一个杂点就归为不合格，就是废品。这么大面积的喷漆，每天还要保证一定的生产量，这对生产线要求极高。姜兆宁跟了很多厂子，都搞不定这项技术。

后来他想，喷漆工艺最牛的是两类厂商：一是高端数码产品的生产商，二是高端汽车的生产商。最后Yeelight选择了佳能相机的供应商。

即使是找到了最好的厂商，真正实现起来也并不容易。灯臂的面积比较大，对它的均匀喷涂是个挑战。Yeelight派出工程师驻厂，与供应商一起设计这条自动化的喷涂生产线。仅这一条喷涂线，我们就用了两个月的时间，通过双方联合设计、创新，才使其达到最后的要求。

这就是生态链上倡导的联合创新模式。为了研发出创新产品，为了有更高的产品品质，很多情况下我们不能沿用原有的生产线。因此我们与生态链公司还会共同投入研发新的工艺，对生产线进行改造，甚至有的供应商会按照我们的要求进行厂房的装修、生产线的布线，按照我们的建设需求购置新的设备。

小点儿，再小一点儿，这也是小米的追求。

小米手环一代的设计出现在2014年，当时可穿戴设计刚刚起步，一个电池问题难住了华米：为了让手环更小、更漂亮，需要一种体积更小但续航能力更强的电池。黄汪在市场上找了很久，也没有找到尺寸适合的电池。

怎么办？只能找供应商一起重新设计开发一款小电池。但是当时，智能硬件的生产才刚刚开始，很多供应商都处于观望状态，谁也不愿意先期投资研发、改造生产线，毕竟风险太大。

华米在业内又苦苦寻找了一圈，还是没有一款电池的尺寸可以满足需求，因为利润和订货量都没有吸引力，也没有厂商愿意研发这种更小尺寸的电池。

华米借助小米背书的力量与几家大型电池厂商谈判，这些厂商不是报价高得惊人，就是条件苛刻到无法合作。后来华米找到了一支中型团队，与其合作开发，一起研发出了满足要求的电池。通过合作，小米手环做到又小、又轻便、又便宜，于是手环一面市，就受到极大的欢迎，一直供不应求。

小点儿，再小一点儿，我们死磕这款小电池，这样做不仅让我们的手环更完美，也无形中帮助供应商完成了升级的过程。它们以前没有能力生产这样的小电池，当我们与它们共同开发、改造生产线之后，它们不仅从我们这里获得了可观的订单，还可以为更多的智能硬件厂商提供小电池。

同样因为"小"的要求，小米手环的震动功能实现起来非常困难。手环上的振子要比手机上的振子小一号，不能使用手机上的通用零部件。没办法，我们也是与供应商一起合作设计，对生产线进行改造，慢慢把这个小振子的良品率提升起来。

回过头来看，在华米刚刚起步的阶段，国内的智能穿戴市场也刚刚起航，很多东西需要我们做到"第一次去创造"。

有洁癖的设计师

另外一款令我们抠细节抠到极致的产品是小米移动电源。

前面我们讲过，移动电源在产品定义阶段就确定了69元的市场价格，采用了国际最好的电芯。从定义阶段，我们就知道这款产品不可能赚钱。这会不会影响到我们的设计理念？

我们并没有把这个定价告诉工程师，如果让他们干活儿的时候，还要想着成本的压力，很多好方案他们根本就不会提出来。所以在做这个69元的移动电源时，我们毫无保留，要求零部件全都用最好的。"有的时候，做事情要有一点儿理想主义，要天真一些，不能算计得太细。"张峰回忆道，如果太计较一时得失，移动电源这个项目就成不了。

紫米有一个工程师，跟雷总一样有着先天的"洁癖"，他的眼光非常"毒辣"，一眼就能看出别人看不到的瑕疵。

记得小米移动电源的金属外壳在打样时，生产商打了几百个样品，排了一排摆在会议室的桌子上。这位工程师就坐在那里，把每个样品都拿起来端详，然后边看边做记录，密密麻麻记下很多问题之后，他再对问题进行分类，最后交给生产商，让他们调整工艺，重新打样。每一次看打样，他都是这样挑、这样查，反复提出问题，反复修改。

有一次张峰也进到会议室里转了一圈，他感觉不到这些打样有什么问题，看上去似乎已经很完美。但是在这位工程师眼里，这批样品的问题依然很多，修改多次后的样品仍过不了关。

张峰当时非常焦急，就跑去求这位工程师："你再这样查下来，我的产品就做不出来了，高抬贵手吧。"这位仁兄平静地说："要是让我把关，肯定不行，通不过的。你要是觉得一定行，这次我就放你过。"在这件事上，张峰也不得不看工程师的脸色。

而那家生产商也很倒霉，小米第一代移动电源的金属外壳至少打了2万个样品，每个样品需要10～15元的成本！还好，这个厂家曾被苹果公司"虐"过，为苹果公司做过一款产品的外壳，先后打了5万个样品，都没能挑选出一个满意的。所以，我们这2万个样品，这个生产商还能忍受。

这位工程师与雷总、李宁宁属于一类人，这类人在小米和生态链公司中还有很多，他们天生对产品外形非常敏感，眼光犀利，有精神洁癖，容不下一点儿瑕疵，不以普通消费者的视角去看产品。他们有时候甚至会是流程上最拖后腿的人，但如果没有这类人，我们的产品就无法上升一个层次，就会变得平庸。

另一个例子是小米移动电源的USB插孔在底部，雷总说这个USB口露出来感觉不完美，让我们在底部贴了一层透明的薄膜，让用户拿到之后，撕开的瞬间会感觉这东西真有档次。为了这层膜，我们又增加了3角钱成本。

再说说移动电源上的呼吸灯，当用户充电时，它会慢慢闪烁，就是这个闪烁的节奏，我们调了很长时间。频率太快，用户会感到局促；太慢，会感觉不到它在工作。我们反复调适，发现闪烁的节奏跟心脏跳动的节奏相似时，看上去最舒服。

这里插一句话，小米插线板和小米移动电源都是小米生态链早期的产品，从这两款产品里可以看到雷总对于设计方面的"洁癖"。这两款产品的共同点是在细节上抠到了极致，并且以低得出奇的价格销售。当然，最终两款产品都获得了巨大的成功。

后来有人说，那些细节用户几乎关注不到，也不会为此买单，你们有必要这样做吗？现在复盘，如果插线板不缩小那2毫米，移动电源不亏8块钱去卖，可能并不会影响最终的结果。但当时这种接近病态的极致诉求，对于生态链公司初期打磨品牌、锻炼队伍、立下规矩，还真是立下了汗马功劳。

这两款产品对细节的苛求，成为生态链公司后来设计产品时的一种常态。

华米生产的体重秤表面是均匀的白色外观，当人站上去的时候，屏幕才会激活，人们才会看到显示出来的数字。这里面其实隐藏了一个大家很难注意到的细节：表面显示的位置上，有一个淡淡的小点，那是我们埋下的一个光线感应器。当室内光线强的时候，LED显示会更亮一些，光线暗的时候，则会显示暗一些。其实，手机里通常都会有这种光线感应器，手机自动识别环境光线后，显示的明暗度也会不同，我们把这个做到了细致的设计放到体重秤里，让用户无论在什么光线下都能看到最舒适的LED显示效果。同时，为了不让这个感应器太抢眼，我们在其表面加了一个涂层，用户很难发现这个"小机关"。

因为生态链公司这种对细节的苛求，纯米在做电饭煲的时候也把供应商给逼疯了。

因为电饭煲的盖在闭合之后难免会有一点儿段差，传统家电企业的要求是1毫米以内就算合格，然而杨华团队愣是提出了0.1毫米的标准：生产商花费好几天时间打出来了5 000个外壳，我们发现段差都超过0.1毫米，于是决定5 000个都不要了。这个标准把杨华自己的团队和供应商都逼疯了，连打塑料壳的车间主任都哭了。这条汉子的哭泣里有着急，也有心疼，5 000个呀，就这样被废掉了。

我们跟供应商沟通，一起坚持、再坚持。如果熬不住就是放弃，但是现在熬过来之后再看，不仅我们的产品是完美的，供应商的生产质量也上了一个大台阶，我们双方都感到非常有成就感。

这样的例子在生态链的每款产品的开发过程中都有很多，现在说起来好像是笑谈，但每个经历过的人都知道，那里面满满的都是泪呀。

讲真

对不起，我不接受

李宁宁　小米生态链设计总监

我们的插线板做出来以后，你在网页上根本看不出跟别的插线板有什么区别，但如果把它和其他插线板放在一起对比，你就会看出不一样了，其他品牌的会大出很多，连拔模角都会大很多。我们做得这么精致，中国的消费者可能看不出来，甚至是不买单的，但这是我们自己的追求，插线板就要把拔模角做小、做精致，做得恨不得和苹果的消费电子产品的充电器一样。我们的插线板是在符合中国国标的基础上做得最薄、最轻、最小的。你可以看看所有跟小米近似的插线板，你摆在一边看看体量和拔模角模具的精致程度，就知道其实是有区别的。

小米消费电子类的产品要求，包括模具、电子器件的堆叠、段差、拔模角等等，都要比传统家电的要求更高。其实业界真正能达到我们的要求是很难的，因为我们往往会把标准提高一下。我们希望把小米的各种产品里，非消费电子产品数据的要求拔高到消费电子产品的标准。

传统制造业自己默认的行规已经存在二三十年，这些企业在自己的舒适区里已经生存了二三十年，大家反正没有什么追求，都自得其乐，过得很舒服。但其实你要仔细想一想，本身经营制造业的技术发展已经提高一步了，不应该再用20年前的标准要求自己，不然我们这个社会的发展和科学技术的进步有什么意义呢？

制造业整体水平其实是可以提高的，只是意识落后于整个制造技术的进步速度。公牛做插线板做了几十年，为什么就没有做出这么一款精致的插线板来呢？因为几十年来没有人去跟它竞争，其实它要是做出来也是所向披靡的。

所以我就会要求制造商说：对不起，这个要求我是不接受的，就算全中国95%的家电制造企业都是接受的，我也不接受，因为我希望产品的标准再提升一点儿！

第二节　真材实料

　　小米手机1发布的时候，用了当时最好的芯片、最好的屏，原材料供应商几乎都是苹果的供应商。其实，从小米诞生的第一天起，我们就追求真材实料。在小米生态链上，这也是我们的信条，选用最好的材料，给用户惊喜。

白色，也要莹润饱满

　　大家知道对设计师来讲什么颜色最难驾驭吗？

　　白色，别无二选。这是所有设计师都珍爱的颜色，也是所有设计师都惧怕的颜色。面对纯白色的材质，需要在设计上多动一些心思，因为用白色打动用户并不容易。同样是白色，用金属与塑料，质感完全不同。即使是塑料，不同原料厂的材料给人的观感差异也会很大。所以说，白色，一方面对硬件设计的挑战更大，另一方面对材质的要求也更为苛刻。

　　现在市场上的台灯，绝大多数都是塑料材质的。但用户稍留意就会发现，塑料材质看上去缺乏质感，显得臃肿。有的塑料材质用得不好，整个灯都会摇摇晃晃的。

　　米家LED台灯虽然也是白色，但里面选用了金属杆，外面喷白色哑光漆。目前市场上金属材质的台灯，基本售价都在500元以上，而米家LED台灯做到了只卖169元。在200元以内的档位上，我们选择了别人基本不会选择的材质。用户使用的时候，能明显感觉到金属喷漆的白色跟塑料材质所呈现出的不同之处。而且，它们的手感也完全不一样。

　　有时候，我们的产品设计感觉非常完美，但生态链公司的人员打样时，怎么打都不对。我们把色板给他们，让他们按照色板去调，但也打不出那种莹润饱满的感觉来，这就是选择材料上的差别。

如果我们的产品必须选用塑料材质，我们也要选择最好的厂商的原料。我们选择的厂商的原料同样是白色，但看上去莹润饱满，跟其他材料的效果大不相同。当然，我们现在不能透露这个厂商的名字。

把10万元级音箱的振膜材质用到小小的耳机上

1MORE的活塞耳机做了冒险的尝试，使用全金属精密切削音腔，全球范围内首次把铍振膜用在小耳机上，在此之前，这种"贵"金属仅用于一二十万元的高档音箱。

铍这种金属很特殊，质量非常轻，价格高，是振动频率最快的金属之一，用它做出的音响器材，音质近乎完美。但是以前没有一家公司把铍用在耳机这种产品上，原因很简单：首先，这种金属太贵了，对耳机产品来说，其成本令人难以接受；其次，你要有技术能力做好铍化合物，铍是一种极为活跃的金属，工艺上不好掌控；最后，你要有足够的订单，生产商才会愿意跟你绑在一起往前冲，为了你的产品上新设备，改造生产线。

1MORE通过联创模式，与厂商一起研发出用在耳机上的铍振膜，成为全球第一个将铍振膜用在小耳机上的"吃蟹人"，让用户在99元的耳机上得以体验10万元级音箱的效果。

把可食用级的塑料戴在手腕上

我们在研发小米手环1的时候，也在手环的材质上花费过一番心思。带过手表的人都知道，表带的材质与佩戴的舒适度密切相关。从当时的市场上来看，可选择的中档材料是TPU（热塑性聚氨酯弹性体橡胶）、TPE（热塑性弹性体材料），甚至有的厂商就采用普通硅胶。而这款手环的电池可以连续使用14天，也就意味着用户有可能连续十几天都不用摘掉手环。以生态链产品的销量来看，我们预计手环的销量应该是千万以上的数量级。试想一下，如果有百万分之一的用户出现皮肤过敏，就是非常严重的医疗事故了。

经过反复的斟酌与考量，我们选择了TPSiV（热塑性硫化胶），这是一种可以用于制造婴儿使用的勺子的材料，其安全性可想而知。当时，全行业内尚无公司把这种材料大规模使用在可穿戴产品上，我们又是第一个吃螃蟹的人。在我们推出小米手环后，一些公司开始跟进使用这类材料。

TPSiV是顶级亲肤材料，它的成本是其他材料的3～5倍。有人会问，你们选择这么高标准的材料，不是让99%皮肤不会过敏的用户为1%有可能过敏的用户买单吗？如果是噱头，或是无关痛痒的功能，我们绝不会增加在产品中。但对于产品的材质，我们的要求非常严格，特别是关系到人身安全的问题，即使是只有万分之一的事故可能，我们也不会放松警惕。

里外材质保持一致

小米空气净化器也是因为超优惠的价格，对市场造成了极大的冲击，我们第一代产品虽仅售899元，但净化效果可媲美售价4 000元以上的空气净化器。而且，即使我们把价格降低到这种程度，也没有牺牲一点点品质。

小米空气净化器的外部采用了高质量的白料，在内部也使用了同样的材料。其内部，我们没有采用低一个档次的白料，更没有用黑料，因为黑料容易掺假，我们无法控制产品的整体品质。尽管内部材料用户看不到，但我们索性内外一致，全都使用了最好的材料，以此来保证品质。

真材实料也是一种效率

一分钱一分货，我们可以在各个环节上通过提升效率来降低成本，但材料上绝不敢有丝毫的"节俭"。

小米电助力自行车的销售价格是2 999元，很多中国消费者认为价格有点儿高。在这款产品设计的初期，黄尉祥认为1 999元是一个击穿市场的价格。但在设计、生产的过程中，因为要选用最好的材料和配件，成本怎么都降不下来。这也是需要取舍的，在品质和低价之间，黄尉祥要先保品质。

"把产品做到90分以上，其实你后期的成本会很低，这也是效率的一种。"

一家同类型的厂商踩过这样的雷：售价1 999元的电助力车，因为采用了比较差的配置，在韩国市场销售后出现问题，被迫召回2万台。

"如果我们的硬件卡在1 999元的价位上，风险很大。我们是单品公司，一旦出现大规模召回，一定是死路一条。所以，必须保证品质。避免后期的各种成本与麻烦，这也是一种提升效率的手段。"

第三节 在看不见的地方下功夫

拆机文化

有一个很悲催的事实，从小米手机1开始，小米和小米生态链上的每一款新产品发布，都会有一堆螺丝刀等着我们，这就是拆机。

一开始，大家都不相信小米手机那么高配置可以做到1 999元的价格，一定要拆开来看。后来，对小米有"兴趣"的人越来越多，小米被拆机已经成为一种常态。每款新品发布之后，都能看到网上有很多人晒拆机的文章。

好在，从设计第一款手机到电视、路由器，再到小米生态链上的一系列产品，我们一直奉行一个信条：AB面一致。

一开始我们是被拆，后来我们开始主动拆。每款产品发布的时候，我们会把零部件全部拆开来，给用户看，甚至线下的小米之家还举办过拆机活动，把米粉邀请到现场，跟我们一起动手拆机，看看里面到底是什么东西。

久而久之，这些螺丝刀把我们逼到死角里，我们没有退路，必须把里子和面子做得一样精致。

在设计插线板的时候，我们发现所有插线板里都是飞线。即使市场上有些插线板外形还勉强看得过去，但是一旦拆开，看着里面松松垮垮的飞线，你一定不会有安全感。事实上也是，那样的布线存在很多隐患。如果有万分之一的可能，插线板焊点松动，都有可能引起火灾或是威胁到用户的人身安全。

只有万分之一的产品出质量问题，应该算是很高的良品率了。但对于小米生态链上动辄上千万的单一产品销量，就意味着有几千个"炸弹"存在。

后来我们的设计团队想到了铜带这个方案，插线板里面的铜带完全一次铸成。从来没有插线板制造商这么干过。但我们想到且做出来了。一次铸成的铜带节省内部空间，确保安全，还提升了美感。

在插线板的发布会上，我们主动拆开产品，将内部晒给大家看。插线板是生态链早期的产品，从插线板开始，我们拆开机器、晒给用户看的行为成为一种常态。其实，当我们把内部的所有配件和结构展示给消费者的时候，我们内心真的感到很骄傲。

拆开行业的黑箱

我们在设计净水器的集成水路的时候，发现水路漏水是整个行业的痛点。其实还有一个更深层的原因：因为漏水，导致了水箱里的二次污染。即使你非常及时地更换了滤芯，但水箱里的二次污染问题仍旧无法解决，你喝到的水还是不安全的。

这个问题普通消费者是不懂的，但是行业内的人都知道这个问题一直存在。所以当我们把这个问题解决掉之后，得到了同行的认可。为什么我们这么在意同行的评价？他们懂行，我们做的东西必须经得起专业人员的推敲，他们说好，说明这个东西是真的好。如果连专业人士都觉得你这个东西不行，那么你的产品不就是所谓的讲情怀、炒噱头吗？

就好像消费者去买房，主要考虑的是房子的位置、房型、价格等外在因素，而内行人一定还会多看看盖楼的材料、施工的质量。

消费者一般都会看外在的东西，而懂行的人会看内里的东西、更深层次的东西。产品通常都是一个技术黑箱，消费者很难知道里面到底用了什么材料，里面是不是包含真正有用的技术。很多行业都是在利用信息的不对称来卖概念，技术则一直躺在舒适区里，二三十年都没有变化。

第四节　内测如同炼狱

内测和公测在软件行业是非常普遍的一种手段，特别是游戏软件。小米把内测引入硬件领域，小米的每一代手机上市前，都要经过"炼狱"般的内测过程。

小米生态链上的硬件产品也沿用了这个方法。所有产品必须通过严格的内测，我们才敢把它投放到市场上去。

小米手环是生态链上比较早的一款产品，当时我们的内测还没形成完整的体系，而那一次内测的规模比较大，前前后后发放了大约500个内测机。

后来我们把整个小米公司分为8个部门，每个部门都有助理，我们请他们帮我们挑选各个部门的内测人员。我们建立了一套内测系统，在小米内部有白名单。内测阶段是严格保密的，任何人都不能对外透露产品信息，所以白名单上的人并不多，并且都签署保密协议。

一开始我们内测机的发放范围比较大，比如小米手环前前后后几轮内测一共发放了500个产品。产品发放下去之后，我们会建一个"工作群"，内测人员在群里反馈各种意见。后来我们发现，大范围发放内测产品效果并不太理想，因为人太多，并不是每个人的积极性都很高。你会发现，每次内测都积极吐槽并提出建议的总是那一小部分人，这部分人就是那类真正喜欢各种智能产品的发烧友。后来我们缩小了内测的范围，结果发现人少了，发言的积极性反而更高，效率也更高。

到2016年年初，智能家庭推出了众筹平台，我们就在这个平台上开通了一个内测专线，内测机也开始收费，当然这个价格一定会低于未来产品上市的价格。

收费的内测，针对性变得更强。有动力花钱买产品的员工，说明他真的对这种产品有需求。在内测阶段，我们还设立了奖励机制，对于积极反馈的员工，我们会返款。对于提出有效建议或者发现缺陷的员工，我们甚至会全额返还他们的购买费用。这个阶段，众筹30台内测的机器，得到的反馈效果就已经非常理想，效率可能会高于以前发放200台内测机的效果。

内测要想达到高效率，最核心的要求就是要调动大家敢讲真话，吐槽越多，对产品越有利。有两个原因使得我们内测效率比较高：第一，小米的这群工程师中有一批发烧友，他们是对产品真正有爱的人，也真的非常懂产品；第二，小米这些工程师与生态链公司的人并不认识，吐槽起来不用顾及谁的面子。

小米的工程师身上，技术男的特质很明显，他们很多人的工作就是玩，玩就是工作，对产品的热爱是深入骨髓的。在内测的时候，他们不会考虑设计者、研发者面子上是不是好看，也没有被虚伪的外表包裹起来，有什么说什么，吐槽非常狠。生态链公司有时候也很怕内测这一关。

有一次，一款即将上市的产品进行内测，结果有位工程师感觉产品很烂，在群里连续吐槽，然后转身就去买了一款竞争对手的产品。后来，这款被大家严重吐槽的产品，没有被小米生态链采用。

设计得再完美，产品使用起来的各种场景却是无法提前预估的，所以内测这个环节必不可少。下面举两个小例子。

一个是扫地机器人，在用户用来开盖的地方，我们设计了一个微小的突起，提示用户可以从这里掀起盖子。但在内测的时候，我们发现不仔细看是看不到这个突起的。所以我们在最终产品上增加了一个小标签，让用户一开箱就知道这里有一个"机关"。

另一个是Yeelight的LED灯，起初将其设计成灯杆与灯座分离的结构，这种可插拔的设计使得产品的包装更精巧，运输和存放都更经济。但内测的时候我们发现，力气小一点儿的女生插拔起来非常吃力，需要找人帮忙。我们发现100个内测人员里，有四五个人反映了这个问题。对这款产品的销量，我们本身的预估是很乐观的，但按照这个比率，如果卖出100万台，就会有四五万人出现插拔吃力的问题，这无疑会是一个大麻烦。在得到内测人员的这个反馈后，我们紧急做了切换，宁肯包装大一些，运输成本高一些，也要改变这个设计方案。

内测可以把我们认为已经很完美的产品投放到各种真实的使用场景中去，让问题逐一暴露出来。设立高效的内测机制，是我们认为硬件产品面市前必须经过的"炼狱"。内测会长达一两个月，只为了让问题充分暴露出来。只有把暴露出来的问题全部解决掉，才可以让产品进入下一个环节。

第五节　品控贯穿始终

生态链公司都是新创业的团队，在初期并没有严格的品控流程，只是在产品的标准上非常严苛，不合格的就毙掉，以此来避免出现品质问题。在摸索中，我们的品质管理也渐渐有了小米特色：品控前置，从设计阶段就开始介入，提前制定企业标准，品控严格贯穿全流程，对工厂进行全方位评估，建立预警机制，QC（质量控制）驻厂，加强小米和小米生态链两层负责制。

补位

刚开始进行品质管理的时候，我们也遇到了一些难题。创业公司在最初的人才招聘阶段，一般都是优先组建研发团队，先把产品做出来。而品控团队人员的招聘一般都比较晚，因为产品还没设计出来，招来人也无事可做。

所以，在生态链公司发展初期就会出现一个大问题：品控介入得比较晚。品控人员一般都要到生产阶段甚至更晚才会介入，那个时候公司的产品已经基本成形，任何改动都意味着要付出巨大的时间成本，甚至需要把做好的模具废掉。此时，生态链公司的品控团队会非常为难。

我们遇到的这个问题，其实很多创业公司都遇到过，大家以为设计是设计、生产是生产，将二者完全割裂开来。品控人员在设计阶段不参与，到后期也很难有话语权。

我们发现这个问题之后，在生态链公司早期团队不完善的阶段，就采取了"补位"策略，先让小米自己的品控团队来配合他们一起做前期工作，在最开始的产品规格书的定义阶段就参与进来，等生态链公司自己的品控团队组建完成后，我们再把工作交接给他们。这也是小米生态赋能的一部分，生态链公司前期没有ID人员，我们补位；没有市场人员，我们补位；没有供应链管理人员，我们也补位。我们一步步帮助他们慢慢把团队组建完成。

慢慢完善起来的品控管理体系，其特点是前置且贯穿生产的全过程，而且是从产品定义的时候就开始介入。比如在定义产品时，我们就要讨论这款产品应该符合哪些国家标准、行业标准、企业标准，将标准制定清晰，而且每一步都要用标准去检验。

在这里要特别强调一下，生态链公司的很多产品都具有跨界的特点。我们面临的难题是，因为产品是跨界的，没有对应的国家标准或是行业标准可以参考，这种情况下就要尽早制定企业标准。最后产品封样的时候，就按照这个标准进行检验。

用做手机的标准去做家电产品

除了跨界，在品控问题上我们运用了降维攻击的思路。我们几乎都是用做手机的标准去做家电产品，达到这样的要求真的不容易。

1MORE团队从做耳机的第一天起就有一个梦想：自己的产品可以超越楼氏——楼氏是这个行业的标杆。然而与1MORE联合开发动铁耳机单元的供应商一开始对1MORE提出这么高的质量标准要求表示不解："当初1MORE团队成员找到我们，给我们提出了一个不可思议的高要求：他们准备用在99元的圈铁耳机上的动铁单元，不仅声音失真要远低于同行标准，还必须把频率响应的公差限制在极低范围之内。我们指出这要求太高，别说国内的企业，即使世界上最尖端的楼氏，公差要求也比这宽。"但是1MORE就是执着地认定了这个远超行业平均水平的标准，并且指派质量专家驻厂，与供应商一起解决产品品质的稳定性问题。

再说说米家电助力自行车。自行车制造业已经是相对成熟的产业，自行车不是精密设备，对制造业的要求不是很高，传统的自行车制造业的段差标准是5毫米，而米家电助力自行车要求必须控制在1毫米内。

当然，并不是所有生态链公司都像1MORE、骑记一样认同在标准上进行"降维攻击"。作为一家独立的公司，它们更要考虑技术、时间、品质、成本、商业利益之间的平衡。如果我们面对的是一家ODM企业，其实非常好管理，我们只要提出相关标准就可以，ODM厂商必须按照我们的标准执行。但我们和生态链公司是兄弟关系，我们是"帮忙"而不是"管理"。因为"屁股"坐在不同的地方，"脑袋"想的也难免不一样。

所以，我们慢慢找到一些方法，比如品控前置，相关人员在设计阶段就参与进来。比如在产品立项的时候就制定企业标准，到验收的时候就严格执行，凡是不符合要求的都要做出改进，尽量避免到后期产生不必要的麻烦。

生态链公司的品控团队由张维娜带领，维娜平时待人接物都很随和，可遇到品质问题，她丝毫不会妥协。工作中她比李宁宁更加"不招人喜欢"，生态链上的不少CEO也怕与她面对面交流。但接触时间久了，大家就能够理解她的良苦用心，毕竟品质是我们共同的生命线。

多维度评估

生态链公司选择哪家工厂生产，我们是没有决定权的。但很多生态链公司都处于创业初期，如何选择工厂、如何与工厂高效合作，他们并不了解，甚至对于一家工厂的资质到底如何，它们也很难准确地评估。

举个例子，有的生产商说它给国际大牌做过产品，其实它有可能是跟某个国际大牌谈过，也试产过，但最后技术能力不行，对方并没有选择在这家工厂生产；也有的是大牌确实在这家工厂量产了，但工厂品质管理一直上不去，良品率一直很低，成本一直居高不下，大牌就把产品转到其他有竞争力的工厂生产了；还有的是大牌确实是找这家工厂生产了，但它只是二供或三供，获得的订单份额很低，只是作为备选工厂，以备不时之需。

所以，只听对方过往的经历，很难准确判断这家工厂的真正实力。张维娜的团队有着非常丰富的供应链评估经验，在生态链公司选择一家工厂的时候，我们会跟着他们一起去实地考察，全方位评估这家工厂的资质。

比如，有一家生态链公司要做羽绒服，我们的品控团队跟着这家公司的人去评估了好几家羽绒服厂。他们自己最后选择了北京的一家工厂，但我们的品控团队认为这家工厂的生产能力不足。于是，我们向这家生态链公司发出预警，明确指出这家工厂存在的问题，它们目前的工艺流程难以生产质量稳定的产品。如果生态链公司坚持选择这家工厂，我们就要求其必须有质量控制人员常驻工厂。如果质量控制人员没有到位，我们是不允许这家工厂出货的。

我们不希望对工厂的评估中加入过多的感情色彩，不是凭关系或过往的经验进行判断。我们制定了一份供应商评价表，在考察评估的时候，每个品控工程师都会多维度进行科学评价。如果一家工厂低于我们要求的平均分，我们就会给出预警。被预警后，生态链公司有两个选择：要么更换新的工厂，要么派驻厂工程师，跟工厂一起整改，直至达到要求。

当然，随着这份表格上出现的工厂越来越多，我们考察的工厂也越来越多，将来会产生一份"白名单"、一份"黑名单"。随着我们对供应商越来越了解，就能更好地帮助生态链公司找到最匹配的供应商。这份评估表和预警机制，也是我们与生态链公司达成一致的纽带，它帮助我们避免因评价标准的不统一而带来管理分歧和内耗。

　　品控是一个非常复杂且庞大的体系，我们这一节讲的内容并不完整。我们在这里特意加上一节关于品控的内容，就是想告诉所有创业者，在任何情况下，产品品质是根本，任何细节都不能放过。本书的下篇讲述了小米对于产品的态度，无论是产品定义还是产品设计，最后都要落实到一款好的产品上。所以，品质是小米对生态链产品的核心要求。

讲 真

对硬件制造要有敬畏之心

黄尉祥 骑记创始人

我以前是做软件、做互联网的，觉得做出东西来并不难。但当我进入硬件领域，进入制造业，我深刻地理解了一点：所有人都能做出样品，但不是所有人都能做出产品。对硬件制造这件事，要有足够的尊重和敬畏之心。硬件有自己的客观规律，不是你今天设计出一个东西来，明天就能做出来。只有尊重它，才能把最难的问题都想到，要考虑到每个环节，甚至做最坏的打算。对于生产制造和产品供应环节，我们做互联网的人更需要一种谦卑的态度，不然这件事情一定会被搞砸。

现在都在讲互联网＋，传统制造业都在转型升级。我认为企业的制造能力是前面的这个1，所有互联网的方法论都是为了提升效率，是后面的那些0。如果没有前面的这个1，后面的0再多也没有意义。互联网是后面的0，可以无数倍地放大互联网的能力，解决行业痛点，提升效率。

从样品到产品，就是这个1产生的过程，这太难了。

后记

一群产品人成就了小米生态链

洪华　小米生态链谷仓学院院长

这是姗姗来迟的一本书。

按原计划是在2016年10月初出版的，可足足推迟了半年才定稿。之所以一再延期，一来小米生态链是个新物种，很难用以前的观点来审视。它貌似一个集团公司，却又"入资不控股"；它看上去像个孵化器，却远比通常的孵化器做得"重"。为了帮助加入的团队取得成功，小米不仅为其提供辅导，在很多方面直接"下地"和入孵公司并肩作战。因此老觉得看不真切，总担心漏掉很多重要的人和细节，材料越来越丰富，又觉得更精彩的材料还在后面，所以书稿的写作一直难以画上句号。二来小米生态链其实还是个不断进化的新物种，本身的发展也是一边打一边不断地调整、优化，因此很多地方总觉得没有定论。

最后下定决心画上一个句号还是出于德哥的鼓励。他说，我们只要把这三年的实际情况尽量客观地呈现给大家就好了，任何商业的做法都是具有时效性的，这如同海鲜生意，消费升级和万物互联风口当前，趁早推出来反而对大家更有用。

如何让这本书"尽量客观""原汁原味"地反映小米生态链的实际情况和打法的精髓，是个挑战。在开始这个项目之前，我们查阅了几乎所有媒体对小米和小米生态链的报道，试图了解各方对小米和小米生态链的态度和认识。相关文章和书籍可谓数不胜数，但整体感觉大家对小米和小米生态链的了解是不充分的，甚至有不少主观揣测的观点，也有添油加醋把小米模式奉为圭臬的，还有简单粗暴直接否定小米的——这些文章无疑会误导读者。

为了搜集到全面的一手资料，我和董军老师带领团队深度访谈了德哥、大部分生态链团队的骨干成员，也走访了分散在全国各地的生态链公司——主要以前两年加入的团队为主，深入其研发现场，与其CEO聊完再与骨干成员聊，听他们如数家珍般介绍各种各样的过程和原型机。一群仗打得正酣的人，冷不丁被我们拉下阵地接受采访，非常难得地耐着性子跟我们复盘还没有打完的仗，身上还带着硝烟味儿——我们要的就是这种硝烟味儿，很真实，也很有启发，不同于科班的商学院气息。我们也感觉自己不再是商业和科技的报道者，而是地地道道的战地记者了。

这便是我们的主要素材来源，没有大道理，却是点点滴滴的、用真金白银和血汗的教训换来的一本战地笔记。作为书的主体内容，我们把焦点主要放在了两个地方，一是小米生态链的模式的萌生、迭代和演化，二是生态链做产品的大逻辑。模式也好，产品也好，都是由背后的一群人做出来的，这群人是一种独特的存在——如果不单独谈谈这些人，就会感觉这本书不够完整。

先来说说德哥。德哥原本学的是工业设计专业，念过美国设计名校，学生时代就获得过不少国际设计大奖，十几年前创办过设计系，也做过设计公司，专业上很精通。在设计领域，有个老生常谈的话题：很多设计能斩获各种国际设计大奖，产品却卖不好；有些设计大咖看不上的产品，却能引爆市场。如何将好设计变成好买卖，是个困扰设计圈的难题。十几年前，德哥还是个"略懂商业的设计师"；现如今，德哥带领的小米生态链把好设计变成了好买卖，既是国际设计大奖的常客，得到国际同行的认可，小米生态链出品的众多产品，也赢得了用户的心。做好设计，需要定见和坚持；做商业，则需要灵活和妥协。如何平衡这两者的关系，是一门艺术。一仗接着一仗打，日复一日的"车轮大战"，使得德哥对这门艺术日益精熟。

再来说说小米生态链团队。它给人的整体印象是低调、务实，但对于关键性的决策，比如产品定义，大家都会明确表达立场、绝不含糊。小米生态链团队中有一帮产品经理，和我们通常理解的产品经理不太一样，其工作范围覆盖面很广，不仅需要和团队一起完成与产品定义相关的工作，还要往前和往后延伸：往前要对行业趋势进行判断以确定投资和孵化的大方向，然后要考察团队、决定投资的细节等等；往后则要跟进产品的执行落地情况、销售和营销过程，协调小米内部各部门和社会资源，以求达成目标。产品经理一职虽始于宝洁公司这类实体经济公司，却在互联网领域被发扬光大、发挥重大作用，实体经济中的产品经理往往有名无实，只是项目经理的代名词。而小米生态链的产品经理既要懂硬件又要懂软件，可谓"软硬兼施"，可以说小米生态链赋予了产品经理独特的内涵。

不能不说的还有小米生态链公司的CEO们。每次碰见苏峻博士，他都会介绍不少新发现，比如脚上穿的新买的运动鞋所用的新型弹性材料，或是哪款袜子穿起来特别舒服；聊起小米移动电源，平常平和寡言的张峰就会滔滔不绝地聊起电源的铝合金型材外壳，以及如何去除其表面瑕疵、如何把产品的成本控制在不可思议的低水平；当你和Yeelight的姜兆宁交流，他会告诉你，为了弄明白波音787上的自然光设计，他专门坐了多少里程的飞机去亲身体验；和米家扫地机器人项目负责人、石头科技的昌敬聊聊为什么他从互联网产品经理转而做硬件创业，他会告诉你他是如何从《变形金刚》的电影中获得灵感、如何利用业余时间拆了两辆同款二手车并把两者合为一辆……用玩笑话来说，这群理工男有"恋物癖"。他们具有工匠精神，和传统工匠相比，他们显然学历更高、文化层次更高、视野更宽广，他们做出来的产品也更能够普惠大众；他们具有企业家精神，但大多数人都没有念过MBA，对商业模式、盈利模式之类的话题兴趣不大，他们的热情全都在产品上，一心只想把产品做好。用工匠精神和企业家精神形容他们似乎都不是很贴切，我们姑且用"产品家精神"形容吧。

小米生态链成就了这么一群人，这么一群人也成就了小米生态链。小米生态链现在只走过短短的三年时间，未来的路还很长，还需要有更多的新生力量和团队加入。创业成功其实是小概率事件，硬件创业更是难上加难，而小米生态链公司的成功率有望获得革命性的突破。背后的原因何在？一个创业团队好比是一颗种子，刚刚破土而出的时候，如果立即遇到各种暴风骤雨，很容易就夭折了。小米六年来在品牌、方法论、资本、供应链等方面积累的资源，可以快速地赋能给创业团队，使得小米生态链公司能够在小米体系内部实现从零到几亿元甚至十几亿元销售额的积累，也通过打硬仗带出了一支战斗力超强的队伍——小米实际上起到了"温室大棚"的作用，为这些刚萌生的苗子团队的成长提供了充足的时间和空间。有一次我碰到王东魁老师，跟他聊起小米生态链的情况，他的一席话蛮有意思："小米生态链在用一种朴实的方法改变制造业。同样一颗种子，落在路边，落在水里，落在石头上，都不会有收获。落在贫瘠的土地上，收成比较差。如果落在一片肥沃的土地上，还有营销、工业设计、供应链、渠道、资本等资源，收成一定是可观的。"

消费升级和万物互联的大风口，其实我们还看不到边儿。大家都有机会，现在进场还不晚。预测未来的最好方式是创造它，这句话相信大家都比较熟悉，我给它加了几个字：预测未来的最好方式便是一起创造它。

为了一起创造未来，不如咱先加个微信：hongboshi-gucang。

一篇文章说清楚小米的经营逻辑

小马宋

从"小米"牙刷说起

2016年12月20日，小米生态链品牌贝医生在米家App发布众筹，一款新的牙刷在一天之内众筹数量超过10万支，从手机到牙刷，有许多人似乎越来越看不懂小米了。

我相信大部分做营销的专业人士，同样看不懂小米的做法。因为按照定位理论来推理，这看起来像是"作死"的玩法。

刚开始，我们以为小米是一家手机公司，后来有了移动电源和手环；之后，我们以为小米是一家科技智能硬件公司，再后来有了净化器、净水器以及电风扇；我们以为小米将是一家电子和家电产品公司，再后来有了插线板、毛巾、路由器、平衡车、扫地机器人、拉杆箱、故事机、无人机、床垫和牙刷。

所以，我们迷茫了。小米到底是一家什么样的公司呢？

当然，肯定有业内人士会提醒我，上面这个叙述是有漏洞的。因为这些产品分别属于小米公司、米家品牌、小米生态链公司、顺为资本等等，各不相同。有些品牌严格算起来不是小米的，比如拉杆箱的品牌叫90分，而刚发布的牙刷品牌叫贝医生。而且细心的读者会发现，贝医生牙刷的海报中专门写了一句"非小米、非米家品牌产品"。

腾讯投资了滴滴，但我们不能说这个打车软件叫腾讯打车，可是小米投资了智米，智米做了电风扇，我们还是会习惯地叫它"小米电风扇"，这是为什么呢？

小米族谱

就像《红楼梦》里先介绍各种人物和关系一样，要想理解小米，我们应该先来搞清楚一些概念。

小米

小米，就是我们常规理解的小米，是由雷军创办的公司。目前以小米商标出售的产品包括手机（及周边产品）、电视、平板/笔记本电脑、路由器、净化器、手环、净水器、水质检测笔、体重秤等等。

但这里面，由小米公司内部部门研发设计的产品其实只有手机、电视、平板电脑、路由器和盒子。其他小米品牌的产品则是由小米生态链公司代工生产。

小米生态链

小米从2013年开始，发布一些非手机类产品，大部分都是由小米生态链公司研发制造的。因为早期还没有米家这个品牌，早期生态链公司的产品就都叫"小米XXX"。2016年年初发布米家品牌后，小米生态链公司大部分产品都叫"米家XXX"。

目前小米已经投资了77家生态链公司，其中30家发布了产品，4家为独角兽公司，16家公司年收入超过1亿元，3家年收入更是超过10亿元。2016年预计小米智能生态硬件的全年收入可达到100亿元。

米家

米家是小米在2016年年初发布的品牌，专门用来承载小米生态链的产品。米家其实是小米集团在小米品牌之外的第二个自有消费品牌。

小米之家

小米之家是小米的线下店，雷军说小米未来想做"科技界的无印良品"，小米之家将承担主要任务。我觉得，如果想看懂小米，应该重点研究小米之家。

金米

金米是小米生态链群体背后的投资公司，目前小米生态链的负责人是小米联合创始人刘德。

顺为资本

顺为资本是雷军和许达来联合创立的，它投资的某些硬件公司也可能会成为小米生态链公司。

MIUI（米柚）

你也可以认为MIUI是小米的一个产品，但我觉得它影响力最大的是MIUI论坛，这次贝医生在米家的众筹，由于米家自身的不开放性，外部流量有限，MIUI就是一个非常大的导流和曝光的地方。

小米商城

小米自己的电商网站，主要卖的是小米核心的科技产品，而米家出售的则是生态链公司的米家产品（也会有交集）。据说小米是全球第八大在线零售商，估计很多人会惊讶，因为它居然这么低调。

家族关系

好了，几个角色介绍完，我们还是要讲讲这几个角色之间的关系。这里面确实有点儿复杂，由于小米这家公司的发展速度过快，其实有一些是小米自己也没太想明白或者做明白的，不过我们看的是小米的大趋势。

小米手机是小米这家公司的安身立命之本，可以说没有手机就没有小米，但是从雷军公开的演讲我们可以知道，雷军很早就知道自己未来做的不会是手机这一个品类，甚至不是家电，而是一个优质商品的集合，对标的是无印良品或者Costco，其实你也可以认为，小米的未来应该是遍布全国的小米之家。

小米之家、米家App以及小米商城合起来，可以包含小米及生态链的所有商品品牌，它未来做的是"精选商店"的模式。

目前小米之家在北京有3个线下店，据说每月的平效高达20万元，这是个惊人的数字，因为之前做得最好的线下店平效大概只有2万元。雷军在一次公开演讲中说："如果小米只有手机、电视这些产品，你1年也就能逛1次，但是如果我有50个SKU（库存量单位），让你可以每月来小米之家一次，那就大大提高了你的消费频次。"

而这50个SKU，就是需要小米生态链公司来补充的。

你不能认为小米生态链公司就是小米投资的一家公司，不是的。只有有了小米生态链公司，才会有未来的小米之家的商品供应基础。因为小米之家这个精选商店的模式不是靠采购选品，而是靠自家投资制造产品，卖的是自有品牌。

这里面有点儿复杂，我们慢慢讲。

小米自有部门直接做的东西，刚才说过了，其实只有手机、电视、平板电脑、路由器和盒子，其他都不是小米研发生产。除此之外，挂小米品牌的产品都是小米授权给小米生态链公司设计和生产制造的，然后贴小米的标志来出售。但是这些公司又不是简单的OEM（代工）或者ODM（贴牌），而是和小米有着投资关系的公司。

同样，米家品牌的产品也不是自己设计研发的，而是由小米生态链公司研发生产，并且以米家的品牌产品方式出现在米家App上。

那么小米生态链公司的产品究竟归属小米品牌还是米家品牌呢？这要从两个层面看，一是这个产品符合小米品牌属性还是米家品牌属性，比如小米更注重科技和硬件，米家更偏向家用和生活类产品；二是小米和米家这两个品牌又分别有自己的要求，这里面就有一些主观的判断因素。

如果你去小米商城、米家App或者小米之家线下店购物，你会发现有四类产品。

第一类是小米品牌，比如手机、电视、手环，它的商品名一般会叫"小米XXX"，比如小米空气净化器2。

第二类是米家品牌，比如扫地机器人、米家电饭煲，它的商品名字就是"米家XXX"。

第三类是非米家、非小米品牌，但是属于生态链公司的产品，比如正在众筹的贝医生牙刷，是由小米生态链投资的，但并不是米家或者小米的品牌。

第四类是非米家、非小米也非生态链品牌，比如在米家App出售的极米投影电视，它只是米家App采购经销的一种商品。

这里需要说明一下，如果小米生态链公司生产了小米或者米家品牌的产品，它其实也可以开发自己的品牌产品，比如智米科技。智米科技的第一款产品是空气净化器，现在就叫小米空气净化器，但是它自己还出了智米落地扇。

如果是小米或者米家品牌，就只能在小米或者米家的自有渠道出售；如果是非米家、非小米品牌，就可以自己寻找渠道销售，但也可以在小米或者米家的渠道销售。

说得简单一点儿，小米生态链公司是小米商城、米家App和小米之家忠实的、有股权关系的供应商，它们既可以专门为小米或者米家研发制造独家的品牌产品，也可以自己制造另外的非小米、非米家产品而到别的渠道去销售，实现独立发展。

小米为什么不自己做一个产品，而是投资一家公司来做呢？因为担心出现大企业病，投资一家公司做会更有希望。所以小米生态链的投资理念与顺为资本的投资理念是完全不一样的。

顺为资本更像是传统的风险投资，它主要追求资本回报，基本的投资逻辑是在未来通过上市或者转让股份退出。小米生态链（金米）的投资是帮助小米集团找到有发展潜力的伙伴公司，通过投资入股与其建立关系，最后为小米未来的商城和线下店提供可控、可靠的供应商。

这种围绕小米集团共生的公司群落，小米内部的人称其为"竹林结构"。

小米的经营逻辑

如果你把小米看成一个品牌制造商，那就错了。小米未来的模式应该是自带供货商的"精品商店"，你可以认为它是一家更高级的名创优品，或者线下线上打通的网易严选，但又有所不同。

小米生态链有一个投资理念，就是要投那些满足80%的用户80%的需求的产品，所以未来小米旗下的产品都是你熟悉的，没有被验证过的产品，小米几乎不会做。小米生态链选品的理念是，不做培育用户的工作。

所以当年的小米手环也是等到欧美市场对用户进行过一轮培育之后才动手做的，现在小米已经是全球销量第二的手环生产商（由生态链公司华米科技出品）。

尽管不能一统旗下所有产品的风格，但是小米之家出售的商品在设计上是有基本统一的调性的，这个调性可以概括为"冷静、有用"。"冷静"就是我们日常说的性冷淡风格。"有用"的意思就是不做多余的设计，所有的设计元素都有其存在的道理。这正是雷军说小米将是一家"科技界的无印良品"的原因。

尽管贝医生牙刷目前还不是米家和小米品牌，但是其设计语言还是很小米的。简洁的外观、三种不同作用的刷丝、手柄处的防滑凸点，以及盲人可用的触摸点，都是"有用"的设计。贝医生的创始人章骏曾在联想设计中心工作过16年，也是祥云火炬的主创设计师。

小米品牌主要落点在科技硬件，米家则更关注家居生活，为什么会有这种布局？

除了之前说的，要让逛小米之家的顾客每个月来都可以买到感兴趣的商品，这样就可以增加顾客逛小米之家的频次。

其次就是小米内部提出的"竹林理论"，他们认为一棵大树是很容易被摧毁的，只有形成集群的竹林才能常青。比如，以手机为代表的科技产品其实更新换代非常快，稍有不慎就可能走下坡路，但是像牙刷之类的生活耗材，一旦形成品牌地位，要比科技品牌牢固得多。

所以，多品类也可以对冲一些经营风险。

总体来说，小米的产品在初期极力追求性价比，比如手机、电源和手环这样的产品。一方面是因为小米自带渠道省去了渠道费用，另一方面是小米每款产品都要求达到一定销售量，从而提升了公司在供应方面的议价能力，使得小米本身依然有利可图。

但是从目前的观察看，米家App中的一些产品已经不再追求过低的价格。产品虽然价格高了，但依然保持极高的性价比。比如90分旅行箱，一个20寸的金属登机箱最高售价是1 999元。

总　结

简单的文字难以说清楚小米，或许未来全国有1 000家小米之家后，消费者真正走进了小米之家，就能自然理解小米的逻辑。

所以要想看懂小米，你应该去看小米的线下店，这才是小米的未来和本质。

雷军也说，公众真正看懂小米或许需要15年，我相信这句话是真心话！

附录一

小米生态链101条战地法则

看穿商业的本质

01　有时候，商业就是个信号学的世界。抓住信号，看穿本质，才能准确地切入市场。

02　小米希望未来能够影响100个行业，进入一个行业就要用最好的产品搅动一个行业，起到"鲇鱼效应"，真正能够改变这个行业的产品定义，对产业链进行重构。

03　一个时代，最先锋的理论一定是军事理论，而不是商业理论。因为商业的输赢要钱，军事的输赢则要命。显然，军事理论比商业理论更具先锋性。我们用军事理论做商业，也是战术打法的一种降维攻击。

04　小站练兵给我们的启示就是，当我们跨向一个新的领域时，与其改造旧部，倒不如在体系外组建一个全新的团队，从零开始，让其承担开创性的业务。我们也希望学习这种方式，孵化出一批生猛的团队，在中国IoT的进程中起到关键作用。

05　蒙古人打仗跟狼群出击很像，他们非常有耐心，一定要等到最佳战机出现的时候，突然发动进攻，一击必中，一战必胜。这就要求决策者要有耐心，找准时机，并且行动要非常快。这就是首战即决战的逻辑。

06 现在做商业，先锋性非常重要。一旦一家公司具有了先锋性：（1）它可以吸引顶尖人才来做出最好的产品；（2）它会吸引更多投资人的关注，可以融到大量的资金；（3）它会引起更多媒体关注，高曝光度有助于品牌的传播与塑造。也就是说，先锋性可以自然吸引很多资源，随着资源的聚拢，势能就出现了。

07 用降维攻击的方法，有三大好处：第一，是将更高、更严苛的产品标准带入传统产业，打破了原有产业的舒适区，产生了"鲇鱼效应"，激活了一个产业，改造了一个产业，比如用做手机的标准去做家电，这个思路帮助我们在很多产品的细节上实现了突破；第二，降维攻击时目标会设定得更高，否则会感觉"丢人"，高目标就更容易产生高质量的产品；第三，没有思维的天花板，可以用阿甘精神创造一个又一个奇迹。

08 谁又能预知未来万物互联时代，商业发展的态势到底是什么样的，没人能准确判断。所以小米布局生态链，让生态链自我更新、淘汰、进化，自动生成未来。

09 物联网分为两个阶段：第一个是连接，所有设备都是互联互通的，都可以用手机来控制，这是物联网的上半场，也是我们的生态链这三年重点在做的事情；第二个是智能化，即AI（人工智能）阶段，这将是物联网的下半场。当所有设备连接之后，将收集到海量大数据，通过大数据分析，设备越来越清楚你的使用习惯，也越来越知道如何精准响应你发出的指令，在你毫不知情的情况下，为你提供的服务也越来越贴心。

10 传统互联网解决了空间的问题，无论你身处上海或北京、美国或日本，都可以"天涯若比邻"。移动互联网时代，人们解决了时间轴的问题，无论是在餐桌边、公交车上，还是坐在马桶上，都可以拿出手机来上网，没有时间的局限性。移动互联网让人类得以解放，一旦时空被打破，可以给商业提供巨大的空间。所以我们看到，与传统互联网时代相比，移动互联网时代能创造更大的价值。

11　随着移动互联网向物联网时代迈进，电商又面临新的革命。电商演进的路径是：自由市场式电商—百货商场式电商—品牌电商—遥控器电商。我们相信：离人近的打败离人远的，高频次的打败低频次的，主动的打败被动的。

12　为什么好产品如此重要？对于任何一家公司，从0到1都是最难的过程，好产品就是那个1。有了好产品，营销、品牌、渠道都是1后面的若干个0。但如果没有1，有多少个0都没有用。

13　我们更倾向于从金字塔尖思考问题，因为金字塔尖的问题反而更本质、更清晰，金字塔底部的问题则是细碎又烦琐的，反而容易令人迷惑。一个好的产品经理如何从金字塔尖思考？从上往下看，首先，要理解一个时代的主旋律，理解消费的变化趋势；其次，看清产业的现状和问题；最后，具体到产品端，要做高品质的产品。

14　如今，中国的稀缺性问题已经基本解决，一个时代的拐点到来了。未来10年中国社会经济的主旋律将是消费。所有和个人消费、家庭消费相关的领域都会有巨大的发展机会，甚至与精神消费相关的领域也有巨大的潜力。

15　大消费时代的特点是：从炫耀性消费到轻奢主义的流行，从追求价格高到追求品质高，从购买商品向购买服务转变，从满足物质消费到满足精神消费的迁移。

16　蚂蚁市场大多是成熟的市场，这些市场保持旧有模式的时间都在十年甚至二十年以上，很多年都没有变革，大家都活在舒适区里。当我们进入这个领域的时候，愿意跟我们一起尝试革新的制造商非常少。而对我们来说，要改变一种旧的模式，就意味着我们要付出更多，重新研发，进行上万次的测试，不断改变既有的认知。

17 传统的蚂蚁市场进入的门槛低，市场的特点是小而分散，企业往往很难在技术上积累优势。纵然我们今天有了创新，但对友商来讲，做这样的创新可能成本太高，他们不会主动去创新。那么我们最终的核心竞争力在哪里？就是用速度拉开距离，用规模降低成本、稳定供应链，用海量的销量和口碑获得品牌的认可度。

18 消费升级的本质不是价格，而是品质。如果想把消费升级作为赚取暴利的机会，那么很可能就选错了道路。

19 为什么境外消费和海淘行为如此疯狂？显而易见的原因是国内外的价格差。除了价格，引发境外购物潮的更为本质的原因是商品品质的差别。这种购买产品类别的变化，又是一个值得我们关注的信号：品质消费的时代已经到来。

20 品质消费正好处于补缺消费和面子消费之间，是一个从有到优的过程，注重产品品质，但又不至于盲目崇拜大品牌和奢侈品。消费升级本质就是要求今天的产品要足够好，解决从有到优的问题。

21 中产消费的特征是理性消费，每一分钱花得都超值，只为品质买单，为自己喜欢的产品买单，而不是盲目追随奢侈品。

22 很多创业公司在选择做大众产品的时候都更倾向于走出奇制胜的路子，绕开主要的功能点，着力打造或添加一些自认为是噱头的卖点。这些被绕开的核心功能恰恰才是大众用户最需要的。所以，当创业公司绕开核心功能，专注于那些有噱头的功能时，就已经走偏了。

23 很多企业都说自己如何进行创新，但它们的创新往往偏离了产品的核心功能。在做产品定义的时候，我们一定要时时刻刻提醒自己，这款产品要提供的核心功能是什么，让创新围绕核心功能展开，在核心功能方面有所突破，做到同类产品中的最好，不回避正面战场。

24 如果试图让一款产品在成熟的市场中占有较大的份额，痛点就不能局限在产品端。解决产业级的痛点事实上会为其在市场竞争中创造一定的时间优势，让产品在行业中的地位更稳固。即便我们后续会遇到其他厂商跟进甚至模仿，但差距始终都会存在。只有不断开拓、精益求精才是真正的王道，一款产品只有经得起专业的推敲才能走得更远。

25 随着80后、90后逐渐成长起来，他们正在成为新一代主流消费者。这一代人普遍在物资丰富的环境中长大，生来就没有上一代人那种严重的物资匮乏感，他们的消费特征与上一代人完全不同。当你一出生面对的就是物资不紧缺，可以有很多选择时，那么你自然而然地会追求品质。

26 我们做高品质产品，要紧紧抓住这两个发力点，要么极大地提高效率，使得效率能远胜于竞争对手，省去用户的麻烦、节省用户的时间和空间，要么设法带来超出用户预期的体验，给用户带来惊喜，也给用户一个可以分享给亲朋好友的好题材。

27 别人不看好的产品，反倒有机会。因为看好这个领域的人少，在这个领域没有特别强大的竞争者，所以这是一个几乎没有竞争的市场。

28 用国外大众市场影响国内小众市场。现在看似小众，但已经被国外消费者认可的产品可以先打入国际市场，然后利用在国际市场创下的口碑回攻国内市场。这两年左右的时间差，让这个品类在国内也将拥有大众市场。

29 创新扩散曲线变了，技术手段改变了，信息传播的速度和方式也改变了。我们可以重新考虑信息普及需要的时间逻辑。这个时代或许不再需要长期信息扩散的红利，信息的不对称性是一款产品从暴利到平价需要漫长历程的重要因素，而新的技术手段可以消除这种不对称性。

30 我们要迎合这个时代信息传播的新规律，要面对一项技术从发明到普及的高效方式。因此定义产品要迅速做出决定，如果我们认为一种产品（技术）一定会普及，大众确实有刚需，我们就可以直接以大众的价格推动它的普及，在这一产品（技术）爆发的前夜迅速占领市场。

31 可做可不做的，一定不做。一款产品要做到极致，一定要做少，不能做多。

32 "饭吃八分饱"不仅有益健康，更隐含了深刻的哲理，它是指将生活中对于物质的满足感从100%减少到80%，并将已膨胀过剩的欲望调整至适当的状态，进而产生更多愉悦的感受。

33 谈智能要避免走火入魔，我们不是为了智能而智能，如果智能给用户带来了麻烦，而不是方便，我们应该把智能去掉，因为用户的方便是更重要的。

34 消费者一般都会看外在的东西，而懂行的人会看内里的东西、更深层次的东西。产品通常都是一个技术黑箱，消费者很难知道里面到底用了什么材料，里面是不是包含真正有用的技术。很多行业都是在利用信息的不对称来卖概念，技术则一直躺在舒适区里，二三十年都没有变化。

35 小米认为，商战这场精密战争的核心就是效率。每个维度、每个环节，都必须追求效率最大化，这是商业的本质，也是小米创业的初心。小米的售价为什么比很多厂商的成本价都低？本质只在于两个字——效率，效率隐藏于每个细节当中。我们通过对每个环节的改造或创新，把效率做到最高。

打出来的生态法则

01 小米的生态链不是规划出来的，而是打出来的。小米生态链就是从点做起，积累经验，逐渐向外摸索。

02 在生态链投资初期，我们不拘泥于投资界的法则，并不会像投资人那样重点看商业计划书，而是重点看团队和产品的潜力。本质上，小米生态链做的是孵化，而不是投资。我们是用小米的资源帮助这些公司做大，孵化成功就意味着投资的增值。

03 小米生态链的价值观是什么？（1）不赚快钱；（2）立志做最好的产品；（3）追求产品的高性价比；（4）坚信互联网模式是先进的；（5）提升效率，改造传统行业。

04 一个正确的机制建立之后，整个队伍跑起来拉都拉不住。所以我们做生态链的时候，建立的第一个机制就是投资不控股，保证生态链创业团队持绝对的大股，保障他们是为自己打天下，这样大伙才能步调一致，拼命往前冲。

05 对于生态链公司，小米只有建议权，没有决策权，从不谋求控制。只帮忙，不添乱，是我们的行动准则。我们在运行中也会时刻提醒自己不要越线。

06 小米生态链投资就是由小米输出做产品的价值观、方法论和已有的资源，包括电商平台、营销团队、品牌等等，围绕自己建立起一支航母舰队。每家生态链公司都是小米的特种兵小分队，它们在各自的专业领域有深刻的研究，团队背后有小米这样的航母支持，让其在所属领域快速地利用一年时间便拥有绝对的领先优势，所以这是军事理论指导的小米生态链打法。

07 小米生态链的作用就是要做公司的价值放大器，让生态链上这些名不见经传的小公司迅速脱颖而出，在新兴领域用一两年时间就达到成熟状态，成为行业的第一或第二，并且加速传统市场的新陈代谢。

08 小米今天的生态链，就是用投资的方式来寻找我们的竹笋，然后把整个生态链公司群变成一片竹林，生态链内部实现新陈代谢，不断地有新的竹笋冒出来，一些老了的竹子死掉也没关系，因为竹林的根系非常发达，能够不断地催生新的竹笋。这就是小米的竹林效应。

09 当小米生态链孵化出77家公司之后，我们意识到，我们是在用竹林理论来做一个泛集团公司，非常有趣，在小米之前，还没有公司尝试过这种模式。小米向生态链公司输出资金、价值观、方法论和产品标准，只有"小米＋小米生态链公司"才是一个完整的小米生态系统。

10 小米生态链中的公司，每家会负责去闯一个领域，同时，它们也会把那个领域的资源打通，包括人才、技术、专利、供应链等等，它们打通的这些资源又可以被小米和其他生态链公司共享。仔细想想，这不就是一种创业的共享经济模式吗？

11 小米对生态链公司而言是航母，为其提供多层面的平台支持；生态链公司对小米而言是后院的金矿，增加了小米的想象空间。小米与小米生态链公司的关系，就是在不同的阶段，互为彼此的价值放大器。

12 小米生态链最终的目的是培养出一支支能征善战的队伍，把它们放到大的市场环境中参与角逐，每家公司都有适应市场变化、长久生存的能力。因此这种微妙的竞争必不可少。

13 物联网就是雷总选定的巨大的市场趋势，但是直面攻击、孤军作战肯定没有打赢的机会。于是我们构建了一种非常复杂的模式，180度迂回作战。先做互联网手机，用手机的先锋性产生的势能建立生态链。再通过复制小米模式，让专业的团队更高效、更专注地做出更多高品质的硬件产品，与智能手机紧密有效地整合在一起，进而增加小米的安全系数。

14　生态链的模式具有复杂性和先锋性，也是为了以小搏大。以生态链上的200多位工程师带动100家公司、几万人的军团，撬动100个行业的资源，形成小米舰队，从容面对物联网时代的竞争。

15　小米孵化生态链公司的模式，很重要的一个出发点就是速度。我们一开始就把小米的资源开放给生态链公司，让它们在创业初期考虑如下两件事：一是做好产品，二是扩大规模。一开始不用急着做战略、做布局，总想着明天是否会遇到困难，那干脆别干了。不知道怎么办的时候，就拼命往前跑。世界变化太快，在这过程中什么都有可能出现。如果在资金链断掉之前，企业能跑到一个平流层上，它就成功了。

16　商战是一场精密的战争。竞争包括团队、品牌、产品、供应链、渠道、用户、资本、社会影响力等多个维度。每个维度都关系到整场战争的成败。小米发展生态链的这几年，打的就是一场多维度的战役，每个维度要高度配合，缺少任何一个维度，都有可能造成整场战争的溃败。

17　做品牌，时间是无法回避的维度。我们只要坚持我们做产品的那份信念，不要着急，不要把自己搞乱了。10年，15年，也许更长时间，米家品牌一定会深入中国消费者的潜意识中去。

18　其实小米生态链的投资、孵化就是一种典型的共享经济的应用。创业团队从零开始，通过共享小米的资源，他们只需要专注于做好产品，不需要考虑供应商、渠道、设计、市场等等，我们可以为他们提供帮助，甚至在创业初期，他们都不必考虑品牌，只要他们的产品足够好、价格足够低，我们就允许它贴上小米的品牌标签。等创业团队做大了，成为大公司，又可以成为小米未来的资源。共享经济的本质就是互为放大器，1＋1的结果可以远大于3。

19 没有人能绝对精准地判断未来，但可以相对准确地捕捉未来的方向。我们在对未来趋势进行基本判断的基础上，尽量多布点。就像我们最初设想的，投资100家公司，进入不同的领域。未来10年，我们投资的公司未必会全都取得成功，可能有的倒闭了，有的做大了，有的合并了。最后如果有二三十家公司成功，对于小米的未来都是一种保障。

20 生态链公司的很多产品都具有跨界的特点。我们面临的难题是，因为产品是跨界的，没有对应的国家标准或是行业标准可以参考，这种情况下就要尽早制定企业标准。最后产品封样的时候，就按照这个标准进行检验。

21 小米有一些思考的方式，有一些基本原则，但这些不足以成为别人可以照搬的方法，更没有一整套方法论可以贩卖。没有一家公司的成功可以复制，小米是"打"出来的，不是按照成功学理论"画"出来的。

22 在某一个领域，我们都会让最懂行的那个兄弟去判断，然后集体决策。我们每个人遇到问题都会召集其他兄弟一起来讨论，这种讨论很有价值。实际上，在我们的决策过程中，只要有人发出了不一样的声音，我们就会对这个决策进行"安检"，充分发挥集体智慧。

23 与穿着西装、打着领带、时常进出CBD（中央商务区）的"高富帅"投资经理不同，小米生态链是一群工程师在做投资。

24 产品经理的特点就是只关注产品，不关注战略。我们比较认可这样一个观点：不要先定战略，我们就是做好产品的。战略容易让人走火入魔，不可强求。只要有耐心做出一款款好产品，其他的自然而然就来了。

25 在很多大公司里，部门之间势力割据，每个部门都自扫门前雪，对自己的部门绝对负责，但别人的事坚决不碰。而在小米，尽管没有人将兄弟文化整天挂在嘴边，它却成为大家潜移默化的共识。

26 在小米生态链上，兄弟公司在产业链上下游之间的配合很默契，大家有基本的信任，不需要再花时间相互了解、谈判，时间成本、信任成本都很低，这是这个链条效率提升的重要因素。同时，每个弟兄的出身并不同，于是兄弟间的合作可以有很多充满创意的形式。

27 我们不画地为牢，让大家生活在温室里。我们的态度是"保持微妙的竞争"，没有小生态里的竞争力，就没有大市场里的竞争力，这样的公司一定不是市场上真正需要的公司。

28 创业团队采用全民持股的方式：你们把公司做大，你们的股份也会变得更值钱。这对创业者来讲是非常有吸引力的。激励机制设定好，创业队伍就会生猛地往前冲，"抢"回来的都是利益。

29 生态链公司还有一条特色规定，就是小米所投的生态链公司在上市之前不分红，现金全部留在生态链公司里，让它们继续快速发展壮大。其实我们投资的最终目标也不只是从这些公司的发展中获得投资回报，更是要帮助小米在IoT时代提前完成布局。在这一点上，我们与其他投资机构不同：我们不看短期利益，只注重长期发展。

30 小米与京东和天猫有着本质的区别。京东和天猫只是电商平台，它们搭建起了厂商与消费者之间的桥梁；小米的模式是"前店后厂"，我们是在卖自己的产品。这两种模式的本质区别在于，小米在自己的前店后厂模式下，产品流、资金流和信息流，这"三流"是在小米与消费者之间直达的，没有任何中间环节。

31 从这"三流"直达来看，其实都指向一个主题，那就是效率。运用互联网工具提高效率，降低成本，做打动人心的好产品，全力提升用户体验，是雷总指出的大方向，也是小米供应链在设计上的主要考量。

32 小米有一个特色的做法，叫作"保持逆境状态"。我们觉得要有勇气让公司处于逆境中，不能让自己过得太舒适，这是保持战斗力的一种方式。

33 我们很清醒，很多生态链公司今天的能力与今天的成绩还不匹配，里面有一些被我们"催熟"的成分。顺境时保证清醒和警惕，挣得的每一分钱都很重要，没有一家公司的钱多到可以随便挥霍的程度，要通过降低成本来不断增强自身的战斗力和系统性能力。只有这样，在遇到经济寒流的时候，才能顺利渡过。

34 做手机、智能硬件都是很复杂的工程，某项技术达不到极致，是无法保证所有环节成功的。所以在小米生态链上，"抢银行模式"的团队非常流行，这种团队有两个核心特征：一是高手云集，降维攻击；二是跨界合作，梦幻组合。

35 思维模式的交叉解开了每个人因为教育所背负的思想枷锁。或者，世界上没有大公司、小公司之分，只有创新公司和非创新公司之分。"美第奇团队"鼓励成员跨部门，鼓励多元背景的融合，这些都是在打造创新环境。小米生态链公司就是具有这样"气质"的创新公司。

36 这是小米想达到的理想状态：用户可以绝对信任米家这一品牌，只要是米家的，一定是好用的、有品质的、性价比高的。为了把品质和价格的优势再放大，小米比Costco的平台模式更进了一步，即"前店后厂"模式，所有商品自己生产。

37 严格把控，荣辱与共。米家的品牌是靠一个个高品质产品换来的，需要所有生态链公司共同去加分，而不能每家都去透支、减分。品质是这条大船的生命线，任何时候、任何情况下都不能忽略，即使我们要保持低利润的状态。生态链这种模式，最怕的就是猪一样的队友。

38　智能硬件是人与需求的连接点，通过这个点，大数据可以上传到云端。连入的人和物越多，大数据的价值就越大。通过这些智能硬件，小米不仅可以定向销售商品，而且可以向你"推销"服务。此时，智能硬件就变成了一个精准渠道。

39　小米生态圈疯狂扩张，边打仗边扩张，硬件、软件、互联网、电商，全都齐了。从点到面的连接帮助小米在万物互联时代结出了一张网。尽管小米还不具备垄断性的优势，但趋势已经显露。

精准定义产品为王

01　小米生态链一开始在定义产品时首选的是大众市场，这既和我们选择的产品类别有关，也与我们对整个时代发展的判断相关。要做就做最大的市场，不是说小市场不好，而是因为如今的互联网时代让我们有机会去挑战大众市场，从大众市场分一杯羹出来，也给了我们机会去成就一家大公司。所以一定要做那些需求最广的大市场。

02　80%—80%原则：我们定义产品的时候，要着眼于80%的用户80%的需求。80%的用户指中国大多数的普通老百姓，80%的需求指相对集中、普遍的需求，即刚性需求。

03　生态链公司在给产品定价的时候，发现了一个有趣的现象，就是当你把价格从200元降为99元的时候，用户数量不是简单地翻倍，而是呈5倍甚至10倍的增长，增长趋势是井喷式的。

04　追求性价比是人的本性，认识到这一点很重要。这样的话，我们就不会觉得追求性价比是一个水准很低的商业策略，相反，它是一个很高级的商业策略。

05　小米生态链上的米家系列产品遵循一个朴素的原则，就是诚实定价。

所谓诚实定价，即首先保证产品质量做到最好，然后在成本的基础上加上合理的利润，拒绝暴利，不赚快钱。

06 诚实定价的前提是先生产出高品质的产品。小米永远不会为低价竞争而牺牲产品的品质。诚实定价是小米的理念。我们认为，你也许没有很高的收入，但你有权利拥有高品质的生活。

07 高效率是诚实定价的前提。小米的诚实定价，在一些行业外的人看来，似乎并不赚钱，所以他们对我们的模式产生各种质疑。实际上，效率是小米的核心竞争力，用效率解决传统商业的不合理环节，可以大大降低成本。

08 定义产品的时候，我们要有战略上的考量，产品是实现战略的最佳载体。我们可以把移动电源称为"战略型产品"，它和一般意义上的爆品不太一样，具有更强的连接性和衍生性。

09 产品的最高境界是元产品。元产品的一侧能聚拢海量用户，另一侧能吸引众多的产品和服务。从一种元产品开始，能够创造生生不息的生态系统，就能实现"一生二，二生三，三生万物"。

10 设计要"讲理"：为什么是这个造型？为什么电子器件要这样堆放？为什么是这个颜色而不是其他？我们相当理性。硬件的设计，绝对不能像纯艺术品那样，只考虑造型的美感，不考虑生产、使用等因素。所以，我们的设计中，有70%的理性、30%的感性。

11 在合理性的基础上，我们还要追求产品的美感。什么样的产品会让用户觉得美？相由心生。技术美学是"相"，硬件合理性是"心"。设计要符合硬件产品的合理性，并把这种合理性用技术美学的方式展现出来。这就是小米追求的合理性最大化。

12 小米之家的产品仿佛有着同样的基因，外表看上去那么统一、协调。品类繁多，却不凌乱。没错，一看就知道它们是"一家人"，它们的基因就是"极简"。在合理性之下，我们设计产品的另一个重要原则就是极简。

13　极简并不是小米独有的特色，硬件极简化逐渐成为新的潮流，减少一些刻意的雕饰，砍掉古怪的造型，对生产制造的良品率和成本控制都是非常有利的。

14　低调、自然、不突兀，以满足大多数用户的需求，力求在每种装修风格中做到百搭。我们就是要让产品回归其原本该有的模样，不出挑、不出奇。我们绝不做视觉的杀马特（网络用语，代表一种另类、怪诞的青年形象）。

15　在我们设计的过程中还有一个原则：如果遇到不成熟的新技术，或是会给用户造成困惑、增加麻烦的新功能，我们会果断砍掉，甚至整个项目都停掉。我们的产品是用来解决问题的，而不是为用户带来困扰的。

16　这就是小米设计方面的另一个原则：不自嗨，不炫技，不会为了追求所谓的最新、最酷，而不考虑用户的实际使用效果，更不会为了追求所谓的新技术将成本强加给用户。

17　直觉化设计：科技水平的提高是为了给人们的生活提供便利，而不是制造麻烦。技术虽然越来越先进，但应该设计更傻瓜式的应用方式。所以我们在设计产品的时候，都是默认用户不会看说明书，而是从设计的语义引导上让消费者一看就明白怎么操作，产品有可能具备什么功能。

18　干掉说明书并不是说不提供说明书，而是要尽量减少用户在使用过程中的麻烦，这就要求：首先，在设计上尽量采用直觉化设计，让产品使用符合人性的特点；其次，通过一些快速引导语帮助用户在最短的时间内了解产品；最后，无论我们自认为产品已经设计得多么直观，为了所有的用户考虑，我们还是会奉上一本说明书。

19　做高品质产品最大的诀窍是，少做产品，只做精品。"机海战略"的后果是公司有限的资源被分摊到数十款产品上面，很难做出真正意义上的精品。我们的打法是只做一款产品，精准打击，用所有的资源、人力，全力以赴做好一款。所有的希望都集中在一款产品上，可以说是置之死地而后生，全力出击，一击制胜。

20　我们选择投资领域，一定存在不足和痛点。痛点程度越深、出现频次越高，解决这些问题带来的产品势能就越大。小米生态链的体系下出现过很多爆款产品，基本盘就在于它们的核心功能切中了用户的痛点，而且痛点解决得足够好。

21　为了做出创新的产品，为了具有更高的产品品质，很多原有的生产制造条件不能满足我们的生产需求。所以我们会和上游生产企业一起投入研发新的工艺，对生产线进行改造，甚至还会投资，帮助其建立新的生产线。

22　在小米和生态链公司中有一类人，他们天生对产品外形非常敏感，眼光犀利，有精神洁癖，容不下一点儿瑕疵，不以普通消费者的视角去看产品。他们有时候甚至会是流程上最拖后腿的人，但如果没有这类人，我们的产品就无法上升一个层次，就会变得平庸。

23　从小米诞生的第一天起，我们就追求真材实料。在小米生态链上，这也是我们的信条，选用最好的材料，给用户惊喜。

24　有一个很悲催的事实，从小米手机1开始，小米和小米生态链上的每一款新产品发布，都会有一堆螺丝刀等着我们，这就是拆机。一开始我们是被拆，后来我们开始主动拆。久而久之，这些螺丝刀把我们逼到死角里，我们没有退路，必须把里子和面子做得一样精致。

25　品质管理方面的小米特色：品控前置，从设计阶段就开始介入，提前制定企业标准，品控严格贯穿全流程，对工厂进行全方位评估，建立预警机制，QC（质量控制）驻厂，加强小米和小米生态链两层负责制。

26　内测可以把我们认为已经很完美的产品投放到各种真实的使用场景中去，让问题逐一暴露出来。设立高效的内测机制，是我们认为硬件产品面市前必须经过的"炼狱"。

27　在品控问题上我们运用了降维攻击的思路。我们几乎都是用做手机的标准去做家电产品，达到这样的要求真的不容易。

小米生态链产品工业设计获奖清单

国际			
编号	产品名称	奖项名称	获奖时间
1	米家LED智能台灯	iF产品设计金奖	2017
2	米家压力IH电饭煲	iF产品设计奖	2017
3	米家电动滑板车	iF产品设计奖	2017
4	米家扫地机器人	iF产品设计奖	2017
5	小米无人机	iF产品设计奖	2017
6	小米手环2	iF产品设计奖	2017
7	小米胶囊耳机	iF产品设计奖	2017
8	米家AirWear口罩	iF产品设计奖	2017
9	小米小钢炮蓝牙音箱2	iF产品设计奖	2016
10	小米路由器 Mini&青春版	iF产品设计奖	2016
11	小米智能家庭套装	iF产品设计奖	2016
12	小米水质TDS（总溶解固体）检测笔	iF产品设计奖	2016
13	小米净水器（厨上式）	iF产品设计奖	2016
14	小米Wi-Fi放大器	iF产品设计奖	2016
15	小米活塞耳机4代	iF产品设计奖	2016
16	小米蓝牙耳机	iF产品设计奖	2015
17	小米LED随身灯	iF产品设计奖	2015
18	小米手环	iF产品设计奖	2015
1	小米净水器（厨上式）	红点设计大奖	2016
2	小米路由器 Mini&青春版	红点设计大奖	2016
3	小米活塞耳机3代	红点设计大奖	2015

（续表）

国际			
编号	产品名称	奖项名称	获奖时间
1	小米净水器	美国工业设计优秀奖（IDEA）Finalist	2016
2	米家压力IH电饭煲	美国工业设计优秀奖（IDEA）Finalist	2016
3	小米路由器青春版	美国工业设计优秀奖（IDEA）Bronze	2015
4	小米移动电源	美国工业设计优秀奖（IDEA）Finalist	2014
1	小米无人机	日本G-Mark 设计奖(Good Design Award)	2016
2	小米净水器（厨上式）	日本G-Mark 设计奖(Good Design Award)	2016
3	米家 LED 智能台灯	日本G-Mark 设计奖(Good Design Award)	2016
4	小米小钢炮蓝牙音箱2	日本G-Mark 设计奖(Good Design Award)	2016
5	小米插线板	日本G-Mark 设计奖(Good Design Award)	2015
6	小米蓝牙耳机	日本G-Mark 设计奖(Good Design Award)	2015
1	小米净水器（厨上式）	DFA亚洲最具影响力设计奖 Silver	2016
2	小米无人机	DFA亚洲最具影响力设计奖 Silver	2016
3	米家压力IH电饭煲	DFA亚洲最具影响力设计奖 Merit	2016

（续表）

国内			
编号	产品名称	奖项名称	获奖时间
1	小米小钢炮蓝牙音箱2	红星奖 I 金奖	2016
2	小米无人机	红星奖 I 银奖	2016
3	小米网络收音机	红星奖	2016
4	米家压力IH电饭煲	红星奖	2016
5	小米水质TDS检测笔	红星奖	2016
6	米家恒温电热水壶	红星奖	2016
7	小米LED随身灯/小米随身风扇	红星奖	2015
8	小米插线板	红星奖	2015
9	小米手环	红星奖	2015
10	小米体重秤	红星奖	2015
1	米家压力IH电饭煲	太湖奖 I 二等奖	2016
2	米家扫地机器人	太湖奖 I 三等奖	2016
3	小米无人机	太湖奖 I 三等奖	2016
4	小米手环	太湖奖 I 一等奖	2015
6	小米路由器	太湖奖 I 特等奖	2014
7	小米移动电源系列	太湖奖 I 一等奖	2014
1	小米手环	金投赏 I 产品设计银奖	2015
1	小米净水器（厨上式）	中国优秀工业设计奖（CEID）金奖	2016
1	小米移动电源	金点奖	2014
1	小米移动电源	北京礼物 I 优秀奖	2014
2	小米手环	北京礼物 I 银奖	2014

统计截至2017年3月

米家骑记电助力折叠自行车

米兔积木机器人

小米无人机

90分金属旅行箱

米家记录仪

小米插线板

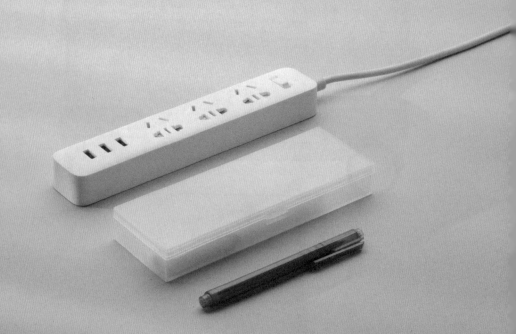

Yeelight床头灯

米家智能摄像机

米家小白智能摄像机

米家空气净化器Pro

米家智能家庭套装

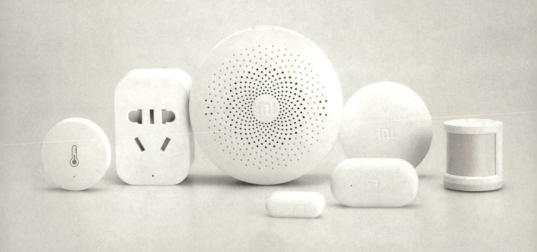

米家恒温电热水壶

米家PM2.5检测仪

小米移动电源2

米家压力IH电饭煲

米家LED智能台灯

小米头戴式耳机

小米米家对讲机

公众频道 1
409.7500

菜单 频道

米家运动鞋（智能版）